문 화 교 양
총 ─⌒─ 서
2

시대를
넘어서다

인물로 보는
고뇌, 도전, 혁명의 역사

이혜령 · 이정호 · 임기환 · 이근명 · 성백용 · 이필렬
이진옥 · 이규수 · 노서경 · 황혜성 · 송찬섭 지음

지식의날개

문화교양총서-2

시대를 넘어서다
인물로 보는 고뇌, 도전, 혁명의 역사

초판 1쇄 펴낸날 | 2017년 11월 13일

지은이 | 이혜령·이정호·임기환·이근명·성백용·이필렬·
　　　　이진옥·이규수·노서경·황혜성·송찬섭
펴낸이 | 김외숙
펴낸곳 | 한국방송통신대학교출판문화원
　　　　03088 서울시 종로구 이화장길 54
　　　　전화 02-3668-4764
　　　　팩스 02-741-4570
　　　　홈페이지 http://press.knou.ac.kr
　　　　출판등록 1982년 6월 7일 제1-491호

출판위원장 | 장종수
편집 | 이근호·심성미
표지 디자인 | 크레카
본문 디자인 | 프리스타일

ISBN 978-89-20-02877-9　04080
값 15,000원

이번에 한국방송통신대학교 문화교양학과에서 〈문화교양총서〉를 간행하게 되었다. 이 총서는 다양한 의도를 가지고 논의하고 기획되었다.

우리 대학은 모든 과목에 교재를 만들어서 강의를 운영한다. 일반적으로 개설서 형태의 교재는 개정을 할 때마다 계속 내용을 보완하므로 최종판이 가장 잘 다듬어진 교재라고 보아도 무방하다. 그러나 우리 학과는 인문학을 중심으로 하고 있는 데다 개론보다는 주제 또는 사례 중심의 강의를 하므로 한번 교재를 바꾸고자 하면 완전히 새로운 내용으로 다시 구성한다. 매번 교재를 만들 때마다 적절한 주제를 선택하여 최선을 다하기 때문에 모두 생명력 있는 글이 되는데, 새로운 교재가 만들어지고 나면 이전 교재는 당연 절판되므로 좋은 글이 사장되는 것에 대한 아쉬운 마음이 늘 있었다. 그래서 우리 학과의 지나간 교재를 활용할 방법을 모색하였다. 그 결과, 지나간 교재의 내용을 바탕으로 분량을 조절하고 교재의 구성을 벗어나서 가벼운 문고 형태의 시리즈를 간행하기로 결정하였다.

총서 간행을 연한이 다한 교재에 대한 아쉬움 때문만에 하려는 것은 아니다. 현재 교재를 통해 공부하고 있는 재학생뿐 아니라 우리 졸업생들에게 문화교양학과 공부는 끝이 없다고 항상 가르치기 때문에 문고를 축적하여 이들에게 계속 읽을거리를 제공하자는 뜻도 있었다.

우리 학과 과목은 인문학의 다양한 분야를 망라하고 있다. 따라서 인문학 공부에 대한 나름의 틀을 제시하고 있다고 본다. 이 점에서 〈문화교양총서〉가 우리 학과를 넘어 우리 대학 구성원들과 나아가 일반인들에게도 인문학에 대한 갈증을 풀어주는 문고가 될 수 있을 것이다. 문화교양학과가 설치된 지 이제 10여 년이 지났고 교재도 과목마다 보통두세 번 개정되었다. 더 늦기 전에 쌓인 원고를 추스르는 작업이 필요한 시점이기도 하다. 지금까지 교재 원고들을 간추려서 총서를 발간한다면 앞으로 우리 학과 교과운영의 방향 설정에도 도움이 될 수 있을 것이다.

〈문화교양총서〉는 우리 학과가 존재하는 한 계속 간행되어 나갈 것이다. 이 총서가 지속적으로 문화교양학과 구성원, 그리고 인문학을 갈구하는 분들에게 선물이 될 수 있기를 기대한다. 고전의 한 구절을 비틀어 이렇게 말하고 싶다.

"문화교양은 목마른 사람 누구나 물가로 데려갈 수 있다. 얼마나 마음껏 마시느냐는 각자에 달려 있다!"

2017년 8월
방송대 문화교양학과 교수 일동

이 책은 한국방송통신대학교 문화교양학과 교재 〈인물로 본 문화〉에 실린 글들을 재구성하였으며, 문화의 주체이자 산물이기도 한 인간을 보다 구체적으로 조명해 본다는 취지에서 발간되었다. 인간은 지구상에 출현한 이래 '생존을 위한 적응체계'로서의 문화를 형성해 갔다. 삶의 조직과 연대를 위하여 사회를 이루고, 산업과 기술을 발전시켜 가면서 문제 해결 능력을 높여 갔으며, 또 제반 위기에 총괄적으로 대처하는 통치단위로서의 국가를 수립했다. 스스로의 한계를 통찰한 인간은 초자연적인 존재에 의존하였고, 이에 따라 종교가 발생했다. 또한 생활에서 비롯하는 희로애락과 시대의 정신 및 정서를 자연스럽게 표출하면서 예술세계를 전개시켜 나갔으며, 신체를 단련하고 공동의 놀이를 하는 과정에서 다양한 스포츠 분야도 발전시켰다. 무엇보다도 자신을 둘러싼 상황에 대하여 질문을 제기하고 그에 대한 답변을 찾아가는 과정에서 다양한 분야의 학문도 정립하였다.

문제는 인간이 문화의 주인공으로서 자부심과 권위를 누리지 못하고, 인간이 이룬 문화가 인간을 억압하는 족쇄가 되었다는 것이다. 문화적 성취는 고독한 인간이 개별적으로 거둔 것이 아니라, 인간의 연합, 곧 사회의 산물이다. 어느 시대와 사회를 막론하고 문화란 공통의 체계와 관습을 이루고, 그에 대한 반응과 작용 역시 집단적으로 나타나는 경우가 많다. 그런데 인간 사회는 처음부터 오늘에 이르기까지 차별과 부정의로부터 자유롭지 못했다. 특히 생존과 세력범위 확대의 수단으로 전쟁이 끊임없이 되풀이되면서 점령과 굴복, 지배와 피지배라는 악순환이 이어졌고, 인종과 민족, 그리고 계급과 집단 사이에 서열과 차별이 만들어졌다. 주도 국가들, 국가의 지배자들, 그리고 사회의 가진 자들은 인간 공동의 산물인 문화를 무기로 활용하면서 인간 전체의 안녕과 복지보다는 자신들의 권위와 이익을 도모했다. 여기에 인간에게 내재되어 있는 정열과 의지, 특히 욕망과 환상은 상황을 개선하기보다는 오히려 더 악화시키는 양상을 보였다. 인간은 차별과 경멸, 기만과 조작, 그리고 압박과 착취를 내면화시켰다. 사람들은 서로의 적이되어 스스로 인간의 해방과 자기실현을 가로막았으며, 갈등과 경쟁, 그리고 차별과 소외를 역사와 문화에 각인시켰다.

그러나 인간이 스스로 만들어 놓은 문화의 덫 속에서 갇혀 지내기만한 것은 아니다. 인간은 자신의 상황에서 벗어나거나 혹은 그것을 개선하기 위해 끊임없는 시도를 해 왔다. 인간이란 어떠한 존재이고 바람직한 삶이란 무엇이며, 어떠한 가치와 방향을 추구해야 할 것인가에 대해서 질문하고, 그에 대한 다양한 답변과 해결책을 제시하고 또 실현시키고자 했다. 그러한 노력은 개인적으로 시도되기도 했지만, 인간 상호간의 인정과 존중, 소통과 지원을 바탕으로 한 연대를 통하여 도모되기도 했다.

〈시대를 넘어서다〉는 이처럼 인간이 만들어 놓은 다양한 굴레에서다소나마 벗어나 보다 인간답고 바람직한 문화적 환경을 만들고자 했던 사람들을 조명해 볼 것이다. 그들이 자신의 인간적인 한계와 가능성 안에서, 주어진 환경에 충실하게 적응하면서도 또 그에 도전해 가면서 새로운 문화를 지향하고 창조하고자 했던 국면을 구체적으로 비추고자 하는 것이다. 이를 위하여 우리는 개인과 문화의 상호작용에 주된 초점을 맞추어, 해당 인물의 삶과 시도를 문화적인 관점에서 설명하고 평가하며, 그 문화적 성취와 한계를 가늠해 볼 것이다. 그가 살았던 사회와 문화의 면모를 가장 명료하게 들여다볼 수 있는 활동에 집중하여, 그 세계관 및 행태가 공동체의 관행들과 어떠한 조화 혹은 충돌을 보이는지 살펴보고, 더 나아가서 자신이 속한 문화에 대하여 어떠한 위치에서 어떠한 역할을 했는지 짚어 보고자 하는 것이다. 또한 그가 문화적인 실천의 과정에서 만나고 소통하며 연대했던 사람들뿐만 아니라, 대립하고 적대했던 사람들과의 관계에 대해서도 주의를 기울일 것이다.

이 책에서 다루고자 하는 열 명의 인물을 간략하게 소개하고자 한다. 먼저 아테네 출신 트라시마코스(BC 459~400)는 일종의 직업적 지식인인 소피스트로서, "정의는 강자의 이익이다"라는 주장과 『국가』 1권에서 묘사된 소크라테스와의 논쟁을 통하여 몰락해 가던 고대 그리스 전체의 역사 및 문화의 상황을 잘 보여 준다. 이어서 최치원(857~?)은 신라 6두품 가문 출신의 지식인으로서 현실정치에서 소외되었지만, 경주의 진골귀족이 몰락하고 지방의 호족세력이 대두하던 역사의 대세를 통찰하고 고민하면서, 신흥 고려의 새로운 정치질서·사회질서의 수립에 선구적인 역할을 담당한 것으로 볼 수 있는 인물이다.

3장에서는 전통적이고 지배적인 평가에 따르면 금나라의 침입에 맞서 조국인 송나라를 지키고자 한 영웅 악비(1103~1142)와 금나라에 굴복해 신하를 자처하여 강화를 맺은 매국노 진회(1090~1155)가 13세기 초

(북송 말~남송 초) 중국 역사의 소용돌이를 살펴보는 키워드로 등장한다. 이어서 에티엔 마르셀(1316~1358)은 파리의 부유한 모직물 상인가문 출신으로, 백년전쟁 중에 삼부회의 제3신분 지도자로 부상하여 시민군을 결성했던 인물이다. 그는 새로운 이상과 '혁명'으로 먼 훗날 프랑스의 운명을 바꾼 일대 격동을 예고했다는 평가와, 다른 한편으로 무지한 대중을 부추겼다는 상반된 평가를 받고 있다. 5장에 등장하는 요하네스 케플러(1571~1630)는 17세기 초 유럽 천문학의 최고 권위자로서 당시 역학 분야의 권위자였던 갈릴레이(1564~1642)와 학문적인 관심사가 비슷했고, 서로 학문적인 성과를 잘 알고 있기는 했어도 한 번도 만나지 않은 채 서신만 교환했다. 그리고 18세기 영국의 블루스타킹 여성들(1750~1800에 주로 활동)은 직접 글을 쓰는 작가이며 평론가로서, 여성의 모든 문제에 관해 팸플릿과 책자를 발간하며 정치적인 이슈화를 꾀하고, 사교모임과 전략적인 글쓰기를 통하여 많은 사람들의 공감을 확보하려 했다.

7장에서 조명하는 후세 다츠지(1880~1953)는 일본의 변호사로서, 사회 정의와 인권을 위하여 일본 국내의 제반 사회운동과 급진적인 사회주의운동 등에 관심을 가지고 이른바 시국사건 변호에 많이 참여했지만, 1919년 2·8독립선언을 계기로 국제 무산계급운동의 입장에서 식민지 조선을 바라보면서 한일연대를 실천한 인물이다. 이어서 마르티니크 출신 흑인 프란츠 파농(1925~1961)은 20세기 식민지 지성의 흐름이라는 관점에서 인종주의의 실체를 정신분석 분야에서 추적하였으며, 알제리 독립전쟁을 선포한 민족해방전선을 지원하는 활동에 들어서면서 정신과 의사의 길을 넘어 혁명적 사상가의 길을 걸었다. 9장의 마틴 루터 킹(1929~1968)은 미국 흑인 중산층 가정 출신의 목사로, 비폭력주의에 입각하여 흑인과 백인의 동등한 시민권을 위한 민권운동의 지도자로 활약했다. 마지막으로 10장에서는 원래 한학자였으나 일제 식민지배라는 시대적 상황에서 신학문 과정을 밟고 민족운동과 사회주의 운동에 투신했으며, 체포와 투옥 이후 국학 연구에 매진한 최익한(1897~?)의 학문세계와 그가 이해한 정약용을 통해 당대 지식인들의 세계관을 살펴본다.

이상으로 이 책에서 다루고자 하는 인물들을 간략히 살펴보았다. 이 인물들을 차분히 이해하고 진지하게 생각하되, 그들의 삶에 지나치게 집착할 필요는 없을 것이다. 오히려 이 인물들을 통로로 삼아 이미 알고 있던 인물에 대해서는 새로운 면모를 발견하고, 잘 모르고 있던 인물에 대해서는 의외의 매력을 접하는, 그리고 그 과정에서 바로 자신과 만나는 즐거운 경험의 기회를 갖기 바란다. 이 세상의 어떠한 사람도 적응과 변화, 창조를 통하여 각기 고유하고 다양한 방식으로 문화적 실천의 주체가 되지 않은 경우는 없을 것이다. 우리가 유명한 인물뿐 아니라 별로 알려지지 않았던 평범한 사람들, 더 나아가서는 나를 포함한 모든 인간이 소중한 존재임을 새롭게 자각하게 된다면 우리 사회 역시 진정한 존중과 소통, 그리고 공고한 연대를 바탕으로 보다 따사롭고 아름다워질 수 있지 않을까?

2017년 단풍이 짙은 어느 가을날에
이혜령 씀

1장

고대 그리스의
소피스트
트라시마코스

이정호

1.
생애

트라시마코스는 플라톤의 대화편『국가』 1권에서 "정의는 강자의 이익이다"라는 주장을 편 사람으로 유명하다. 그러나 그의 생애와 관련해서는 그가 비튀니아 지방 칼케돈 출신의 연설가이자 수사학 교사로서 많은 지역을 두루 여행하였고, 기원전 427년경 아테네에서 활동했다는 것 이외에는 알려진 것이 거의 없다. 그럼에도 불구하고 우리가 트라시마코스라는 인물을 통해 그의 생각은 물론 그 시대의 역사와 문화를 살펴볼 수 있는 근거는 그가 당대의 대표적인 지식인을 표징하는 소피스트로서 아테네 사회의 지적 풍토를 특징적으로 잘 보여 주기 때문이다.

그림 1-1 소크라테스

사실 '정의는 강자의 이익'이라는 그의 주

장 또한 소피스트들에 의해 유포되고 있었던 혼돈기 아테네의 가치관을 대변하는 명제이다. 특히 『국가』 1권에서 생생하게 묘사되고 있는 트라시마코스의 모습은 격변기를 살아가는 굴절된 한 지식인의 사고방식과 태도를 적나라하게 보여 준다는 점에서도 격동의 현대를 살아가는 우리에게 많은 흥미를 준다.

2.
시대적 배경

고대 그리스인들에게 정의(dikaiosynē)는 공동체인 삶 속에서 타인과의 관계에서뿐만 아니라 개인 영혼의 상태까지도 포함한 덕(aretē)의 총체를 뜻하였고, 공동체와 개인의 정의는 영원한 질서와 조화의 원형으로서 우주적 원리와 하나로 이어져 있다고 여겨졌다. 즉, 그리스 도시국가에서 개인의 삶은 이미 도시국가라는 공동체적 삶과 결코 분리해서 생각할 수 없는 조화로운 자연적 질서와 결합되어 있는 것이었다. 요컨대 그리스인에게 최상의 개인은 최상의 시민을 뜻하였고, 국가의 이상과 개인의 이상은 결코 서로 모순되지도 구분될 수도 없는 것이었다.

다시 말해 국가는 개인의 이상을 성취하는 수단일 뿐 아니라 공동생활에 필연적이고 자연스러운 기능이었고, 그 기능은 개인의 자유를 제한하는 것이 아니라 오히려 시민이 가져야 할 가장 고귀한 본질의 표현, 즉 선한 사람이라면 본성적으로 그 자신에게 명령하는 행위의 규범으로 여겨졌던 것이다.

그러나 이와 같은 그리스인의 전통적인 생각은 페르시아 전쟁 이후 아테네가 그리스 도시국가의 맹주로 아테네 제국으로 부상하는 세계사적 전기를 맞이하면서 변화의 조짐을 보이기 시작하였다. 발칸반도의 계곡과 협곡 그리고 지중해에 펼쳐진 수많은 섬을 경계로 각각 다양한 정치체제를 유지하며 공존을 도모하던 도시국가들이 아테네를 중심으로 재편되었고, 아테네는 한동안 국제적인 경제 및 문화 교류의 중심지가 되면서 기원전 5세기 그리스의 영화라고 일컬어지는 번영을 누리게 되었다. 그러나 그러한 국제적 번영은 문화적으로 그리스 사회를 붕괴로 이끄는 탈그리스적 변화의 씨를 잉태하는 것이었다. 급기야 아테네는 외적으로는 전통적인 맹주로 자처해 온 스파르타와 오랜 기간 펠로폰네소스 전쟁을 치르고, 내적으로는 잦은 정변을 겪으면서 서서히 그리스 세계 전체의 몰락을 가속화시키게 된다. 특히 전쟁의 와중에 귀족과 그 자제들은 정권욕에 눈이 멀어 출세를 위한 정치적 선동을 일삼았다. 그에 따라 합리적인 토론을 통한 보편적 진리의 추구보다는 효율적인 정치적 선동과 입신양명을 위한 현란한 수사술과 임기응변의 변론술이 요구되었으며, 점차 그러한 교육적 수요에 일단의 지식인 계층이 적극적으로 부응하면서 이른바 소피스트라는 직업적 지식인군이 등장하기에 이르렀다. 플라톤이 태어나고 자라던 시기도 이 즈음이었고, 불안정한 정변이 반복되면서 아테네의 스승이자 등에를 자처한 소크라테스가 그 희생물이 된 것도 이 시기였다. 그야말로 플라톤은 도시국가들 사이의 유대의 끈이 되었던 전통적인 그리스적 세계관이 서서히 무너지고 소피스트의 영향력이 증대되면서 급격하게 황폐해져 가던 그리스 말기 아테네 사회의 한가운데 서 있었던 것이다.

플라톤의 『국가』는 바로 이러한 상황에서 전통적인 그리스 정신을 복원하고자 하는 시도에서 저술된 것이었고, 그곳에 등장하는 소피스트 트라시마코스의 주장은 플라톤 스스로가 지향하는 정의로운 진정한 사회공동체의 수립을 위해 반드시 넘어서지 않으면 안 될 안티테제로서 제시된 것이었다.

3. 트라시마코스의 주장과 소크라테스의 비판

트라시마코스의 주장이 실려 있는 『국가』 1권은 소크라테스의 논변이 보통 그러하듯 기존 통념의 문제점부터 논파해 들어가는 전형적인 형식을 취하고 있다. 우선 트라시마코스가 개입하기 전에 케팔로스와 폴레마르코스가 정의란 '말과 행동에 있어 정직'이라는 주장을 펴고 있다. 이들의 견해는 당시의 노년층은 물론 청년층에까지 두루 펴져 있었던 통속적인 삶의 태도를 대변해 주고 있다. 그리고 이어서 제기되는 트라시마코스의 주장은 당시의 피폐한 시대적 사조를 긍정적으로 수용하면서 전통적 가치관에 대립하는 새로운 정의관을 대변하고 있다. 그러므로 트라시마코스의 견해는 『국가』를 통해 소크라테스가 극복하고 논파해야 할 안티테제를 형성하게 된다. 그러면 트라시마코스가 주장하고 있는 내용은 무엇일까?

우선 『국가』에 나타난 트라시마코스의 기본주장과 그에 대한 소크라테스의 비판을 기술순서에 따라 분석·정리하면 다음과 같다(『국가』, 336b~347e).

트라시마코스와 소크라테스 사이의 대화는 케팔로스와 폴레마르코스가 제시한 정의관이 소크라테스에 의해 논파되자 그들의 대화를 못마땅하게 지켜보고 있던 트라시마코스가 참다못해 끼어들면서 시작된다. 무엇보다도 트라시마코스는 소크라테스에게 정의가 무엇인지를 진실로 알기를 원한다면 질문만 하는 입장을 그만두고 자신의 주장을 내보여야 한다고 시비를 건다. 이러한 시비와 빈정거림이 있은 후 트라시마코스는 "정의는 강자의 이익 이외의 그 어느 것도 아님(einai to dikaion ouk allo ti ē to tou kreittonos sympheron)"을 주장하게 된다. 지배자(archontes)들은 그들의 지배를 받는 사람들보다 강하며, 정의는 어떤 행위, 어떤 상대이든 간에 이 강자들이 자신들의 이익이 되는 것에다 법(nomos)의 이름을 씌운 것에 불과하다. 즉, 강자의 법은 자기들의 사적이고 특권적인 이익을 도모하기 위해 만들어졌다. 오직 지배자는 힘(dynamis)으로 자기의 권리를 만들어 내고 그것을 곧 법이자 정의라고 부른다. 이것이 트라시마코스의 주장이었다.

소크라테스는 이러한 트라시마코스의 주장에 대해 그 주장의 애매성을 꼬투리로 잡아 반론을 전개하기 시작한다. 우선 소크라테스는 지배자가 자신의 이익을 도모한다고 하더라도 그들 또한 때로 실수를 저질러 그들 자신에게 불이익이 되게 법을 정할 수도 있다고 말한다. 그리하여 피지배자들이 지배자에게 복종하는 것이 정의라면 그때의 정의는 강자의 이익이 아닐 수도 있음을 지적한다. 이러한 소크라테스의 지적을 폴레마르코스도 지지한다. 그러나 클레이토폰이 끼어들어 트라시마코스가 말한 강자의 이익이 뜻하는 바는 판단의 실수 여부와 상관없이 일단 강자에 의해 자기들의 이익이라고 '생각된 것(ho egoito)'을 의미하는 것이라고 말한다. 그러나 클레이토폰이 거들어 주는 것도 마다하고 트라시마코스는 지배자는 엄밀히(akribēs) 실수를 할 수 없는 한에서 지배자라고 말한다. 소크라테스가 엄밀론(akribologia)으로 공박하자 자기 또한 엄밀론으로 대응 못할 것이 없다는 심사였을 것이다. 그리하여 결과적으로 트라시마코스의 정의는 엄밀한 의미의 지배자가 실수를 하지 않는다는 전제하에 성립되는 강자의 이익이라는 뜻으로 보다 구체화된다.

그러나 이러한 엄밀론은 아이러니컬하게도 이미 트라시마코스 자신의 논변상의 기초를 흔들어 놓는 결과를 자초하고 있을 뿐 아니라 소크라테스적 논변으로 이끌려 가는 단초가 된다. 즉, 트라시마코스에게 있어 강자란 처음에 단지 힘으로 지배하는 자들을 의미했다. 그러나 지금 새롭게 제기된 트라시마코스의 강자에게는 힘뿐 아니라 실수 없이 지배하는 데 필요한 지식(sophia)과 기술(technē)이 부가되고 있다. 소크라테스는 트라시마코스가 엄밀론을 취하면서 스스로 노정시킨 그 점을 놓치지 않는다.

우선 소크라테스는 여타 기술들의 일반적인 경우를 예로 들어 지배자로서의 완벽한 지배자는 자기의 이익을 취하는 것이 아니라 자기가 지배하는 대상(ekeinos)들의 이익(sympheron)을 도모하는 것임을 제기한다. 즉, 일반적인 모든 기술은 그 기술의 고유한 대상을 이롭게 하는 것을 목적으로 하지 그 기술 자신의 이익을 목적으로 하지 않는다는 것이다. 구두를 잘 만드는 기술은 말 그대로 구두를 좋게 하는 것이요, 옷을 잘 짓는 기술은 그야말로 옷을 좋게 하기 때문이다. 그 기술 자체가 결함(hamartia)이 없는 완벽한 의미의 기술인 한 더욱 그러할 것이다. 따라서 실수 없는 완벽한 의미의 지배자라면 그 지배의 기술이 가져다주는 이익은 그 기술의 대상 쪽, 즉 피지배자들에게 이익이 되게 되어 있음이 분명하다는 것이다.

기세등등하던 트라시마코스는 이러한 비판에 부닥치자 당황한다. 왜냐하면 소크라테스의 그러한 비판이 그 자신의 엄밀한 입장을 그대로 받아들인 상태에서 되받은 것이기 때문이다. 이러자 트라시마코스는 태도를 바꾸어 엄밀론을 버리고 일상적인 경험적 사실을 끌어들여 주변에서 흔히 볼 수 있는 양치기의 경우를 생각해 보자고 한다. 통상 양치기(poimēn)의 경우를 보면 그들은 양치기라는 이름 그대로 양떼를 살찌게 하고 돌보지만 그것은 양들을 위해서가 아니라 실제로는 자기 자신과 주인의 이익을 위해 돌보는 것이다. 마찬가지로 지배자들도 지배자라는 이름으로 불리면서 나라와 시민을 위해 일한다고 말하지만 실제 도모하는 것은 그들 자신의 이익이라는 것이다. 즉, 지배자의 생각은 양치기가 양에 대해 갖는 태도와 마찬가지로 결국은 자기 이익에만 관심을 갖고 있다는 것이다. 결국 트라시마코스는 앞서 스스로 제시한 기술로서의 지배의 개념을 파기하고 그저 힘으로 자기 이익을 관철하는 강자의 지배개념으로 되돌아가 버린다. 요컨대 강자란 '남보다 더 이득을 취할 수 있는 능력이 있는 자'이다. 자기의 이익이 우선하고 법은 부차적인 것이며, 그 이익을 관철하는 힘이 클수록 그 사람은 큰 이익을 얻어 행복한 것이다. 그리하여 강자들은 자신에게 이익이 되는 법도 만들고, 또 이익이 되는 것이라면 제정된 법을 마음대로 어기기도 한다.

반면에 남을 이길 힘이 없는 약자들은 강자들에게 해를 당하는 것이 두려워 남을 해치는 것이 불의이고, '남에게 좋은 것'을 가져다주는 것이 법과 정의라고 주장하면서 그 법을 따라야 한다고 말한다. 그러나 약자들이 법과 정의를 따른 결과는 '강자에게 좋은 것'이다. 정의는 '남을 이롭게 하는 것'이지만 강자가 지배하는 현실에서 그 정의는 약자에

그림 1-2 아고라와 아크로폴리스

게만 적용되게 마련이므로 결과적으로 정의는 남의 이익, 즉 '강자의 이익'일 뿐이다. 그러므로 법과 정의를 지키는 것은 강자를 행복하게 만들 뿐 결코 자신들을 행복하게 만들지는 못한다는 것이다. 더구나 이와 같은 강자의 이익은 그 힘의 크기에 비례해서 더욱 확고하게 관철된다. 그 점을 단적으로 보여 주는 사례가 참주와 같은 절대권력자의 경우이다.

현실에서 보면 사실 소소한 불의밖에 저지를 수 없는 약자들의 경우 잘못하면 발각되어 처벌받고 비난받지만 그런 처벌과 비난까지도 제압할 수 있는 힘을 가진 절대권력자는 오히려 철저히 자기의 이익을 관철함으로써 사람들로부터 행복한 자로 추앙받는다. 이 경우 약자들이 불의를 비난하지 않는 것은 불의 자체가 부당하지 않아서가 아니라 비난했을 경우 강자의 완력으로 입을 피해를 두려워하기 때문이다. 그러므로 약자로서 정의를 추구하는 것과는 비교도 되지 않을 정도로 강자로서 불의를, 그것도 보다 철저하게 추구하는 것이 행복에 이르는 길이다.

결국 트라시마코스는 이와 같이 일상적인 의미에서의 부정의가 철두철미함을 더하면 더할수록 항상 정의보다 강하고 유익한 것이라고 말함으로써 일상적인 의미의 정의와 부정의의 개념을 완전히 전도시켜 버린다.

그러나 소크라테스는 트라시마코스가 마치 목욕물을 끼얹듯 단숨에 쏟아 낸 이러한 주장에 조금도 동요됨이 없이 정의가 부정의보다 강하다고 주장한다. 그는 엄밀한 의미에서의 기술과 그 대상의 이익을 관련시켜 트라시마코스가 스스로 만들어 낸 추론상의 비일관성부터 비판하기 시작한다. 우선 소크라테스는 트라시마코스가 양치기를 논하면서 엄밀한 의미에서의 양치기를 논하지 않고 돈벌이꾼으로 변개시켰음을 지적한다. 이러한 소크라테스의 지적은 이제 기술 자체가 목표로 하는 이익과 기술을 갖고 있는 사람이 사적으로 목표하는 이익을 구분하는 새로운 엄밀론을 노정시키는 것이다. 즉, 엄밀히 말하면 지배자는 지배의 기술과 보수획득의 기술(misthōtikē)이 결합된 자이며, 의사는 의술과 보수획득의 기술이 결합된 자이다.

각각의 기술은 앞부분에서 언급하였듯이 그것이 결함이 없는 한 기술 자체의 이익을 도모하는 것이 아니라 일관성 있게 그 기술의 대상의 이익을 도모하는 것이다. 통상 지배자가 보수(misthos)를 요구하는 것을 보더라도 지배기술 자체가 지배기술의 대상의 이익에만 상관하지 지배기술을 가진 스스로의 이익과는 무관하다는 것을 말해 주는 것이다. 즉, 지배기술은 어디까지나 지배받는 대상의 이익에 관계되는 것이며 지배하는 당사자의 이익은 보수획득 기술의 대상이 자기인 경우에 한해 지배기술이 아닌 그 보수획득 기술에 의해 주어지는 것이다.

따라서 지배의 기술을 갖고 그 본연의 기능만을 수행하는 것이 엄밀한 의미에서 지배자라면 그리고 보수획득 기술이 지배의 기술과 분리되는 별개의 것이라면, 지배자는 자기의 지배기술 자체에 결핍이 없는 한, 기술 자체의 이익은 도모할 필요없이 다만 지배받는 대상에게만 이익을 돌리는 것이 된다. 그리하여 엄밀한 의미에서 지배자는 자신의 이익만을 도모하는 자일 수가 없고 지배의 대상으로서 피지배자의 이익을 도모하는 자임이 논증된다. 그리하여 지배자는 그 지배의 기술이 철저하면 철저할수록 자신의 이익과는 더욱 무관하게 되므로, 만약 뛰어난 사람들로 어떤 국가가 구축되어 있는 경우, 그 사람들은 어떻게 해서든지 지배자의 자리에서 해방되려고 서로들 경쟁도 하게 될 것이라고 소크라테스는 말한다.

따라서 소크라테스는 지배자에게 보수가 따라가는 것은 불가피한 것이라고 말하면서 그 보수 중에는 돈(argyrion)과 명예(timē), 뿐만 아니라 벌(zēmia)도 있을 수 있다고 말한다. 왜냐하면 지배자가 자기의 이익이 아닌 타인의 이익을 철저히 도모해야 하는 힘겨운 일을 떠맡지 않으려고 돈과 명예라는 보수 자체도 거절할 경우 벌로 강요하여 그 역할을 하도록 할 수밖에 없기 때문이다.

결국 트라시마코스의 '정의는 강자의 이익일 뿐'이라는 주장은 소크라테스의 엄밀론에 입각한 집요하고도 일관성 있는 논변을 통해 일단 그 추론상의 모순을 갖는 것으로 밝혀진다.

4.
트라시마코스의
실제 입장

　　　　　　　우리는 이상에서 트라시마코스의 주장을 소크라테스의 시각을 기준으로 비판적으로 살펴보았다. 이 논쟁에서 트라시마코스의 모습은 날카로운 소크라테스적 반문에 스스로 자기모순에 빠져 급기야 논쟁을 포기하고 스스로 혼잣말로 자기주장만 내뱉고 마는 것으로 그려져 있다. 그야말로 소크라테스의 완승으로 대화가 끝난 것이다. 그러나 어찌된 영문인지 1권 후반부에 이르러 소크라테스는 트라시마코스 주장에 대한 자신의 비판에 대해 불만을 토로하고 새롭게 그 주장을 다시 극복하려는 계획을 내비친다. 우선 애초의 논의 계획에서 엇나가 있었던 데다가 트라시마코스의 입장이 문답법에 의해 설사 논파는 되었을지언정, 정작 트라시마코스 자신은 기존의 생각과 태도를 전혀 바꾸지 않고 있기 때문이다. 그렇다면 과연 왜 트라시마코스는 자기의 주장이 논파되었음에도 처음의 생각을 굽히지 않고 있는 것일까?

　　우선 앞에서 살펴보았듯이 정의에 관한 트라시마코스의 최초의 주장은 '정의는 강자의 이익'으로 표명되었다. 그리고 이러한 그의 주장은 오늘날까지도 정의의 본질에 관한 트라시마코스 자신의 정의(定義)로 받아들여지고 있다. 그러나 이러한 트라시마코스의 정의에 대한 주장은 정의(正義)를 정의(定義)한 것이 아니다. 사실 트라시마코스의 그 말은 정의란 무엇이냐를 소크라테스식으로 엄밀하게 논리적으로 정의하려는 차원에서 나온 것이 아니라 소크라테스의 논법에 불만을 품고 대화

27
1장 고대 그리스의 소피스트 _트라시마코스

에 불쑥 끼어들어 자기가 현실적으로 느낀 그대로를 내뱉듯 말하는 과정에서 제시된 것이다. 즉, 그는 근본적으로 소크라테스처럼 정의를 논리적으로 정의 내리는 데에는 관심이 없고 오직 현실의 욕망이 가져다주는 결과적 사실만을 중시했을 뿐이다. 굳이 그의 말을 정의의 규정과 관련해 말한다면 트라시마코스의 입장 역시 일반인들의 정의관과 마찬가지로 여전히 '정의는 타자를 이롭게 하는 것'이다. 다만 실제 드러나는 결과를 보면 정의로운 행위를 한 약자들은 손해를 보기 일쑤이고 오히려 부정의하고 힘센 강자들만 이롭게 하는 것이 다반사이므로 결국은 현실사의 측면에서 보면 '정의는 약자에게는 손해가 되고, 힘세고 부정의한 타자만 이롭게 하는 것, 즉 강자의 이익'이라는 것이다. 즉, 트라시마코스의 관심은 근본적으로 정의의 규정이 아니라 다름 아닌 공적이건 사적이건 간에 어떠한 상태에서도 실질적인 이익을 획득할 수 있는 '힘(dynamis)'에 있으며 그 힘을 소유한 강자가 되는 길만이 행복에 이르는 길임을 주장하고 있는 것이다. 그러나 그와 달리 정의 또한 올바른 것인 한 엄정한 기준하에 정의(定義) 내려져야 한다고 생각하고 있었던 소크라테스는 그의 말을 정의(正義)에 대한 정의로 간주하여 문답법적 대화를 통해 그 모순점을 낱낱이 들추어내기 시작한 것이다. 그리하여 트라시마코스는 엉겁결에 그러한 문답법적 대화에 끼어들게 되고 우리가 앞서 살펴보았듯이 끝내 그는 소크라테스의 공박에 말문이 막히게 된다. 그리고 그제서야 그는 자신이 소크라테스에게 말려 들어간 것을 깨닫고 문답법적 방법이 아닌 자기식의 논의방식을 택하게 되는데, 그것이 곧 반소크라테스적 논의방식으로서 소피스트 일반이 공유하고 있었던 장광설(makrologia)이다. 혼자서 자기가 하고 싶은 말만 교묘한 수사에 실어 내뱉는 장광설적 논변은 지적으로 완벽한 동의를 요구하는 것이 아니라 다만 주장하는 바를 선동적인 방식으로 전달하는 것을 목표로 한다. 그리하여 트라시마코스는 자신의 방식인 장광설적 논변을 통해 자신의 입장이 다름아닌 공적이건 사적이건 간에 어떠한 상태에서도 실질적인 이익을 획득하는 강자편에 있음을 재차 분명히 한다. 그러자 소크라테스는 자신의 문답법적 비판에 한계가 있음을 느낀다. 즉, 트라시마코스의 입장은 소크라테스에게 새로운 계획과 새로운 전략으로 혼신을 다해 새로운 대안을 제시하지 않으면 안 될 정도로 매우 일관성 있고도 완고한 것임이 확인된 것이다.

그리하여 소크라테스는 『국가』 1권에서의 자신의 논변에 불만족스러움을 표명하고 그 나름의 정의에 관한 적극적인 논변으로 새롭게 논의 방식을 전환한다. 요컨대 트라시마코스 같은 사람이 제기하는 현실적 욕망논리에만 기초한 주장들은 적극적인 대안이 없는 단순한 부정적인 논파만으로는 결코 뿌리 뽑히지 않는 것이다.

그리하여 2권에서부터 플라톤은 트라시마코스적 정의의 이론을 글라우콘과 아데이만토스의 입을 통해 조직적으로 재구성하면서 1권에서 취한 논변의 부정적 비판과 공박의 지위를 그들에게 넘겨 주고, 소크라테스를 적극적인 논변의 구축자로 나서게 한다. 그리고 그 답변은 개인과 국가 간의 놀랄 만하게 단순한 유추를 거쳐 자연스럽게 국가에서의 정의로 확대되면서 이상국가에 관한 논의의 형태로 『국가』 전편을 구성하게 된다.

5.
트라시마코스와
소크라테스의 대립점

　　　　　　　　한마디로 『국가』를 통해 드러나는 소크라테스와 트라시마코스 사이의 대립점은 정의로운 삶과 부정의한 삶 중 어느 것이 행복한가의 문제와 관련되어 있다. 즉, 행복은 어떤 생활 방식에서 주어지는가의 문제이다. 요컨대 플라톤이 『국가』 1권에서 드러내고자 하는 것은 트라시마코스가 정의가 무엇인가라는 문제에 대해서는 전혀 관심이 없으며, 오로지 행복은 무제한적인 자기 이익의 추구에서 주어진다는 확신만을 갖고 있는 사람이라는 점, 그리고 그와 같은 트라시마코스류의 확신은 결코 문답에 의해 논파될 수 없다는 것을 보여 주는 것이다.

　물론 소크라테스에게 이 문제는 정의의 정의(定義), 즉 정의규정 자체의 측면과 분리되는 것이 아니므로 그 자신이 자연스럽게 정의규정을 주제로 하는 토의에 이 문제를 포함시켜 논의를 진행시키고 있다. 그러나 트라시마코스에게는 이미 정의규정의 문제는 진지한 관심의 대상이 아니다. 그리하여 그는 곧바로 정의의 대가(代價)문제로 논의에 뛰어든다. 따라서 『국가』 1권에서 소크라테스가 어떻게 정의를 규정하고 있는가는 주제적으로 중요한 물음이 될 수 있을지 모르나 트라시마코스가 정의를 어떻게 정의(定義)하고 있는가는 사실 주제적으로 큰 의미를 갖는 것이 아니며, 또 트라시마코스는 사실상 정의를 정의하지도 않았다. 소크라테스와 트라시마코스가 1권에서 공유하고 있는 주제는 비록 소크라테스적 논의방향에 준해 정의규정이란 형식을 가지나 실제적으로는 '행복을 가져다주는 삶의 방식이 무엇이냐'의 문제이다. 소크라테스는 다만 그 문제의 해결을 궁극적으로 정의론을 통해 해결될 수 있다고 믿었기 때문에 트라시마코스의 언급을 '정의(正義)의 정의(定義)' 측면에서 캐묻고 이에 트라시마코스는 기본적으로 규정적 정의란 현실적 행복과는 이미 거리가 먼 것이므로 그 엄밀한 정의(正義)의 정의(定義)에 신경을 쓰지 않고 오로지 행복을 가져다주는 현실적 조건 자체에 주목하여 자신의 논의를 진행시키고 있는 것이다.

이렇게 보면 『국가』 1권에서 소크라테스에게 부과된 치명적 걸림돌은 트라시마코스의 일관성에서 드러나는바, 조화와 공존의 원리로서 전통적 정의를 무시한 현실 경험적 이기적 행복론의 완고성이다. 소크라테스는 1권의 말미에 가서야 이 완고성이 갖는 심각성을 깨닫게 되며, 또한 그것이 자신의 문답법적 형식으로 타파되지 못하고 있음에 불만을 토로하게 된다.

『국가』 2권 이하의 논의가 1권에서의 트라시마코스에 대한 반론의 성격을 강하게 갖는 것이라면 결국 『국가』의 주제의식은 트라시마코스적 행복론의 불가능성과 정의 그 자체가 왜 행복인가에 대한 적극적인 논거 제시에 있다고 볼 수 있다. 그리고 그 논거 또한 문답법이 아닌 오히려 트라시마코스의 장광설적 체계를 전면으로 대체할 수 있는 또 하나의 장광설이 될 수밖에 없었음이 그로부터 시사된다.

요컨대 트라시마코스는 자기 이익을 극대화할 수 있는 현실상의 조건을 인간 행위 방식의 당위적 기반으로서 주장하고 있는 것이다. 소크라테스는 정의 자체가 필연적으로 객관적인 선을 낳는다는 측면에서 정의의 본질적 구조를 행복과 관련된 객관적 조건으로 제기하고, 그러한 객관적 조건을 인간 행위방식의 당위적 기초이자 이상으로 주장하고 있는 것이다.

소크라테스와 트라시마코스는 때로는 만나고 결정적인 점에서는 등을 돌린다. 두 사람 모두에게 지배는 기술(technē)이지만 한 사람에게는 부정을 위한 기술이고 또 한 사람에게는 정의롭게 되기 위한 기술이다. 또, 그들은 지식을 가진 사람이 그것을 잘 해낼 수 있다는 데 동의하지만 하나는 결코 지식은 임의적으로 정의로운 것일 수 없다고 주장한다. 1권에서 트라시마코스의 참주는 2권 이하에서 소크라테스의 철학자 왕의 반대 거울상이다. 현실 경험적으로 견고한 이론은 그것이 현실인 한에서 산파술적 문답법만으로 '부정은 되어도 파괴되지는 않는다.' 그것은 이제 또 다른 대안적 정치 및 윤리 이론의 세부적이고 구체적인 구축과 더불어 그 실현을 위한 구도적 실천을 요구한다. 이것이 1권이 갖는 2권 이하에 대한 서두로서의 대립적 함의이고, 붕괴되어 가는 그리스 사회를 바라보며 정의로운 국가의 적극적이고도 현실적인 실현을 희구하던 플라톤 자신의 철학함의 본질이자 궁극적인 목표이다.

6.
트라시마코스와
현대

일반적으로 사상은 시대를 반영한다. 우리가 이제까지 살펴본 트라시마코스의 주장 역시 서두에서도 언급한 바와 같이 그가 살았던 기원전 5세기 아테네의 지적 풍토를 구체적으로 보여 주면서 소피스트에 의해 주도되던 고전기 그리스의 사회·문화적 의식을 대변한다. 그러나 트라시마코스를 포함한 당시의 소피스트들에 대해서 무조건 부정적인 선입견을 가질 필요는 없다. 사실상 소피스트라는 명칭은 전통적으로는 탈레스, 솔론을 비롯한 존경받는 7인의 현자에게 붙여진 이름이었다. 기원전 5세기 이후 소피스트에 대한 부정적인 평가는 주로 플라톤의 뿌리 깊은 적대감에 기인한 것이다. 오히려 당대의 전환기적 상황을 고려하면 소피스트의 사고방식은 시대의 변화에 부응하는 진보적인 측면이 있었다. 그들이 활동하던 기원전 5세기는 이른바 아테네가 가장 번영을 누리던 시기이자 문화적 대격변기로 정치와 종교 등 제반분야에서 변화에 대한 능동적인 대응이 요구되고 있었다. 이러한 변화의 배경에는 말할 것도 없이 페르시아 전쟁 이후 제국으로 부상한 아테네의 영화와 민주정이 자리잡고 있었다. 전통적 가치의 객관성은 보다 주관적이고 상대적인 것으로 해체되었고, 기성세대에 저항하는 신세대의 욕망과 도전은 더욱 고무되어 세대간·계층간 권위도 점차 무너져 갔다. 소피스트들은 이러한 새로운 변화에 부응하여 이론적 탁월성보다는 경험적 효율성을, 자연적 본성과 객관성보다는 인간적 욕망과 주관성 그리고 전통적인 신적 권위보다는 개인적인 즐거움을 추구하였고, 그러한 노력을 통해 고전기 아테네의 문화·예술·학문의 여러 분야에 걸쳐 보다 개인적이고 보다 자유분방한 분위기를 고취시켰다. 시대적 변화에 대한 소피스트들의 이와 같은 능동적 대응은 실로 인간주관에 기초한 진보에 대한 신념과 역사발전에 대한 믿음을 옹호하는 것으로서 오늘날의 관점에서 보면 그야말로 근세 인문주의적 르네상스와 새로운 자유주의적 기풍을 연상시키는 매우 진취적이고 개혁적인 성격을 갖는 것으로 높이 평가할 만하다.

그러나 기원전 5세기 고전기 아테네의 번성이 그리스 사회의 새로운 도약이 아니라 오히려 몰락을 초래하는 전주곡이 되었다는 사실은 역사적 현실의 중층성을 여실히 보여 주는 아이러니라 아니할 수 없다. 아테네의 패권주의적 제국화는 아테네의 번성을 대가로 다양한 도시국가들의 전통적인 공존과 조화를 무너뜨렸고 아테네 민주정 역시 지리한 펠로폰네소스 전쟁과 끊임없는 권력다툼 속에서 불합리한 이중성을 드러냄으로써 아테네의 정치적 불안을 가중시켰다. 이를테면 페리클레스의 민주정은 말 그대로 민중의 직접적인 정치참여를 이끌어 낸 획기적인 것이었지만 그것은 단순히 민간생활의 관리 및 행정과 관련한 영역에 한정되었고, 여전히 군사 및 통치 분야는 제한된 소수의 사람에게 독점되었으며, 그 독점을 향한 정치적 선동과 술수는 끊임없는 정변과 정치적 불안을 야기시켰다.

　시대의 변화에 부응하는 소피스트들의 진취성은 이러한 시대적 전환기에서 민중의 정치참여와 개인의 욕망의 신장 및 가치의 상대화에 기여하였지만 다른 한편 소수귀족의 정치적 야욕을 뒷받침할 수 있는 기술의 개발과 전수에 오히려 더 큰 수고와 정열을 기울이는 피폐성도 함께 드러내고 있었다. 더구나 그 교육내용은 냉철하고 진지한 반성을 통한 객관적 진리의 발견이 아닌 현장을 사로잡는 정치적 선동에 효과적인 연설기술과 임기응변으로 상대를 압도하는 변론기술이 핵심이었다. 무엇보다도 심각했던 것은 그들 스스로 그러한 것들을 지혜와 덕으로 부르면서 돈 많은 귀족에게 고액의 보수를 받는 일종의 상품형식으로 판매하였다는 사실이다. 아테네 사회의 웬만한 부호와 권력가라면 하나같이 모두 유명한 소피스트들을 집에 초청하여 기거하도록 하였는데, 이러한 풍토가 일찍부터 확립되어 있었음은 이미 고전기 아테네 최고의 권력가 페리클레스가 소피스트들과 아주 밀접한 교유관계를 갖고 있었다는 사실에서도 알 수 있다.

우리 논의의 주인공인 트라시마코스 역시 서두에서 언급하였던 것처럼 이러한 소피스트들 중 한 사람으로서 이미 아테네에서 잘 알려진 수사학 교사이자 변론가였다. 그리고 그가 가르친 내용 또한 힘에 의한 지배와 그것을 통한 이익의 획득과 이기적 자기행복의 달성이었다. 앞서 살폈듯이 기원전 5세기 말 격변기 그리스 아테네 현실과 시대상황을 고려하면 그러한 생각은 부자연스러운 것도 아니었을 것이다. 그러나 트라시마코스를 비롯한 당대의 소피스트들의 주장을 접하면서 소크라테스는 한 시대의 교사로서 그 가르침이 갖는 반(反)폴리스적·반공동체적 사고방식에 분노하지 않을 수 없었을 것이다. 요컨대 소크라테스와 플라톤에게 소피스트 트라시마코스의 주장은 힘에 의한 자기이익의 달성을 합리화하는 이론이자 정치사회적 맥락에서는 다름 아닌 군사패권주의, 즉 폴리스들의 공존과 조화를 목표로 했던 전통적 그리스 정신을 해체하고 장차 폴리스 시대의 붕괴를 자초하게 만든 아테네 제국의 근본 이데올로기였던 것이다.

그림 1-3 군사패권주의

그런데 문제는 위와 같은 기원전 5세기 아테네 사회와 소피스트에 대한 우리의 상념이 사실상 현대를 살아가는 우리에게도 전혀 낯설지 않다는 데 있다. 물론 고대와 현대가 갖는 사회·경제적 조건과 문명적 상황을 그렇게 단순화하여 비교·평가하는 것은 무리일 수 있다. 그러나 근세자본주의 성립 이후 발전에 발전을 거듭하는 개인주의적 자유주의의 발흥은 고전기 그리스 말기의 상황을 연상하게 하고, 냉전 승리 이후의 자본주의 강대국 미국의 영화는 페르시아 전쟁 이후의 아테네 제국을 연상시킨다. 그리고 포스트모더니즘의 기치 아래 전통적 권위와 도덕적 가치의 해체 그리고 개인의 욕망과 자유를 부르짖으면서 내적으로는 미국적 자유주의와 냉소주의에 기생하는 오늘날의 지식인 또한 아테네의 소피스트를 연상시킨다.

사람들은 무한경쟁의 시대, 국가경쟁력의 시대를 외쳐대면서 모두들 힘과 효율을 숭상하고 물질적 부를 높이 평가하며 그 부의 획득을 모든 행위의 목표이자 행복의 조건으로 받아들인다. 그 힘을 달성하기 위해서는 기술이 필요하며, 그 기술의 효율성은 타인을 배려하는 도덕적 가치를 결하면 결할수록 더욱 증대된다. 요컨대 폭력의 속성을 갖고 있는 것이다. 그리하여 트라시마코스가 주장하듯 절대권력가일수록 비난은커녕 부러움과 존경의 대상이 되듯이 오늘날의 패권국가 미국 또한 모든 나라의 부러움과 존경의 대상이 된다.

물론 그들을 용감하게 비난하는 사람도 있지만 국가 대 국가 차원에서 약소국가가 패권국가를 비난하거나 덤비는 일은 극단적으로 내몰리는 경우를 제외하고는 거의 사례를 찾아보기 힘들다. 패권국가가 부당하지 않아서가 아니라 그들로부터 주어질 억압과 폭력이 두렵기 때문이다.

기원전 5세기 트라시마코스는 플라톤이 심혈을 기울여 그의 주장을 논파하고 그의 가치관을 압도하는 새로운 사회상을 제시했음에도 여전히 조금의 동요도 없이 당당하게 우리 앞에 우뚝 서 있다. 플라톤이 이미 깨달았듯이 악은 논파되었다고 해서 파괴되는 것이 아니다. 마르크스가 철학의 요체란 해석에 있는 것이 아니라 변혁에 있다고 말했던 것도 그래서였을지도 모른다. 철학이 끊임없이 이론을 넘어 예언자적 실천을 강조하는 까닭도 그곳에 있을 것이다. 그리고 역사를 되돌아보면 그래야 할 근거 또한 없지 않다. 어쨌거나 트라시마코스가 활동하던 고전기 아테네 제국의 번영은 언제 끝이 있겠느냐 할 만큼 그리스의 최전성기를 구가하였지만 그 번영의 정신적 토대는 아이러니컬하게 그리스 사회의 급속한 몰락을 자초하고 말았기 때문이다. 철학자 플라톤의 경고를 업신여긴 대가였을까? 오늘날 페리클레스의 후예로 되살아났다고 자부하는 금융자본주의 군사제국 미국도 크게 되돌아볼 일이다.

참고문헌

1. 플라톤, 박종현 역주, 『플라톤의 국가-정체』, 서광사, 1997.
2. 플라톤, 강철웅 역주, 『소크라테스의 변명』, 정암학당 플라톤 전집, 이제이북스, 2014.
3. 플라톤, 이기백 역주, 『크리톤』, 정암학당 플라톤 전집, 이제이북스, 2009.
4. 플라톤, 김인곤 역주, 『고르기아스』, 정암학당 플라톤 전집, 이제이북스, 2011.
5. 플라톤, 이정호 역주, 『메넥세노스』, 정암학당 플라톤 전집, 이제이북스, 2008.

다음은 '정의는 강자의 이익'이라는 자신의 주장이 소크라테스의 문답법에 의해 논파당하자 트라시마코스가 장광설로 자기 주장을 다시 제기하는 부분이다.

그런데 우리가 논의를 여기까지 하게 되어, 올바른 것의 '정의(定義)'가 정반대의 것으로 뒤바뀌어 버렸음이 모두에게 명백해졌을 때 트라시마코스는 대답하는 대신에 질문을 했네.

"대답해 주세요, 소크라테스 선생! 선생께는 보모(保姆)가 있기나 합니까?"

"그건 왜요? 선생은 그런 걸 묻기보다는 대답을 해야 하지 않았소?"

내가 반문했네.

"실은 코를 흘리고 계신 선생을 보모가 무심히 볼 뿐, 급한 사람의 코를 닦아 주지 않기 때문입니다. 선생께선 그런 보모 덕에 양도 목자(牧者)도 못 알아보고 계시니까요."

그가 말했네.

"특히 무슨 이유 때문이오?"

내가 물었네.

"그건 선생께서 양을 치는 이들이나 소를 치는 이들이 양이나 소한테 좋은 것을 생각하며 이것들을 살찌게 하고 돌보는 것이 주인한테 그리고 자신한테 좋은 것 아닌 다른 어떤 것을 염두에 두어서라고 생각하시니까 하는 말입니다. 더더구나 선생께선 나라들에 있어서 통치자들이, 즉 참된 뜻에 있어서 통치를 하는 이들이 다스림을 받는 이들에 대해서 마음쓰는 것이, 이를테면 어떤 사람이 양을 대할 때와는 그래도 어떻게든 다른 데가 있다고 생각하시며, 따라서 통치자들은 자신들이 이득을 보게 될 것과는 그래도 다른 어떤 것을 밤낮으로 생각하고 있다고 믿고 계시기 때문입니다. 그래서 선생께선 올바른 것(정의로운 것) 및 올바름(올바른 상태. 正義) 그리고 올바르지 못한 것(불의의 것) 및 올바르지 못함(올바르지 못한 상태. 不義)에 관해서도 이처럼 캄캄한 터여서, 이런 사실조차도 모르고 계실 정도입니다. 말하자면, 올바름 및 올바른 것이란 실은 '남에게 좋은 것', 즉 더 강한 자 및 통치자의 편익(便益)이되, 복종하며 섬기는 자의 경우에 있어서는 '자신에게 해가 되는 것'인 반면에 '올바르지 못함'은 그 반대의 것이어서 참으로 순진하고 올바른 사람들을 조종하거니와 다스림을 받는 사람들은 저 강한 자에게 편익되는 것을 행하여, 그를 섬기며 그를 행복하게 만들지 결코 자신들을 행복하게 만들지는 못한다는 사실을 말씀입니다. 그러니 지극히도 순진하신 소크라테스 선생이시여, 이에 대해서는 이렇게, 즉 올바른 이는 올바르지 못한 자보다 어떤 경우에나 '덜 가진다'고 생각하셔야만 합니다. 첫째로, 상호간의 계약관계에 있어서 그런 사람끼리 협력관계를 맺었다가 이 협력관계를 해지할 경우에 올바른 이가 올바르지 못한 자보다 '더 많이 차지하는' 걸 선생께서 목격하실 경우는 전혀 없을 것이나 '덜 차지하는' 걸 목격하실 경우는 있을 것입니다. 다음으로, 나라와 관계되는 일에 있어서 세금을 낼 일이 있을 때에도 올바른 사람은 같은 재산을 근거로 해서도 더 많이 내지만 올바르지 못한 사람은 덜 내거니와 또한 나라에서 받을 것이 있을 때에는 한쪽은 아무 이득도 못 보지만 다른 쪽은 많은 이득을 봅니다. 더 나아가, 이들이 저마다 어떤 관직을 맡고 있을 때에도 올바른 사람의 경우에는 비록 아무런 다른 손실이 없을지라도 적어도 제 집안일을 소홀히 함으로써 집안 형편을 한결 더 어렵게 만들지언정 그의 올바름 때문에 국고에서 이득을 보는 것이라곤 전혀 없죠. 게다가 친척들이나 친지들을 부당하게 도와주려고 하는 일이 전혀 없고 보면 이들한테서 미움마저 사는 일이 있을 수도 있죠. 하지만 올바르지 못한 사람의 경우에는 모든 것이 이와 정반대일 수가 있습니다. 그런데 제가 말하는 사람은 방금 말한 사람, 즉 남들을 크게 '능가할' 수 있는 사람입니다. 그러니 만약에 선생께서 올바르기보다도 올바르지 못함이 개인적으로는 자신에게 얼마나 더 이로운지를 진정으로 판정하고 싶으시다면, 그를 생각해 보세요. 그러나 선생께서 무엇보다도 제일 쉽게 이를 이해하시게 되는 것은 가장 완벽한 상태의 올바르지 못함에 생각이 미치실 경우일 것입니다. 그건 올바르지 못한 짓을 한 자를 가장 행복하도록 만들지만, 반면에 그걸 당한 자들이나 올바르지 못한 짓이라곤 아예 하려고 하지 않는 자를 가장 비참하게끔 만드는 그런 것입니다. 이건 참주(僭主)정치인데, 이는 남의 것을, 그것이 신성한 것이건 세속의 것이건 간에 또는 개인의 것이건 공공의 것이건 간에 몰래 그리고 강제로 빼앗기를 조금씩 조금씩 하는 게 아니라 단번에 깡그리 하죠. 이런 올바르지 못한 행위들 중의 일부를 어떤 사람이 몰래 해내지 못할 때 그는 처벌을 받고 최대의 비난을 받습니다. 성전 절도범이나 납치범, 가택침입 강도나 사기꾼 또는 도둑이라 불리는 사람들은 이와 같은 못된 짓과 관련하여 부분적으로 올바르지 못한 짓을 한 사람이기 때문입니다. 그러나 어떤 사람이 시민들의 재물에 더하여 그들 자신마저 납치하여 노예로 만들게 될 때에는 이들 부끄러운 호칭 대신에 행복한 사람이라거나 축복받은 사람이라 불리지요. 비단 제 나라의 시민한테서만이 아니라 이 사람이 전면적인 불의를 저질렀다는 소식을 들은 다른 모든 사람한테서도 말씀입니다. 올바르지 못함(불의)을 비난하는 사람이 막상 그걸 비난하는 것은 스스로 올바르지 못한 짓을 행하는 것이 두려워서가 아니라 그 피해를 당하는 것이 두려워서니까요. 소크라테스 선생, 이처럼 올바르지 못한 짓이 큰 규모로 저질러지는 경우에는 그것은 올바름보다도 더 강하고 자유로우며 전횡적인 것입니다. 그러니 제가 처음부터 말씀드렸듯 올바른 것은 더 강한 자의 편익이지만 올바르지 못한 것은 자신을 위한 이득이며 편익입니다."

트라시마코스는 이런 말을 하고 나서 마치 목욕탕에서 일하는 사람이 물을 쏟아 붓듯 우리의 귀에다 많은 말을 쏟아 넣고서는 떠날 생각이었네. (플라톤 지음, 박종현 옮김, 『플라톤의 국가-정체』, 서광사, 1997, pp. 93~96.)

2장

신라사회를
넘어서
최치원

임기환

1.
생애

　　　　　　　최치원은 신라 수도 사량부 출신으로, 신라 하대를 대표하는 지식인이다. 자는 고운(孤雲) 또는 해운(海雲)이다. 신라 6두품 가문 출신인데, 그 세계(世系)는 불명확하며, 다만 아버지 견일(肩逸)은 원성왕대에 왕실 원찰인 숭복사를 창건하는 데 관계한 인물임이 알려져 있다.

　최치원은 857년(헌안왕 1년)에 태어나 868년(경문왕 8년)에 12세의 어린 나이로 당나라에 유학을 가서 7년 만인 874년 봄에 과거에 급제하였다. 3년 뒤인 877년에 선주 율수현위가 되었고, 3년의 임기를 채우고 관직을 그만둔 후 박학굉사과를 준비하였다. 880년 여름에 회남절도사 고변(高駢)의 막부에 들어가고, 881년에 고변이 황소(黃巢)의 반란군을 진압하기 위해 출정하자, 그의 종사관이 되어 각종 공문 작성을 도맡았다. 이때 지은 「토황소격문」은 황소가 이를 읽고 주저앉았다는 일화를 남기며, 최치원의 이름을 널리 알렸다. 그러나 이방인으로서 당의 관직을 얻는

그림 2-1 고운 영정-신선

게 그리 녹록지 않았다.

884년에 신라로 귀국하여 헌강왕으로부터 한림학사 등 문한(文翰)을 관장하는 직책을 맡았다. 그러나 헌강왕이 죽자 주위의 견제 때문에 스스로 지방관직으로 물러나 태산군(지금의 전북 태인), 부성군(지금의 충남 서산) 등지의 태수를 지냈다. 894년에 진성여왕에게 개혁안 시무 10여조를 상소하였고 벼슬도 아찬으로 올랐으나, 여전히 자신의 뜻이 받아들여지지 않자 관직을 내놓고 각지를 유랑하다가 가야산 해인사에서 일생을 마쳤다. 고려 현종 때 내사령에 추증, 문묘에 배향되고 문창후(文昌侯)에 봉해졌다. 조선시대에 태인의 무성서원, 경주의 서악서원 등에 모셔졌다.

그의 저술로는 시문집『계원필경(桂苑筆耕)』20권이 전하는데, 이 문집은 최치원이 당에서 고변의 종사관으로 있을 때 지은 글 중에서 스스로 골라 엮은 것이다. 그 외 「난랑비서문」은 신라시대의 화랑도를 이해하는 귀중한 자료이며, 「사산비명」은 신라말기 선종 불교 자료로 유명하다. 또한 유교사관에 입각해서 역사를 정리하였는데, 연표형식으로 정리한 『제왕연대력』이 대표적이다. 그 외 다수의 저술이 있었으나 오늘날에는 『동문선』 등에 다수의 시문이 전할 뿐이다. 글씨를 잘 썼으며 현재 몇 점의 친필이 전하고 있다.

2.
시대적 배경

경문왕계의 왕위계승과 정치적 안정

최치원이 활동하는 시기는 신라 하대의 말기이다. 신라 하대의 전반기는 왕위계승전이 끊임없이 이어진 시기로서 특히 37대 선덕왕에서 45대 신무왕까지는 59년간 9명의 왕이 바뀔 정도로 치열한 정쟁이 잇달았다. 이러한 정치적 혼란은 왕실과 진골귀족 사회가 분열한 결과였다. 그러다가 46대 문성왕(신무왕의 아들, 재위 839~857년)에서 52대 효공왕(재위 897~912년)에 이르는 7대 73년간은 정쟁없이 순탄하게 왕위계승이 이루어지며 정치적으로 안정된 상황이 지속되었다. 46대 문성왕의 뒤를 이어 그의 배다른 동생인 헌안왕(재위 857~861년)이 왕위에 올랐고, 48대 경문왕(재위 861~875년)은 헌안왕의 사위로 왕위에 올랐다. 경문왕은 2남 1녀를 두었는데, 이들이 차례로 왕위에 올랐으니, 49대 헌강왕(재위 875~ 886년), 50대 정강왕(재위 886~887년), 51대 진성여왕(재위 887~897년)이다. 52대 효공왕은 헌강왕의 아들이다.

최치원은 헌안왕 1년에 태어나 경문왕대에 당에 유학을 가서 헌강왕대에 귀국하여 활동하게 되었으니, 어느 정도 신라 중앙정계가 안정기에 들어선 때였다. 그런 배경에서 최치원이 당에 가서 학문을 닦고 세상을 다스릴 자신의 뜻을 세우고 키울 수 있었으니 그나마 그에게는 행운이었다고 하겠다. 뒤에서 살펴보겠지만, 최치원의 정치사상이 신라왕실 경문왕계의 권위와 위상을 높이려는 입장에서 전개되었던 것도 자신의 시대에 대해 나름대로 기대하는 바가 있었기 때문이었다고 생각된다.

그러나 최치원이 기대했던 정치적 안정도 더 이상 지속되지 못하고, 51대 진성여왕대에 신라사회는 다시금 혼란에 빠지고 말았다. 즉위한지 1년도 못 되어 수도 경주에 진성여왕의 정치를 비난하는 글이 나돌았고, 거듭되는 자연재해로 인해 농사가 피폐해지고 있었다. 여기에 889년(진성여왕 3년)에는 중앙정부에서 세금 징수를 독촉하자, 생활이 어려워진 농민들이 크게 반발하면서 전국 각지에서 농민봉기가 일어나고, 여기에 지방호족들의 반란까지 이어지면서 신라 사회는 바닥에서부터 서서히 무너지고 있었다. 최치원이 894년에 진성여왕에게 개혁안 시무 10여조를 상소한 것도 이러한 신라사회의 혼란을 수습하려는 노력이었으며, 신라 왕실에 대한 애정의 소산이었다.

신라의 숙위(宿衛) 유학생과 6두품

당나라는 주변 여러 나라에 문호를 개방하였는데, 특히 주변 국가로부터 유학생을 받아들여 공부시켜 과거를 보게 함으로써 친당파를 양성하고 당나라 문물도 전파시켰다. 신라 입장에서도 선진 문물 도입과 여러 정치적 목적으로 숙위 유학생을 보냈다. 처음에 정치적 인질의 성격을 갖던 당의 숙위 학생은 점차 순수한 유학생의 성격으로 변화하였고, 그 인원 수도 크게 늘어났다. 이는 당의 선진 문물에 대한 신라 지배층의 욕구가 그만큼 커지면서 나타난 현상으로, 한때 숙위 학생단의 수가 105명에 이르렀다.

숙위 학생단이 당에 머무른 기간은 대개 10년 정도로 정해져 있어 이 기한이 지나면 귀국하고, 새로운 숙위 학생단의 명단이 당 왕조에 제출되고 새로 파견되었다. 최치원의 아버지가 유학을 떠나는 최치원에게 10년 안에 과거에 급제하라고 한 당부는 곧 이러한 유학기간을 의식한 것으로 짐작된다.

숙위 학생이 갖는 정치적 의미가 점차 퇴색해 가면서 신라 하대에는 왕족이나 유력한 진골귀족의 자제보다는 정치적으로 비중이 적은 6두품 출신들이 숙위 학생 자리를 차지하였다. 이들 6두품 출신들은 당에서 선진 학문을 배우고 자신의 능력을 발휘할 기회가 될 수 있는 숙위 학생에 적극적으로 참여하는 등 신라사회의 새로운 정치세력으로 성장하고 있었다. 그래서 최치원은 6두품을 '득난(得難)'이라고 하여 6두품으로서의 당당한 자부심을 갖고 있었던 것이다.

숙위 학생들은 당에서 외국인을 대상으로 하는 빈공과라는 과거시험에 응시하고 당에 머물러 벼슬살이를 하기도 하였다. 그중 6두품 출신의 경우에는 골품제에 따른 신분적 제약이 있는 신라로 돌아오기를 꺼렸으며, 혹 돌아왔다가 다시 당으로 되돌아가는 이들도 있었다. 최치원 역시 고국에서 자신의 큰 뜻을 펴보겠다는 꿈을 안고 귀국하였지만, 혼란한 신라사회의 정세 속에 결국 뜻을 이루지 못하고 끝내 좌절한 인물로 남게 되었다.

신라 말기에 이르러 전국에서 호족세력이 등장하자 숙위 학생 출신 인물 중에는 이들 신흥세력에 의탁하여 그 뜻을 펴려는 인물도 나타났다. 후백제 견훤의 신료가 되어 필력을 드높인 최승우(崔承祐), 경순왕을 따라 개성으로 가 고려 왕건 휘하에서 활동한 최언위(崔彦撝) 등이 대표적 인물로, 이들은 마지막까지 신라에 대한 애정을 거두지 않은 최치원과는 다른 길을 걸어간 셈이다. 이들 최승우과 최언위는 최치원과 더불어 이른바 '삼최(三崔)'로 일컬어졌다.

호족의 대두와 민란의 발생

신라 하대에 정치적 혼란과 사회 모순이 확대되어 가는 과정에서 신라 사회체제를 부정하는 새로운 사회세력이 등장하였으니, 바로 각 지방에서 성장한 호족이었다. 호족은 일정한 지역에서 독자적으로 정치·경제·군사적 지배권을 장악한 지방세력으로, '성주(城主)'와 '장군(將軍)'으로 자칭하면서 자립하였다. 신라 말에서 고려 초에 걸쳐 사회 변동을 주도한 호족의 출신은 다양한데, 대체로 낙향한 진골귀족 출신, 군진(軍鎭)세력 출신, 해상세력 출신, 지방 촌주(村主) 출신 등이었다.

한편 신라 하대에 일반 백성은 자연재해는 물론 조세 수탈 등으로 곤궁한 삶에서 벗어나지 못하였다. 이 무렵 수도 경주에서 진골귀족들의 호화로운 생활은 다음 기록을 통해 알 수 있다.

9월 9일에 왕이 신하들과 함께 월상루에 올라 사방을 바라보니 서울의 민가는 즐비하게 늘어섰고 노랫가락의 소리는 그치지 않았다. 왕이 시중을 돌아다보고 "짐이 들으니 지금 민간에서는 집을 기와로 덮고 짚으로 잇지 아니하며, 밥을 짓되 숯으로 하고 나무로 하지 않는다 하니 사실이냐?"고 물었다. 시중이 대답하되 "신 또한 그렇게 들었습니다"라고 하였다. (『삼국사기』, 헌강왕 6년)

위 기록은 헌강왕대에는 수도에서 얼마나 번영을 누리고 있는가를 보여주는 기사이다. 헌강왕은 바로 최치원이 귀국하여 고국에서 정치적 야망을 펼쳐 보이려는 바로 그때의 왕이다.

이러한 귀족들의 사치와 부의 그 이면에는 지방과 백성들에 대한 과도한 수탈이 이루어지고 있었다. 게다가 이후 중앙정부의 지방통제력이 점점 약화됨에 따라 전국 각지에서 농민 봉기가 일어났으며, 때로는 각 지역 호족들의 반란과 연결되기도 하였다. 당시 이러한 지방 반란이 확산되는 과정에서 종전과는 달리 신라 왕실을 부정하면서 '왕'을 칭하고

그림 2-2 해인사 묘길상탑

새로 나라를 건국하는 세력들이 등장하였으니, 후백제를 세운 견훤과 후고구려를 세운 궁예였다.

최치원은 이러한 내란이 거듭되는 상황을 보고 895년에 지은 해인사 묘길상탑기에서 이렇게 쓰고 있다. "당나라 땅에서 벌어진 병(兵)과 흉(凶) 두 가지 재앙이 서쪽 당에서는 멈추었고, 동쪽 신라로 옮겨와 그 험악한 중에도 더욱 험악하여 굶어서 죽고 전쟁으로 죽은 시체들이 들판에 별처럼 흐트러져 있다." 최치원이 당나라 황소의 난에서 보았던 그런 재앙이 신라 땅에서 다시 재현됨을 보는 통한의 심정이 잘 드러나 있다.

선종의 등장

신라 중대에는 화엄종과 같은 교종(敎宗)이 신라 불교계를 주도하였다. 교종은 신라왕실과 밀접한 연관을 맺으면서 신라의 국가 지도이념으로서 그 역할을 하였다. 하지만 교종 사찰들이 지방으로 확산되었다고 해도 경상도 지역을 크게 벗어나지 않았으며, 비록 사찰이 지방에 있다고 해도 경주의 중앙귀족과 연결된 사찰로서 지방사회와는 거리를 두고 있었다. 따라서 신라 하대의 사회적 모순은 주로 지방사회에서 확대되고 있었는데, 귀족 중심, 경주 중심의 교종은 이러한 당시의 사회적 모순을 해결할 수 있는 시대인식과 능력을 갖고 있지 못하였다.

그런데 신라 하대에 이르러 신라 불교계에 새로이 선종(禪宗)이 등장하였다. 선종의 9산 선문(禪門)은 전국 각지에서 성립하였기 때문에 신라 교종 불교가 갖는 지역적 한계를 극복할 수 있었으며, 동시에 각 선문은 지방문화의 새로운 중심지로 떠올랐다. 선사들은 그 신분이 대개 6두품 이하 하급 귀족이거나 몰락하여 낙향한 진골귀족, 혹은 지방호족 출신으로서, 그 계급적 기반부터 기존 진골 중심의 신라체제에 대해 비판적 태도를 취할 가능성이 높았다.

선종은 '불립문자(不立文字)'를 내세워 경전에 의지하지 않고 마음을 잘 닦으면 곧 자기 안의 불성을 깨칠 수 있다고 주장하였는데, 이러한 태도 는 현 체제에 불만을 갖고 있던 지방호족의 지지를 이끌어낼 수 있었다. 또한 중앙귀족의 부패와 가혹한 수취, 잦은 전란과 기근으로 고통받던 서민 대중에게도 큰 호응을 얻었다.

이러한 선종과 선사의 활동은 신라 하대 사회가 갖고 있던 여러 사회 모순을 넘어서고자 한다는 점에서 당에서 유학하고 돌아와서 유교이념 에 입각한 새로운 정치방향을 모색하던 6두품 지식인의 개혁 방향과도 서로 통하는 면이 있었다. 최치원이 이들 선사들과 함께 어울리며 왕명 을 받아 그들의 비문을 썼던 것도 이러한 맥락에서 이해할 수 있다.

3.
최치원의
주요 활동과 평가

당에서 얻은 명성 : 유학과 관료생활

최치원은 신라 하대에 새로 성장하는 6두품 출신 지식인으로서 유교 사상계를 대표할 만한 인물이다. 최치원은 868년(경문왕 8년)에 12세의 어 린 나이로 경문왕의 국자(국비유학생)에 선발되어 당나라에 유학을 가게 되었다. 그는 어린 나이에 이미 출중한 자질을 갖고 있어 주위의 기대를 한몸에 받고 있었는바, 아버지 견일은 그에게 "10년 동안에 과거에 합격하지 못하면 내 아들이 아니다"라고 격려하였다 한다.

그는 당나라에 유학한 후 수도 장안에서 과거 공부에 몰두하여 과거에 필요한 문장과 경사자집(經史子集)을 두루 익혔으며, 그 결과 6년 만인 874년 봄에 18세의 나이로 예부시랑 배찬이 주관한 당의 빈공과(賓貢科)에 합격하였다. 약관도 안 되는 나이에 당나라의 과거에 당당히 합격했다는 것은 최치원의 재능이 매우 뛰어났음을 보여 준다. 그런데 당시 당나라 제도상 과거에 합격했다고 바로 관직을 얻는 것은 아니었기에, 기다리는 3년 동안 낙양을 유랑하면서 시작(詩作)에 몰두하였다.

이후 877년에 당나라 선주 율수현(지금 중국 강소성 율수현)의 현위가 되었다. 녹봉도 넉넉하고 여유가 있었으므로 율수에서 발원하여 남경까지 흐르는 진회하(秦淮河)를 따라 유람하면서 시를 짓고, 남경에 있는 왕희지의 옛집을 찾기도 하였다. 이때 틈틈이 지은 글을 추려 모은 것이 『중산복궤집(中山覆簣集)』 5권으로, 아쉽게 지금은 전하지 않는다.

재능이 넘치고 야심도 있었던 그는 율수현위에 만족할 수는 없었다. 879년 겨울에 율수현위의 임기를 마치고 고급 관리가 되기 위한 박학굉사과를 준비하였다. 그러나 이방인이 고급 관리가 되기 위한 준비를 한다는 것은 결코 쉬운 일이 아니었다. 수입이 끊기자 경제적 곤란을 겪게 되어 결국 중도 포기하고, 880년 여름에 당의 절친한 친구인 고운(顧雲)의 도움으로 회남절도사 고변의 막부에 들어가 관역순관(館驛巡官)이 되었다. 881년에 고변이 제도행영병마도통이 되어 황소(黃巢) 반란군을 칠 때 고변의 종사관으로서 서기의 책임을 맡으면서부터 최치원의 문명(文名)이 널리 알려지게 되었다.

그 후 4년간 고변의 군막에서 표·장·서계·격문 등을 작성하는 일을 맡았으며, 이때 그 유명한 「토황소격문」을 지었다. 이렇게 고변의 종사관으로 있을 때 지은 글이 1만여 수에 달하였는데, 귀국 후 스스로 추려 『계원필경』20권을 엮어 헌강왕에게 올린 것이다.[1]

한편 최치원은 율수현위 및 고변 막부의 종사관으로 있으면서 인근에 있는 불교 사찰을 많이 유람하였다. 또 혜원, 사안, 왕희지 등과 관련된 사적지를 유람하거나 승려의 비문을 탐독하는 등 불교 관련 전적(典籍)을 많이 접하였다. 그의 많은 시나 저술의 전반에 걸쳐 나타나는 동진(東晉) 시기 불교 관련 내용은 이때의 경험과 학습의 결과로 짐작된다. 그리고 이러한 경험이 귀국 후 신라 불교계와 접촉하는 데에도 많은 영향을 끼쳤을 것이다.

최치원은 885년 귀국할 때까지 17년 동안 당나라에 머물렀는데, 그동안 고운(雇雲)·나은(羅隱) 등 당나라의 여러 문인들과 사귀어 그의 문명(文名)이 높아졌으며, 그래서 『당서』「예문지」에도 최치원의 저서명이 수록될 수 있었다.

하지만 당에서 활동을 접을 시간이 다가왔다. 그가 모시고 있던 고변이 군무에는 힘쓰지 않고 도교에 빠져 신선되기를 바라면서 급기야는 개인적으로 도원까지 건립하였다. 마침내 최치원은 오랜 당나라 생활을 청산하고 귀국하려고 결심했다. 변란이 거듭 일어나고 정국이 혼미한 상황에서 이방인으로서 굳이 당에 체류할 의미를 찾기는 어려웠으며, 그만큼 고국 신라에 대한 향수가 점점 짙어져 갔다. 아울러 혼란한 당과는 달리 경문왕 이후 차차 국정이 안정되어 가는 신라의 사정을 알게 되

---

1. 최치원의 재당 활동 중에서 과거급제 후 율수현위의 재임 시기나 고변 막부로 들어가는 시기 등에 대해서는 논란이 있다. 이 글에서는 최근에 제출된 이황진의 연구에 따른다.

면서 당에서 배운 학문을 자신의 고국에서 펼쳐 보고 싶다는 꿈도 점점 커져 가고 있었다.

정치가로서의 활동 : 국내에서

최치원의 귀국에는 그 자신의 결심만이 아니라 당시 신라 헌강왕의 의지도 적지 않게 작용한 것으로 보인다. 헌강왕 자신이 글을 좋아했을 뿐 아니라, 당시 왕권의 안정을 추구하는 입장에서도 진골귀족을 견제하기 위하여 6두품 출신이나 중국에서 활약하고 있던 빈공과 출신자를 필요로 했다. 그래서 헌강왕은 최치원을 영접하기 위하여 공식적으로 최치원의 종제 최서원을 당에 사신으로 파견하였다.

885년(헌강왕 11년) 3월에 이제 29세가 된 최치원이 신라에 돌아왔다. 헌강왕은 그를 시독겸 한림학사 수병부시랑 지서서감에 임명하여 국정 참여의 길을 열어 주었다. '시독'은 경서를 강의하는 직책, '한림학사'는 국서(國書)를 작성하는 임무를 맡은 직책으로 당에서 유학하고 돌아오는 사람에게 의례적으로 주어지던 직위이며, '지서서감'은 문필기관의 부책임자, '병부시랑'은 국방 관련 관서의 차관에 해당하는 지위로서, 그는 상당히 유력한 직책을 맡았던 것이다.

그리고 신라 국내에서도 이미 그의 문명이 널리 알려져 있어 귀국한 다음 해에 왕명으로 「대숭복사비문」 등의 명문장을 남겼고, 당나라에서 지은 저작들을 정리하여 국왕에게 진헌하기도 하였다. 오늘날 전해지는 그의 대표작 『계원필경』이 바로 그것이다.

그러나 불행히도 최치원이 자신의 뜻을 미처 펴기도 전에 886년 7월 헌강왕이 죽었다. 헌강왕의 아들 요가 채 돌도 안 되었기 때문에 왕의 동생 정강왕이 왕위에 올랐는데, 그 정강왕 또한 1년 만인 887년 7월에 죽었으며 누이동생 만이 왕위에 오르니 진성여왕이다. 특히 정치적 후원자라고 할 수 있는 헌강왕의 죽음은 최치원의 입지를 매우 어렵게 하였던 것으로 보인다. 그렇지 않아도 진골로부터 경계를 받고 있던 그는 중앙정계에서 소외되어 갔다.

이때부터 최치원의 지방 태수 생활이 시작된다. 그가 태수를 지낸 지방은 전국 곳곳이다. 스스로 편찬한 시문에 천령(경남 함양)이 보이고, 『삼국사기』에 대산(충남 부여군 홍산 일대), 부성(충남 서산)이 기록되어 있으며, 이 밖에 『택리지』에는 옥구(전북)도 전하고 있다. 최치원은 당나라에 있을 때 "어진 지방관이란 옛날에도 드물었다"고 한탄한바, 아마도 지방관으로서도 자신의 뜻을 실현하기 위해 스스로 많은 노력을 했을 것이다.

그러나 당시의 신라사회는 이미 붕괴를 눈앞에 두고 있었다. 889년(진성여왕 3년)에는 중앙에서 주·군의 공부를 독촉하자 농민들이 사방에서 봉기하여 전국적으로 내란이 일어났다. 이 무렵 최치원은 천령 태수로 있었는데, 그는 반란군을 방어하는 일에 힘썼다. 이때 최치원의 지우였던 희랑스님이 해인사에서 화엄경을 강론했는데, 그는 "나는 반란군을 막는 일에 얽매어 청강 못 하고 시로써 그 일을 기린다"면서 시(증희랑화상)를 보낸 일화가 이를 잘 보여 준다.

또한 최치원은 895년 전국적인 내란의 와중에 사찰을 지키다가 전몰한 승병들을 위하여 만든 해인사 경내의 한 공양탑 기문(記文)을 작성하기도 했다. 이렇게 농민봉기에 대해 부정적인 그의 태도는 당나라에서 황소의 난을 경험한 데에서 비롯하였을 것이다.

그리고 부성군 태수로 있던 893년에는 당에 가는 사신인 하정사에 임명되었으나 도둑들의 횡행으로 가지 못하고, 그 뒤에 다시 사신으로 당나라에 간 일이 있다. 그러나 최치원이 다시 본 당나라는 10년 전 귀국 당시보다 더욱더 깊은 수렁에 빠져 있었다.

신라와 당의 파국상을 직접 목도한 최치원은 비장한 결심을 하게 된다. 894년 2월에 진성왕에게 구국의 직언을 하니, 그것이 '시무 10여조'이다. 10여 년 동안 중앙과 지방의 관직을 역임하면서 직접 체험한 사회모순을 개혁하여 나라를 구할 나름의 방책을 제시한 것이다.

그의 시무책은 진성여왕에게 받아들여졌고, 최치원은 6두품의 신분으로서는 최고의 관등인 아찬에 올랐다. 하지만 그의 개혁안이 실현되기를 기대할 수 있는 상황은 아니었다. 당시의 사회 모순에 눈을 감고 있던 대다수 중앙 진골귀족이 개혁안에 동의할 리도 없을뿐더러, 설사 개혁안이 받아들여졌다고 해도 이미 신라 중앙정부의 영향력은 수도 경주의 범위를 크게 벗어나지 못한 상황이었기에, 개혁이 제대로 실현되기도 어려웠다.

최치원이 제시한 시무 10여조의 내용은 전하지 않지만 대략 진골의 좁은 테두리를 벗어나 6두품을 포함하는 폭넓은 정치운영을 지향했을 것으로 보인다. 그 내용을 대략 짐작해 보면 다음과 같다.

우선, 당시에 조세제의 문란이 심각하였으므로 이에 대한 개혁안이 제시되었을 것이다. 특히 당의 양세법(兩稅法)을 눈여겨보았을 그로서는 이와 유사한 개혁안을 건의하였을 것으로 짐작된다. 다음으로 6두품으로서 신분의 한계를 절감한 그로서는 신분보다 학문을 바탕으로 한 인재등용을 주장하였을 것으로 보인다. 그 외에 불교의 개혁 등 당시 사회모순을 해결하기 위한 다양한 개혁안을 제시하였을 것이다.

이러한 그의 정치이념은 나중에 고려 왕조가 성립된 이후 982년에 최승로가 성종에게 올린 '시무 28조'에 계승되었을 것으로 추정된다. 이러한 점에서 최치원의 시무책이 갖는 의미는 통일신라에서 고려 초에 이르는 일련의 개혁 정책의 맥락에서 제대로 평가할 수 있을 것이다.

얼마 후 실정을 거듭하던 진성여왕이 즉위한 지 11년 만에 정치 문란의 책임을 지고 효공왕에게 왕위를 물려주고 물러났지만, 상황이 그리 달라질 것은 없었다. 최치원은 퇴위하고자 하는 진성여왕과 새로이 즉위한 효공왕을 위하여 각각 대리 작성한 상표문에서 신라가 이미 돌이킬 수 없는 멸망의 길로 들어서고 있음을 숨기지 않았다.

이 무렵 최치원은 자신의 힘으로는 더 이상 바꿀 수 없는 현실에 깊은 좌절감을 느끼고 40여 세 한창의 나이에 관직을 버리고 은거하기로 결심하였다. 『삼국사기』 「최치원전」에는 이를 다음과 같이 기록하고 있다.

(최)치원은 서쪽에서 당나라를 섬기다가 동쪽의 고국에 돌아온 후부터 계속하여 혼란한 세상을 만나 발이 묶이고 걸핏하면 허물을 뒤집어쓰니 때를 만나지 못한 것을 스스로 가슴 아파하여 다시 관직에 나갈 뜻이 없었다. 방랑하면서 스스로 위로하였고, 산 아래와 강이나 바닷가에 정자를 짓고 소나무와 대나무를 심었으며, 책을 베개로 삼아 읽고 시를 읊조렸다.

그가 즐겨 찾은 곳은 경주의 남산, 합천의 청량사, 지리산의 쌍계사 등이었으며, 만년에는 가족을 이끌고 가야산 해인사에 들어가 머물렀다. 해인사에서 언제 세상을 떠났는지 알 길이 없는데, 그가 지은 「신라수창군호국성팔각등루기」에 의하면 908년(효공왕 12년) 말까지 생존하였던 것은 분명하나, 그 이후의 행적은 전혀 알 수 없다.

유·불·선 3교의 회통

최치원이 살던 시대는 신라사회 체제가 무너져 가면서 새로운 사회체제를 모색하는 전환기라고 할 수 있다. 이런 시기에는 새로운 이념이나 사상의 변화도 나타나게 마련인데, 최치원은 이런 면에서도 중요한 위치에 자리하고 있다. 특히 신라 말기의 유교사상계에서는 불교·도교·풍수사상을 융합하여 함께 이해하려는 경향이 확산되고 있었는데, 그 대표적인 인물이 최치원이다.

최치원은 유학자를 자처하면서도 불교에도 깊은 관심을 가져 승려와 교유하고 불교 관련 글을 많이 남겼다. 불교 가운데서도 선종의 대두에 주목하고 있었다. 지증·낭혜·진감 등 선승의 탑비문을 지었으며, 그 가운데 특히 「지증대사비문」에서는 신라 선종사를 간명하게 기술하고 있어 주목된다.

그는 선종만이 아니라 화엄종에 더 깊은 관심을 가지고 있어 화엄종 관련 글을 많이 남기고 있는데, 오늘날 확인되는 것만도 20여 종에 이르고 있다. 특히 화엄종 사찰인 해인사에 은거한 뒤부터는 해인사 관련 글을 많이 남겼다. 화엄종 관련 저술로는 『법장화상전』, 『부석존자전』, 『석순응전』, 『석이정전』 등이 확인된다.

최치원은 불교와 유교가 서로 모순 관계가 아니라 양자는 조화를 이루는 것으로 보았다. "인심(人心)은 곧 불심(佛心)이며 부처의 뜻과 유교의 인(仁)은 통하는 법이다"라고 하면서 유교와 불교가 서로 통하는 것이라는 최치원의 주장에서 신라 말기 유교사상의 변화 과정을 엿볼 수 있다.

최치원의 사상에서 도교와 노장사상, 풍수지리설과의 융합도 주목할 만하다. 당나라에 있을 때 도교 신자였던 고변의 종사관으로 있으면서

도교에 관한 글을 남긴 것으로 보아 도교에 대한 이해도 얕지 않았을 것이다. 그리고 귀국한 뒤 정치개혁을 주장하다가 좌절감을 맛보고 관직에서 물러난 뒤에는 그의 시에서 노장적인 분위기 속에서 자족하려고하는 면이 물씬 풍기고 있다. 또한 「대숭복사비문」를 통해서 그가 풍수지리설도 이해하고 있었음을 알 수 있다.

이처럼 최치원은 스스로 유학자라고 자처하면서도 불교나 도교, 노장사상, 풍수지리설까지 두루두루 이해하고 있으며, 이들 사상의 통합을 적어도 자신의 사고 속에서는 체현하고 있었던 것으로 보인다. 실제유·불·선의 융합과 조화에 주목한 면이 그의 글 여러 곳에서 나타나고있는데, 유명한 「난랑비서문」에서 다음과 같이 적고 있다.

> 나라에 현묘한 도가 있으니 그 이름은 풍류이다. 교를 만든 근원은 선사에 자세히 실려 있거니와 그 핵심은 유·불·선 3교를 포함하고 중생을교화하려는 것이다. 말하자면 집에 들어오면 부모에게 효도하고 벼슬하면 나라에 충성하는 것은 노(魯) 사구[공자]의 가르침이요, 무위한 일에 처하고 불신의 교를 행하는 것은 주(周) 주사[노자]가 으뜸으로 세운 바이며,모든 악한 일을 행하지 않고 착한 일만 수행하는 것은 축건 태자[석가]의교화이다.

이처럼 최치원은 유·불·선 3교가 융합하여 신라의 고유한 정신인 풍류도를 만들었다고 보았다. 풍류도의 근원은 선교에 있었지만 그 추구하는 바는 유·불·선 3교의 가르침에 의한 것으로 이해하였다.

유·불을 함께 이해하려는 경향은 비단 최치원에게 한정되지 않고, 신라 말기의 선사들에게도 일반적으로 나타나는 현상이었다. 이러한 사상의 융합은 곧 신라문화의 한계를 극복하려는 새로운 사상 운동으로서의 성격을 띠는 것이다. 그런 점에서 신라 말 전환기에 새로운 지성을 모색하는 선구자로서의 면모도 최치원에게서 찾아볼 수 있다.

신라를 사랑한 충정

『삼국사기』「최치원전」에는 그가 왕건이 천명을 받아 나라를 열 것을 알고 서한을 보냈는데, 그 가운데 "계림은 시들어가는 누런 잎이고, 개경의 곡령은 푸른 솔"이라는 구절이 들어 있었다고 한다. 최치원이 신라가 망하고 고려가 새로 일어날 것을 미리 내다보고 있었다는 뜻이다. 최치원이 실제 왕건에게 서신을 보냈는지 여부는 확인할 수 없으나, 그가 왕건에 주목하고 있었음은 사실인 듯하다. 그가 은거하고 있던 해인사에는 두 화엄종장인 희랑(希朗)과 관혜(觀惠)가 있었는데, 희랑은 왕건을 지지하고, 관혜는 견훤을 지지하고 있었다. 그때 최치원이 희랑과 교유하면서 그에게 지어 준 시 6수가 남아 있는 것으로 보아, 희랑을 통해 왕건과 고려에 어떤 기대를 걸었을 가능성도 생각할 수 있다. 그리고 현실에 대한 그의 고민이 그의 후계자들에게 영향을 주어, 이후 고려왕조의 개막에 일정한 기여를 한 점도 사실이다.

그러나 최치원 자신은 마지막까지 신라인으로 남아 은거하며 일생을 마쳤다. 그가 진정 사랑한 것은 신라였다. 이는 그의 '동인(東人)'의식에 잘 나타나 있는데, 특히 자신이 살고 있는 '동토(東土)'에 대한 애정을 깊이 표출한 흔적은 여러 저술 속에 보이고 있다. 즉, 그의 조국 신라를 '인향(仁鄕)' 혹은 '군자국(君子國)'으로 불렀는데, 이는 그가 신라인으로서 긍지와 자부심을 가졌음을 잘 보여 준다.

그는 『제왕연대력』이라는 역사서를 저술하였는데, 오늘날 남아 있지 않아 그 내용을 알 수 없지만, 아마도 중국과 신라 왕실의 역사를 연표 형식으로 정리한 것으로 추정된다. 그런데 그는 여기에서 거서간·차차웅·이사금·마립간 등 신라왕의 고유한 명칭을 왕(王)으로 바꾸었다. 이는 유교사관에 입각한 역사인식의 결과이기도 하지만, 동시에 국제인으로서 신라 역사를 사랑하는 방식이라는 점에서 보면 그가 가졌던 신라에 대한 최치원의 충정도 짐작할 수 있다.

4.
관련 인물

교유 관계

최치원은 당나라에서 같은 해에 과거에 합격한 고운(顧雲) 및 오만, 양섬 등 여러 명사와 교류하였는데, 이들은 최치원이 귀국할 때에 이별을 아쉬워하는 모임을 갖고 시를 화답하였다. 지우였던 고운은 흠모와 석별의 정을 가득 담아 송별시를 지었는데, 그 내용을 보면 외국인이었지만 당나라 명사들과 학문과 시로 어깨를 겨루었던 최치원의 재능을 높이 칭찬하고 있다. 또한 『삼국사기』 「최치원전」에는 "(최치원이) 처음 서쪽으로 유학하였을 때 강동의 시인 나은(羅隱)과 서로 알게 되었다. 나은은 재주를 믿고 자만하여 남을 쉽게 인정하지 않았는데 치원에게는 자기가 지은 시 다섯 두루마리를 보여 주었다"고 소개하고 있다.

최치원이 귀국한 후 신라에서의 교유 관계는 김준 외에는 전하는 기록이 없다. 『삼국사기』 「최치원전」에는 진성여왕 7년(893년)에 김준이 혜

성군 태수로 있다가 고주사(告奏使)에 임명되었고, 당시 부성군 태수로
있던(富城郡) 최치원이 하정사(賀正使)로 임명되어 함께 당나라에 갈 예정
이었으나 도적으로 인해 길이 막혀 가지 못했다는 기록이 있으며, 또
『동문선』에 최치원의 송별시가 남아 있을 뿐이다. 겨우 이 두 기록을 통
해서 두 사람이 속마음을 털어놓을 수 있는 지우 관계라는 정도를 짐작
할 수 있다.

헌강왕

신라 49대 국왕으로 재위기간은 875~886년이다 . 이름은 정(晸)으
로, 경문왕의 태자로 왕위에 올랐다. 『삼국사기』「신라본기」에 의하면
헌강왕은 성품이 총명하고 민첩하였으며 책 보기를 좋아하여 눈으로
한번 본 것은 모두 입으로 외웠다고 한다. 나름 호학(好學)의 군주로서의
풍모를 갖추고 있었던 듯하다. 예컨대 재위 5년인 879년에 국학(國學)에
행차해 박사(博士)로 하여금 강론하게 하였다는 기사를 통해, 경문왕 이
래 국학을 진흥하려는 노력을 지속하고 있음을 알 수 있다. 또 재위 11년
에 최치원의 귀국에도 헌강왕의 뜻이 담겨 있음을 추정하면 6두품 세력
이나 유학을 통해 나름 정치적 안정을 도모하려고 노력했음을 짐작할 수
있다.

그리고 876년과 886년에 황룡사(皇龍寺)에서 백고좌강경(百高座講經)을
설치하고 친히 가서 들었다는 기사를 통해 불교에 의지하여 국가와 왕
실의 안녕을 추구했음도 엿볼 수 있다.

그런데 『삼국사기』「신라본기」에 당시 "서울 백성의 집들이 서로 이어
져 있고 노래와 음악소리가 끊이지 않았다"는 기사에서 보듯이 마치 전

성기를 누리는 것처럼 보이는 수도만의 분위기에 젖어 있어서 체제 붕괴의 조짐을 읽어 내지 못한 것 같다. 『삼국유사』「처용랑 망해사」조에 "지신과 산신이 나라가 장차 망할 것을 알았으므로 춤을 추어 경고했건만, 나라 사람들이 깨닫지 못하고 도리어 상서가 나타났다고 하여 향락에 너무 심하게 빠졌기 때문에 나라가 마침내 망하였다"라는 기록이 이를 반영한다.

진성여왕

신라 51대왕으로 재위기간은 887~897년이다. 이름은 만(曼)이다. 아버지는 경문왕이고, 어머니는 헌안왕의 장녀로 뒤에 문의왕후에 봉해진 영화부인 김씨이다. 진성여왕의 즉위는 정강왕이 죽음에 임박하여 누이동생을 후사로 지정함으로써 가능하였다. 그러나 즉위 후 1년도 못 되어 수도 경주에 진성여왕의 정치를 비난하는 글이 나돌았고, 전국 각지에서 농민봉기가 일어나 신라 통치체제는 급속히 붕괴되어 갔다.

진성여왕은 이 같은 어려움을 타개하기 위하여 정치개혁에 앞장서고자 하는 의지를 보이기도 하였는데, 즉위 8년에 최치원이 올린 시무 10여조를 받아들인 것도 그런 태도의 하나였다. 최치원의 개혁 내용은 골품을 초월한 인재 등용 및 왕권 강화를 주 골격으로 삼은 것으로 추정되는데, 진성여왕의 동의가 있었음에도 개혁 시도가 아무런 성과를 거두지 못한 데에는 자신들의 기득권을 지키려는 진골귀족이 개혁에 적극 반대했기 때문일 것이다. 결국 진성여왕은 재위 9년 10월(897년)에 조카인 헌강왕의 아들 요(효공왕)에게 왕위를 물려주었고, 그해 12월에 세상을 떠났다. 그 뒤 역사서에서 진성여왕은 신라 패망을 불러온 주된 인물로 지목되고 있는데, 이미 신라 사회체제의 해체는 그 이전부터 진행되고 있었으니, 진성여왕에 대한 이런 후대의 인식과 평가에는 국망의 책임을 은연중 여성 개인에게 돌리려는 편견도 작용하였다고 생각한다.

5.
인물과 문화 :
최치원의 쌍녀분 설화

최치원이 당나라에 있을 때의 일화와 관련된 쌍녀분(雙女墳) 설화가 전하고 있는데, 내용 구성면에서 다분히 소설적 면모를 띠고 있어 소설로 보기도 한다. 이 설화는 『수이전』에 수록되었던 것이 후에 성임의 『태평통재』 권 68에 「최치원」이라는 이름 아래 전재되어 있고, 그 뒤 권문해의 『대동운부군옥』 권 15에는 「선녀홍대」라는 이름으로 수록되어 전하고 있다. 같은 내용이기는 하지만 「선녀홍대」가 「최치원」보다 약 5분의 1 정도로 축약되어 있다. 『태평통재』에 수록된 설화의 내용을 요약하면 다음과 같다.

최치원이 12세에 당나라에 들어가 과거에 급제한 뒤 율수현 현위가 되었는데, 항상 고을 남쪽의 초현관에 가서 놀았다. 초현관 앞에는 쌍녀분이라는 오래된 무덤이 있었는데, 예로부터 많은 명현들이 노는 곳이었다.

어느 날 최치원이 쌍녀분에 관한 시를 지어 읊었더니 홀연히 취금이라는 시녀가 나타나 쌍녀분의 주인공인 팔낭자와 구낭자가 최치원의 시에 대해 화답한 시를 가져다주었다.

시를 읽고 감동한 최치원이 다시 두 여인을 만나고자 하는 시를 지어 보내고 기다리노라니 얼마 뒤 이상한 향기가 진동하면서 아름다운 두 여인이 나타났다. 서로 인사를 나눈 뒤에 최치원이 두 여인의 사연을 듣고자 하였다. 원래 그들은 율수현의 부자 장씨의 딸로 언니가 18세, 동생이 16세 되던 해 아버지가 시집보내고자 하여 언니는 소금장수와, 동생은 차(茶)장수와 정혼하였다. 그러나 그녀들의 뜻은 달랐기에 아버지의 뜻을 따를 수 없었고, 그 때문에 고민하다가 마침내 죽게 되었다. 그리하여 두 여인을 함께 묻고 쌍녀분이라 이름하게 되었다고 한다. 이렇게 한을 품고 죽은 그녀들은 마음을 알아줄 사람을 찾았으나 만나지 못하다가 마침 최치원 같은 수재를 만나 회포를 풀게 되어 기쁘다고 말하였다.

세 사람은 곧 술자리를 베풀고 시로 화답하여 즐기다가 흥취가 절정에 이르자 최치원이 서로 인연을 맺자고 청하니 두 여인 또한 좋다고 하였다. 이에 세 사람이 베개를 나란히 하여 정을 나누니 그 기쁨이 한량없었다.

이렇게 즐기다가 달이 지고 닭이 울자 두 여인은 이제 작별할 시간이 되었다면서 시를 지어 바치고는 사라져 버렸다. 최치원은 그 다음날 지난 밤의 일을 회상하며 쌍녀분에 이르러 그 주위를 배회하면서 장가를 지어 불렀다. 그 뒤 최치원은 신라에 돌아와 여러 명승지를 유람하고 최후로 가야산 해인사에 숨어 버렸다.

이 설화는 내용상 중국 남송 때의 『육조사적편류』에 전하는 「쌍녀분기」와 공통되는 바가 많은 것으로 보아 아마도 중국의 이야기가 전래되어 토착화되는 과정에 역사적 인물인 최치원과 결부된 것으로 추정된다. 최치원은 오랫동안 중국에 살았던 인물이며 또 그의 문명이 당나라에서도 높이 평가되었던 인물이기에, 죽은 두 여인의 혼까지 움직일 수 있는 시재(詩才)를 가진 중국 설화의 주인공으로 잘 어울렸을 것이다.

신라 말기 이후 최치원 관련 설화가 많이 만들어져 전해졌을 터인데, 이 설화 역시 적어도 고려 초기 혹은 중기 이전에 성립한 것으로 추측되며, 『수이전』, 『태평통재』, 『대동운부군옥』 등에 차례로 전재되어 전하게 되었다. 그리고 이야기 중의 혼교설화·재생설화적 요소는 『금오신화』나 기타 많은 조선시대 국문소설에 나타나는 혼교적·재생적 요소에 영향을 끼쳤다고 보인다.

한편, 조선시대 소설로 『최치원전』 또는 『최고운전』, 『최문헌전』 등 최치원을 주인공으로 한 소설이 있는데, 앞의 최치원 설화와 공통되는 요소가 거의 없다. 『최치원전』은 다양한 조선시대 구전설화가 집대성되어 구성되어 있으며, 양란 이후의 민족적 의식 등이 담겨 있어 17세기 이후에 만들어진 것으로 보인다. 그중에서 가장 대표적인 것으로는 김집 교열의 『신독재수택본전기집』에 실린 「최문헌전」을 들 수 있다.

참고문헌

1. 이재운, 『최치원 연구』, 백산자료원, 1999.
2. 한국사학회, 『신라 최고의 사상가 최치원 탐구』, 주류성, 2001.
3. 이기동, 「최치원」, 『한국사 시민강좌』 제35집, 2004.
4. 장일규, 『최치원의 사회사상 연구』, 신서원, 2008.
5. 김복순, 「최치원의 역사인식 연구」, 『민족문화』 제34집, 2010.
6. 이황진, 「최치원의 재당생애 재고찰」, 『한국민족문화』 제42호, 2012.

『계원필경』

최치원의 대표적 시문집으로 『계원필경』을 들 수 있다. 이것은 885년 (헌강왕 11년) 당에서 귀국하여 그 이듬해인 886년(정강왕 1년) 그의 나이 서른 살이 되던 해 당나라에 있을 때의 시문을 간추려 정강왕에게 바친 문집이다. 문집 이름을 '계원필경'으로 삼은 데 대하여 "모래를 헤쳐 금을 찾는 마음으로 『계원집』을 이루었고, 난리를 만나 융막에 기식하며 생계를 유지하였기 때문에 '필경'으로 제목을 삼았다"고 스스로 밝히고 있다.

자서(自序)에 의하면, 『계원필경』 20권과 아울러 『사시금체부』 1권과 『오언칠언금체시』 1권, 『잡시부』 1권, 『중산복궤집』 5권을 함께 바친 것으로 되어 있다. 그러나 지금 전하는 것은 『계원필경』 20권뿐이다. 고변의 휘하에서 4년간 창작한 작품이 1만여 수나 되었으나, 그중 1/10 내지 2/10 정도의 분량이 『계원필경』 20권으로 편집되었다.

일찍이 서거정이 『계원필경』을 "우리 동방의 시문집이 지금까지 전하는 것은 부득불 이 문집을 개산비조(開山鼻祖)로 삼으니, 이는 동방 예원 (藝苑)의 본시(本始)이다"라 칭한 것처럼 현재 전하는 가장 오래된 개인문집이다.

『계원필경』은 최치원이 고변의 종사관으로 재직할 때의 작품인 만큼 우리나라와는 별로 관계가 없는 시문이 대부분이다. 『신당서』「예문지」
에는 "최치원은 고려인이며 빈공과에 급제하고 고변의 회남종사가 되
었으며, 문집인 『계원필경』 20권과 『사륙(四六)』 1권이 있다"고 기록하고
있다. 이것은 『계원필경』이 『신당서』에 실릴 만큼 국제적인 저술임을 의
미한다. 이 문집이 1,000여 년을 두고 인멸되지 않고 계속 간행된 까닭
은 후대에도 그 문장을 높이 평가하였기 때문일 것이다.

권 11에는 그 유명한 「격황소서」가 실려 있다. 또한 권 20에는 귀국
직전의 작품으로서 대부분 자신의 정감을 읊고 있는데, 조국과 어버이
에 대한 그리움과 당나라에서 얻은 영광에 얽힌 착잡한 심경이 잘 나타
나 있다. 또한 금의환국의 꿈에 부푼 최치원의 모습도 찾아볼 수 있다.
그의 마음은 이미 당나라를 떠나 고국에 가 있음을 엿볼 수 있다.

(1) 「격황소서(檄黃巢書)」, 일명 「토황소격문」

광명 2년 7월 8일 제도도통검교태위 모는 황소에게 고하노니, 대저
바른 것을 지키고 떳떳함을 닦음을 도라 하고 위태로움에 임해서 변통
을 앎을 권이라 한다. 슬기 있는 이는 시기에 순응하여 성취하고, 어리
석은 자는 이치를 거역하다가 실패한다. 그런즉, 백 년의 생명이지만 살
고 죽는 것을 기약하기 어렵고, 만 가지 일은 마음이 주인임에 옳고 그
른 것을 분별할 수 있다.

이제 내가 왕사로서 정벌함은 있으나 싸우지 않고, 군정은 먼저 은혜
를 베풀고 베어 죽이는 것은 뒤로 한다. 장차 상경을 수복하고 진실로
큰 믿음을 펴려고 함에 공경스럽게 가유를 받들어 간사한 꾀를 쳐부수
려고 한다. 또 너는 본래 먼 시골 구석의 백성으로 갑자기 억센 도적이

되어 우연히 시세를 타고 문득 감히 떳떳한 기강을 어지럽게 하며, 드디어 불측한 마음을 가지고 신기를 노리며 성궐을 침범하고 궁궐을 더럽혔으니 이미 죄는 하늘에 닿을 만큼 지극하였으니 반드시 여지없이 패하여 다시 일어나지 못할 것은 분명하다. 그리하여 헤아릴 수 없는 큰 죄를 지었고, 죄를 용서해 주려 해도 착한 일을 조금도 하지 않았다. 그래서 온 천하 사람이 너를 죽이려고 생각할 뿐만 아니라 땅 속에 있는 귀신까지도 남몰래 베어 죽이려고 의논하리라. 무릇 잠깐 동안 숨이 붙어 있다고 해도 벌써 정신이 죽었고 넋이 빠졌으리라. 사람의 일이란 제가 저를 아는 것이 제일이다. 내가 헛된 말을 하는 것이 아니니, 너는 모름지기 새겨들으라.

이 글에 대해 고려 때 학자 이규보(1168~1241)는 "황소가 이 격문을 읽다가 '온 천하 사람이 너를 죽이려고 생각할 뿐만 아니라 땅 속에 있는 귀신까지도 남몰래 베어 죽이려고 의논하리라'라는 구절에 이르러서는 너무나 놀란 나머지 부지불식중에 상 아래로 굴러 떨어졌다고 한다"는 일화를 소개하면서 "만일 귀신을 울리고 놀라게 하는 솜씨가 아니라면 어찌 능히 그러한 경지에까지 도달할 수 있었겠는가"라고 평했다.

(2) 제가야산독서당(題伽倻山讀書堂) : 가야산 독서당을 노래하다

광분첩석후중만(狂奔疊石吼重巒)
인어난분지척간(人語難分咫尺間)
상공시비성도이(常恐是非聲到耳)
고교유수진롱산(故敎流水盡籠山)

미친 듯 바위 사이를 내달아 산을 울리니

가까이에서도 사람의 말소리를 알아들을 수 없구나.

항상 시비하는 소리가 귀에 이를까 두려워하여

흘러가는 물로 하여금 온 산을 감싸버렸네.

『동문선』, 19권)

    최치원은 6두품 출신 유학자로서 자신의 역할에 한계를 통감하였다. 따라서 그에게 산수는 현실의 꿈이 좌절된 상태에서 마지막으로 숨어든 곳이었다. 위 시는 신라사회의 벽에 가로막힌 비운의 지식인이 토해내는 절규로 해석된다.

3장

중국 중세의
민족 영웅과
매국노
악비와 진회

이근명

1.
들어가는 말

1126년 말 북송 왕조는 여진족이 세운 금의 공격 앞에 대응다운 대응도 못한 채 멸망해 버렸다. 국가 멸망의 대가는 썼다. 수도 카이펑(開封)은 여진족의 약탈로 인해 초토화되었으며, 황제와 황족, 궁녀, 그리고 관료, 기술자 등 수천 명이 포로로 잡혀 북방으로 끌려갔다. 이러한 참담한 현실을 두고 지식인들은, '일찍이 들어본 적이 없는 변란'이라고 말하였다. 여진족 침략자들은 수천 년간 이어져 내려온 중국 문명의 파괴자라 여겨졌다. 중국 지식인들은 여진족에 대해 서슴지 않고 '짐승 같은 오랑캐'라고 말하였다.

그로부터 채 20여 년도 지나지 않은 1142년 봄, 북송을 멸망시켰던 여진족의 금과 북송의 후신인 남송 사이에 평화조약이 체결되었다. 남송의 황제가 금의 황제에 대해 신하의 예를 취하고, 또 금이 남송 정권을 인정하는 대신 남송 측이 매년 막대한 물자를 바친다는 내용이었다. 북송의 멸망 직후 여진족에 대해 극도의 적개심을 드러내고 있던 중국 지식인들이, 어떻게 이런 굴욕적인 조약을 받아들이게 되었던 것일까?

　이러한 사태 전개에는 여러 사람들이 영향을 끼쳤지만, 그중에서도 가장 주도적인 역할을 했던 인물이 바로 악비(1103~1142)와 진회(1090~1155)이다. 악비는 무장으로 금의 남침을 저지하는 데 혁혁한 공을 세웠으며, 진회는 문인 관료로서 재상이 되어 반대를 물리치고 금과의 평화 조약을 주도하였다. 악비는 진회가 추진하는 평화조약에 강력히 반대하였다. 이로 인해 그는 진회에 의해 살해되고 만다.

　민족의 원수 여진족을 물리친 구국의 영웅 악비와, 그를 죽이고 원수의 나라에게 고개를 숙여 평화조약을 구걸한 매국노 진회……. 그들의 시대가 지난 이후 후세의 민중들은 악비와 진회를 이렇게 평가하였다.

　악비와 진회가 살았던 시대에 도대체 어떠한 일이 벌어졌던 것일까? 악비와 진회는 어떠한 활동을 보였으며, 또 어떠한 생각을 가지고 있었을까? 그들을 민족영웅과 매국노라고 한마디로 단정해도 괜찮은 것일까? 지금부터 악비와 진회라는 두 인물을 중심으로 하여 13세기 초 중국 역사의 소용돌이를 살펴보기로 한다.

2.
북송의 멸망과
미증유의 동란

　　　　　　　12세기에 접어들며 만주 평원에 새로운 강자가 출현하였다. 옛날 말갈족이라 불리던 민족의 후예인 여진족이었다. 그들은 완안아골타라는 인물의 지도 아래 부족통합을 이룬 후 1115년에 금이란 국가를 건설하였다. 금은 이후 남방을 향해 팽창을 계속하였다.

금이 건국되기 전까지 동북아시아의 패자로 군림하던 국가는 거란족이 세운 요였다. 중국의 정통왕조 송은 요의 압박으로 인해 만리장성 이남 지역의 일부(연운십육주)까지 요에게 넘겨준 상태였다. 만리장성은 전통적으로 중국과 북방 민족 거주지를 구분하는 경계선 역할을 했다. 요는 중국의 내지라 일컬어지던 지역을 점거하고 있었던 것이다. 뿐만 아니라 송은 요의 위세에 굴복하여 매년 막대한 물자(세폐)를 바치고 있었다.

만주 일대에서 여진족이 새로운 강자로 떠오르고 있다는 소식은 신속히 송에 전해졌다. 송 측에서는 "그렇다면 여진족과 연합하여 요에 대한 원수를 갚자"고 판단하였다. 송이 보낸 사자는 산둥 반도를 떠나 발해만을 질러 금에 도착하였다. 금으로서도 송이 내민 손길을 마다할 이유가 없었다. 금이 세워지고 불과 3년 후인 1118년, 송과 금은 동맹을 체결하고 요를 남북에서 협공하여 멸망시키기로 결정하였다. 이 연맹을 '송금 해상의 맹'이라 부른다. 바다를 통해 사신을 주고받은 끝에 체결한 맹약이란 뜻이다.

이후 금은 맹약에 따라 요에 대한 공격을 착착 진행시켰다. 하지만, 송은 약속대로 진군하지 못했다. 멸망 직전의 요에게도 패배를 거듭하였던 것이다. 결국 송이 진격하기로 했던 지역도 금이 대신 점령하였다. 송은 금으로부터 이들 지역을 넘겨받는 대가로 막대한 금액을 지불하기로 했다. 요는 1125년 멸망하였다. 907년 국가를 세운 이래 약 220년 만의 일이었다.

요가 멸망하자 송의 생각이 달라졌다. 원수인 요를 멸망시킬 때까지는 금의 도움이 필요했지만, 요가 사라지자 금이 지나치게 강대해지는 것은 달갑지 않았다. 송은 금에 대해 견제와 도발을 지속하였다. 금 내부의 반란을 조장하고, 때로는 금에 저항하는 요의 잔여세력을 지원하기도 했다. 이러한 송의 배신은 금을 자극하기에 충분했고, 이로 인해 송과 금 사이에 직접 전쟁이 벌어진 것이다.

금의 대군은 파죽지세로 송의 수도 카이펑을 향해 진격하였다. 송의 조정은 우왕좌왕하며 어쩔 줄을 몰랐다. 황제인 휘종은 자기만 살겠다고 서둘러 황제 자리를 아들 흠종에게 물려주고 남쪽으로 피신하였다. 금의 대군은 카이펑을 포위하고 막대한 배상금의 지불과 북방 요충지의 할양을 요구하였다. 송이 어쩔 수 없이 이 요구들을 받아들이자, 금은 포위를 풀고 북으로 철수하였다.

금의 대군이 돌아가자 송은 다시 다른 마음을 품게 되었다. 대군이 눈앞에서 사라지자, 금에 대해 그렇게까지 저자세를 취할 필요가 있느냐 하는 논의가 대두되었던 것이다. 송 조정에서는 강경파가 득세하여 금과의 약속을 파기하고 금에 대해 전면전을 벌이기로 결정하였다. 이러한 강경론을 폈던 인물 가운데 하나가 바로 진회였다. 송은 전열을 가다듬기 위해 남방으로 도망갔던 휘종을 다시 수도 카이펑으로 불러들였다.

송의 태도 변화는 금을 격분시켰다. 금은 즉시 재차 남하하여 카이펑을 포위하고 40여 일 만에 함락시켰다. 그리고 휘종과 흠종을 위시한 황족과 관료, 궁녀 등 수천 명을 포로로 잡아 북방으로 끌고 갔다. 이 가운데 진회도 들어 있었다. 수도 카이펑은 철저히 약탈되었다. 이렇게 하여 송은 960년 태조 조광윤이 나라를 세운 지 약 170년 만에 멸망하였다.

송이 멸망하자 흠종의 아우인 강왕이 지방에서 황제로 즉위하여 송

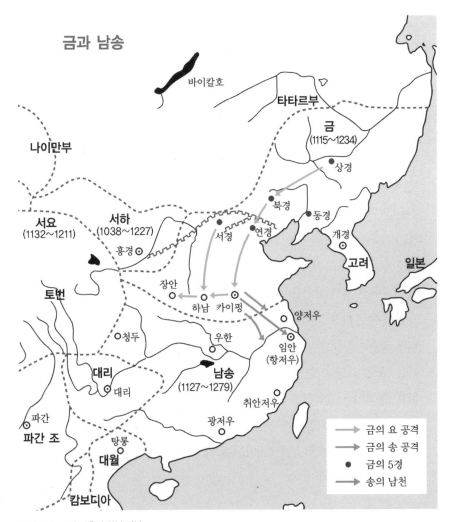

금과 남송

바이칼호

타타르부

금
(1115~1234)

나이만부

상경

북경

서요
(1132~1211)

서하
(1038~1227)

동경

서경

연경

개경

홍경

고려

일본

토번

장안

하남 카이펑

양저우

청두

우한

임안
(항저우)

대리

대리

남송
(1127~1279)

취안저우

파간

광저우

파간 조

탕롱

대월

캄보디아

→ 금의 요 공격

→ 금의 송 공격

● 금의 5경

→ 송의 남천

그림 3-1 금의 발흥과 화북 정복

을 부흥시켰다. 그가 바로 남송의 첫 번째 황제인 고종이다. 남송에 대해 이전까지의 송을 북송이라 부른다. 금에 멸망되기 전의 송나라, 즉 북송은 수도가 화북지방인 카이펑에 위치하였을뿐더러 화북과 강남을 포함한 중국 전역을 지배하였기 때문이다. 반면 고종 이후의 송은 남중국만을 지배하며 수도를 강남의 항저우(杭州)에 두었다.

북송의 멸망과 남송의 건립을 전후한 시기, 화북지방에는 일찍이 볼 수 없었던 대혼란이 발생하였다. 이질적인 민족인 여진족 군대의 행태는 중국인에게 커다란 공포감을 불러일으켰다. 금의 군대는 잔혹하여 "살인하기를 풀베듯 했다"고 전해졌다. "여기저기 버려진 시신들이 풍기는 악취가 수백 리에 미쳤다"고도 했다. 뿐만 아니라 여진족은 자신들 고유의 두발 습속인 변발을 강요하기도 했다. 훗날 여진족의 후예인 만주족 국가 청조가 중국을 점령하고 변발을 대대적으로 시행했던 것의 전주곡이었던 셈이다.

이러한 혼란은 화북 주민들을 크게 동요시켰다. 화북 사람들은 금의 위협으로부터 벗어나기 위해 무리지어 남으로 이주해 갔다. 당시의 기록을 보면, 화북의 주민 거의 전부가 강남으로 이주한 것처럼 기록되어 있을 정도이다. 이때의 인구 이동은 중국 역사상 최대의 남방 이주였다. 이러한 대량의 인구 이동은 화북지방의 앞선 문화가 남방으로 전파되는 데 크게 기여했다. 뿐만 아니라 강남 지방의 경제적 개발에도 큰 촉매제 역할을 하였다.

3.
악비 군단의
활약과 국가 보위

금은 카이펑을 함락시킴으로써 중국 전역을 점령했다고 생각했다. 그런데 고종이 즉위하여 남송을 건립하자 재차 대군을 파견하여 남송정권을 박살 내고자 하였다. 남송 조정은 금의 위협 앞에 무력하게 남으로 남으로 도망을 계속하였다. 1128년 2월 금의 급습으로 양저우(揚州)를 탈출할 때는 너무도 다급한 나머지 황제 고종의 주변을 불과 몇 사람만이 지킬 정도였다. 고종이 황망히 양저우를 빠져나간 직후 금의 기병대가 고종이 머물던 처소를 습격하였다. 조금이라도 늦었으면 고종의 생사를 장담할 수 없는 긴박한 순간이었다. 양쯔 강을 건널 때에도 고종은 나룻배에 몸을 의지하여야 했다.

1129년 2월, 고종은 천신만고 끝에 항저우에 도착하였다. 하지만, 금의 계속되는 공격으로 말미암아 해상으로 탈출하여 1130년 정월에는 멀리 원저우(溫州)로 피신하여야 했다. 이후 고종이 되돌아와 항저우를 수도로 결정하는 것은 남송이 건립된 지 5년이 지난 1132년의 일이었다.

이 무렵 남송 정권은 실로 풍전등화의 위기에 직면해 있었다. 거침없는 여진족 기병대는 수시로 양쯔 강을 건너 남중국 각지를 침공하였다. 이러한 위기 국면에서 남송 정권을 보위해 낸 것이 바로 악비와 한세충을 위시한 무장들의 활약이었다.

악비는 중소지주 가문 출신으로서 남송을 대표하는 장군으로 출세하는 입지전적인 인물이다. 한때 악비의 출신을 두고 소작농이었다는 학설이 널리 유포된 적이 있다. 중국 대륙의 공산주의 역사학자들은 악비를 될 수 있는 대로 빈한한 계층 출신으로 만들고 싶어 했다. 하지만, 그는 결코 소작농이라는 최하층 농민 출신은 아니었다. 그의 가정이 한때 남의 토지를 소작하기도 했으나, 그것은 어디까지나 일시 가세가 빈궁해진 때의 일이었다. 그의 부친은 수백 무(畝, 무는 대략 170평 정도)를 보유한, 결코 녹록지 않은 지주였다.

그러나 중소지주 가문 출신이라 해도 그가 대단히 이례적인 출세를 한 인물이라는 사실에는 변함이 없다. 더욱이 그는 처음 군대에 투신할 때 말단 병사였다. 하급 장교 정도의 신분도 아니었다. 그러한 인물이 최고 무장의 한 사람으로 성장했던 것은 수천 년 중국의 역사에서도 극히 희귀한 사례이다. 이처럼 놀라운 출세를 이룰 수 있었던 것은, 그 자신이 탁월한 군사적 재능을 지니고 있었던 것은 물론이려니와 이밖에도 남다른 성실성, 그리고 문무의 겸비라는 조건 등을 두루 갖추고 있었기 때문이다.

그는 휘하의 장병들에게 절대적인 신뢰를 받았다. 그의 행적을 전하는 기록 가운데는, 그가 일반 병사와 똑같이 숙식했다고 적고 있는 것도 있다. 송대의 병사들은 사회의 최하층민 가운데 하나였다. 한 번 병사가 되면 도망을 방지하기 위해 얼굴이나 어깨 등지에 병사라는 문신을 새겼다. 이러한 병사들에게 군단 최고의 장군이 자신들의 처지를 이해하며 인격적으로 대우해 준다는 것은 대단히 감격스러운 일이었다. 악비의 군단이 놀라운 전투력을 보이며 연전연승했던 것에는 이러한 내부의 결속이 중요한 작용을 했다. 한편으로 이처럼 강력한 내부 결속력을 지니고 있는 군단의 존재는, 국가권력 측으로서 매우 위협적이기도 했다. 훗날 진회가 커다란 무리수를 두어 가면서까지 악비를 제거하고자 했던 것도 이러한 요인 때문이었다.

그림 3-2 중흥의 4장군
왼쪽부터 악비와 장준, 한세충, 유광세. 각각 시종 한 명씩을 거느리고 있다.

　남송 초 금의 침공에 맞서 남송을 지켜 낸 중요한 무장으로 네 사람이 있다. 바로 악비와 한세충, 장준, 유광세가 그들이다. 이들 네 사람을 두고 전통시대의 지식인들은 '중흥의 4장군'이라 불렀다. 북송 멸망이후 남송정권을 보위해 낸 네 사람의 장군이란 뜻이다. 이들 네 사람모두 금의 공격을 물리치는 데 적지 않은 공을 세웠지만, 그래도 가장중요한 역할을 한 사람은 역시 악비와 한세충이다.

　한세충(1089~1151)의 공훈 가운데 가장 혁혁한 것이 황천탕의 전투이다. 1129년 가을, 금은 남송을 향해 대대적인 남침 작전을 전개하였다. 이때의 대공세로 고종이 항저우를 탈출하여 멀리 원저우까지 피신하였던 것은 앞서 서술한 대로이다. 금의 군대는 항저우를 함락시키고 각지를 전전하며 약탈을 거듭하다가, 1130년 3월 첸장(鎭江)을 통해 양쯔 강을 건너 북으로 철수하고자 했다. 한세충은 이 길목에 지켜서서 금의퇴로를 차단하고 나섰다. 금은 한세충 군대의 견제로 말미암아 20여 일간이나 양쯔 강 남쪽에 발목이 묶여 있어야 했다. 한세충의 분전은 금측에 심대한 위협과 타격이 되었다.

　악비는 이른바 '중흥의 4장군' 가운데 나이가 가장 젊은 사람이었다.

가장 나이가 많았던 장준(1086~1154)에 비하면 열일곱 살이나 젊었다. 그렇기 때문에 한때는 장준 등의 부하로 활동하기도 했지만, 특출한 재능과 전공을 바탕으로 속속 승진하여 1133년경 마침내 다른 세 사람과 어깨를 나란히 하는 지위로 올라서게 된다.

악비의 군사적 업적 가운데 가장 혁혁한 것은 1140년 금의 남침 때 있었던 옌청(郾城)의 전투이다. 이 전투가 벌어진 시기는 조금 뒤늦으므로 그 상세한 내용은 다음 절에서 언급하기로 한다.

하지만, 이 밖에도 악비가 세운 전공은 적지 않다. 그는 금의 남침으로 북송 정권이 절체절명의 위기에 직면해 있던 무렵인 1126년, 스물네 살의 나이로 군대에 투신했다. 그의 무인으로서의 자질은 곧바로 빛을 발하기 시작하였다. 그는 수도 카이펑 주변 지역의 전투에 투입되었는데, 수차례의 전투에서 연이어 공을 세워서 하급 무관으로 발탁되었다. 북송이 멸망되고 남송이 건립된 이후에는 카이펑 일대가 고립무원의 처지에 빠진다. 남송 조정은 남방으로 도망가 화북지방을 사실상 포기해 버리기 때문이다. 악비는 이러한 악조건 속에서도 카이펑 일대를 지키는 부대에 배속되어 놀라운 활약을 거듭하였다.

그러나 금의 압도적 무력 앞에 카이펑은 결국 함락되고, 악비 부대 또한 철수하는 송의 군대를 따라 강남으로 내려왔다. 악비가 무장으로서 두각을 나타내기 시작하는 것은 바로 이때부터이다. 그는 금의 군대에 맞서 혁혁한 전공을 세우면서 점차 자신의 독자적인 군단을 만들어 갔다. 당시 금의 공격과 남송 조정의 도피로 말미암아 남중국 각지에는 걷잡을 수 없는 혼란이 발생하고 있었다. 이 와중에 퇴각하거나 도망친 병사들이 여기저기 떠돌고 있었으며, 무장한 도적 집단도 도처에 출몰하였다. 악비는 이들을 끌어모은 다음 엄격한 훈련을 통해 오합지졸을 정예 병사로 탈바꿈시켜 갔다.

1130년 봄, 금의 군대가 남송에 대한 대공세를 마치고 북으로 철수하던 시기에도 악비는 커다란 활약을 한다. 황천탕 전투에서 한세충이 금의 군대를 곤경으로 몰아넣던 바로 그때의 일이다. 금의 군대는 양쯔 강을 건너 철수하기 위해 건강부(오늘날의 난징)에 집결하였다. 남송 조정은 장준에게 철수하는 금의 군대에 대한 공격을 명령하였다. 하지만, 장준은 금의 군대가 두려워 감히 진격을 하지 못했다. 이러한 상황에서 악비는 독자적으로 금의 군대를 습격하여 대타격을 가하고 건강부를 탈환하였다.

금은 1130년 북방으로 철수한 이래 한동안 남송에 대한 공격을 중단하였다. 남송 측의 반격이 예상외로 거세었기 때문이다. 금과의 전투가 소강 국면에 접어들자, 악비와 한세충 등의 무장은 이를 이용하여 남중국 내부의 도적 집단을 소탕하는 데 전력을 기울이게 된다.

4.
진회의 귀환과
권력 장악

악비와 한세충 등의 무장이 금의 공격을 어렵사리 막아 내고 있던 시기인 1130년 10월, 북송이 멸망한 다음 금에게 포로로 끌려갔던 인물인 진회가 되돌아왔다. 진회는 남송 정권에 귀환하기 직전 금의 유력자인 달라(撻懶)의 휘하에 배속되어 있었다. 그러다가 달라가 남쪽으로 출진하였을 때 그를 수행하는 도중 탈출하였던 것이다. 진회는 아내와 시종들까지 데리고 탈출하여 무사히 남송에

도착하였다.

그런데 진회의 남송 귀환은 여러 가지로 석연치 않은 점이 많다. 달라 휘하에서 엄중한 감시를 뚫고 탈출했다는 정황도 애매모호하려니와, 적지 않은 인원이 아무런 해를 받지 않고 금 지배하의 화북지방을 감쪽같이 지나쳐 왔다는 것도 무언가 쉽게 이해가 되지 않는다. 정말 진회가 말하는 대로 거듭된 요행의 결과였던 것일까? 훗날의 중국 지식인들은 그렇지 않을 것이라고 단정했다. 금의 실력자 달라가 정책적으로 진회를 남송 조정에 돌려보냈다고 생각했다. 진회를 남송 측에 보내어 그를 통해 남송을 자신의 뜻대로 요리하고자 했다는 것이다.

이상한 점은 또 있다. 진회는 북송의 멸망 직전 강경한 주전론자였다. 금에 대한 굴복을 반대하며, 금의 요구를 절대로 수용해서는 안 된다고 주장하였다. 그러던 그가 남송 초 북으로부터 귀환한 이후에는 완전히 태도가 바뀌어 있었다. 금과의 전쟁을 반대하며 어떠한 굴욕을 감수하더라도 금과 강화해야 한다고 주장하였다.

남송의 황제 고종은 진회를 만난 후 파격적으로 발탁하였다. 표면상으로는 금의 내정에 밝다는 것 때문이었다. 그는 귀국한 지 4개월 만에 부재상으로 승진하였으며, 그로부터 6개월 후에는 재상이 되었다. 사실 이러한 이례적인 발탁에는 고종의 의향이 중요한 작용을 미쳤다. 고종은 표면적으로는 북벌과 화북의 수복을 주장하는 무장들의 의견에 동조하였지만, 내심으로는 어떻게든 금의 침공을 멎게 하고 싶어 했다.

진회의 고속 승진은 짧게 끝이 났다. 금의 공격이 계속되는 긴박한 정황에서 주화론이 발을 붙일 여지가 없었기 때문이다. 그는 재상이 되고 나서 1년 만인 1132년 8월 한직으로 좌천되었다. 그가 다시 정국의 중심으로 복귀하는 것은 그로부터 4년 반 정도가 지난 1137년 1월의 일이었다.

　진회가 남송에 귀환하여 재상직까지 승진하였다가 좌천되고, 다시 1137년 부재상으로 복귀하기까지 악비는 어떠한 활동을 보이고 있었을까? 1130년 금의 군대가 북으로 돌아간 뒤 악비에게는 남중국 각지의 도적 내지 반란 집단을 토벌하는 임무가 주어졌다.

　남송 초 남중국 각지에는 걷잡을 수 없는 추세로 반란이 일어나고 있었다. 당시의 지식인들은 이러한 정황에 대해, "전국이 끓는 가마솥과 같다"고 말하고 있을 정도이다. 하도 많은 반란이 일어나 그로 인한 전투가 전국을 뜨겁게 달구고 있다는 얘기이다.

　악비는 1131년 이래 각지에 파견되어 반란을 진압하는 작전을 벌였다. 악비에 의해 진압되는 반란 가운데 가장 규모가 컸던 것이 종상·양요의 반란이다. 종상·양요의 반란은 1130년 2월에 발생하여 1135년 6월 악비에 의해 최종적으로 진압되기까지 5년 이상 지속되었다. 반란의 중심지는 양쯔 강 중류 일대였다. 종상·양요의 반란군은 강력한 수군을 편성하여 주변 각지를 신속하게 이동하며 약탈하고 있었다. 이 때문에 남송의 정규군도 효과적으로 대응하지 못하고 전전긍긍하는 상태였다. 악비는 1135년 4월 토벌의 명령을 받자 자신의 군단을 이끌고 진군하여 순식간에 반란세력을 진압해 버렸다. 이 무렵 악비 군단의 엄격한 규율과 놀라운 전투력은 전국에 이름을 떨치고 있었다.

　이 시기 악비가 올린 전공 가운데 또 하나 주목할 만한 것이 양양(襄陽) 일대의 수복이다. 1130년 금과 남송의 대접전이 일단락된 이후에도 양측 사이에는 작은 규모의 전투가 계속되었다. 그러다가 1133년에 이르러 다시 금은 남송을 향한 대규모 공세를 취하였다. 이때의 전투에서 남송은 양쯔 강 중류의 전략적 요충지 양양 지구를 빼앗겼다. 악비는 그 이듬해인 1134년 5월 북으로 진격하여 양양을 수복하였다.

양양은 "중국 전체의 척추에 해당된다"고 일컬어질 정도로 전략적으로 중요한 지점이었다. 그 전략적 중요성은 훗날 몽골 제국이 남송을 멸망시킬 때 여실히 드러난다. 남송은 1235년 몽골과의 전쟁이 벌어진 이래 그 공격을 수십 년간이나 효과적으로 막아 냈지만, 1273년 양양을 빼앗긴 다음에는 무기력하게 무너지고 만다.

이와 같이 악비가 중국의 여기저기를 누비며 눈부신 활약을 하고 있을 때, 금과 남송의 관계에 중대한 변화가 생겼다. 그 변화의 바람은 금 측에서 시작되었다. 금의 태조와 태종은 형제였기 때문에 태조 계통과 태종 계통 사이에 심각한 권력 쟁탈전이 전개되고 있었다. 그런데 1135년 태종이 붕어하고 태조 계통인 희종이 즉위하였다. 희종 아래에서 실세로 등장했던 인물이 바로 진회를 정책적으로 남송에 돌려보냈던 달라였다.

달라는 이전까지의 정책을 바꾸어 화북지방의 지배를 포기하고 남송이 칭신한다는 조건 아래 남송에게 돌려주기로 했다. 이러한 방침이 남송 측에 전달되자, 애초부터 금과의 강화를 희망하였던 고종은 점차 대금 강경론자들을 실각시키고 주화론자들을 불러들이기 시작하였다. 이러한 정황에서 1137년 1월 진회가 재차 부재상으로 발탁되었던 것이다. 진회는 그로부터 1년 후인 1138년에는 재상으로 승진하며 자신의 입지를 완전히 굳히게 된다. 이로부터 진회에 의해 정국이 주도되는 시기가 펼쳐지기에 이르는 것이다.

5.
두 사람의
마지막 대결

진회는 재상이 된 후 적극적으로 금과의 강화를 추진하였다. 금과 남송은 서로 사신을 주고받으며 강화의 조건을 절충하였다. 1138년 5월의 시점이 되면 두 나라 사이 강화조약이 거의 성사의 단계에 접어들었다. 그러자 남송의 조야에서 강화에 반대하는 목소리가 강하게 터져 나왔다. 악비와 한세충 등의 무장은 강화 대신 북벌을 주장하였다. 일부 강경한 관료들은 강화를 주도하는 진회를 처형해야 한다고 말하기도 했다.

고종은 이러한 분위기에서 강화 반대파들을 억누르며 진회에게 힘을 실어 주었다. 그리하여 1138년 말엽이 되면 양국 간 강화가 사실상 타결되었다. 남송이 금에게 칭신하고 그 대신 금은 화북지방을 남송에게 돌려준다는 내용으로서, 달라가 애초 구상한 대로 합의하기에 이른 것이다.

하지만, 이러한 강화 조건은 사실상 남송 측에 대단히 유리한 것이었다. 이대로 강화조약이 체결되면, 금으로서는 칭신이라는 명분만 얻은 채 1126년 북송을 멸망시키기 이전으로 되돌아가야 했다. 이에 대해 불만을 품은 반대파들은 정변을 일으켜 강화의 주역 달라를 살해했다. 새로이 금의 정권을 장악한 세력들은 남송과 합의한 강화를 파기한 다음, 1140년 5월 대군을 파견하여 남송을 공격하기 시작했다. 이리하여 남송과 금은 다시 전면적인 전쟁 상태로 접어들었다.

그런데 이 단계가 되면 남송의 군대는 금에 대해 대단히 효과적인 응전을 할 수 있을 정도로 잘 정비되어 있었다. 더 이상 북송의 멸망과 남송 건립 초기와 같이 금의 군대 앞에 추풍낙엽처럼 패주하는 나약한 군대가 아니었다. 금의 주력군은 전쟁 개시 한 달 만에 남송 측에 결정적인 패배를 당하고 말았다.

1140년의 전투 당시 악비는 금의 진격로에서 상당히 비켜난 지역에 주둔하고 있었다. 금의 군대가 남하하자 악비는 자신의 군단을 이끌고 금의 영역인 중원을 급습하는 전략을 취했다. 악비 군대는 눈부신 전과를 올렸다. 1140년 6월 북진을 시작한 악비는 옌청(鄆城)을 점령하고 이곳에 본거지를 구축한 다음 뤄양까지 점령하였다. 악비는 진군을 계속하여 옛 수도였던 카이펑 인근까지 진출하여 수복을 눈앞에 두었다. 그런데 바로 그 순간 남송 조정으로부터 철수 명령이 하달되었다. 고종 및 진회는 금과의 강화에 심각한 지장이 초래될 정도의 사태 전개를 원하지 않았던 것이다.

남송과의 전면전에서 패배한 이후 금은 무력으로 남송을 제압하는 것이 불가능하다는 사실을 인식하게 되었다. 금 측은 남송에 대해 새로운 조건의 강화를 제의하였다. 이전에 합의한 내용 가운데 화북지방을 남송에 돌려준다는 조건은 삭제되었다.

금의 태도 변화에 따라 진회를 중심으로 한 남송의 주화파도 다시 강화 정책을 추진해 갔다. 그런데 강화를 체결하는 데 있어 중대한 걸림돌이 있었다. 바로 악비를 위시한 무장들의 강력한 반발이었다. 이러한 점은 금 측도 잘 알고 있었다. 그래서 강화를 추진하는 진회 일파에 대해, "남송이 아무리 강화를 원한다 해도 악비가 있는 한 성사될 수 없을 것이다. 악비를 죽이고 난 다음 구체적인 협상을 전개하자"고 말할 정도였다. 악비 군단의 전투력은 당시 남송 군대 가운데 최고를 자랑하고 있었고, 악비의 존재는 금 측에도 대단히 위협적이었던 것이다.

진회는 우회적으로 악비 군단을 무력화시키는 방침을 취하였다. 1140년 금과의 전쟁에서 승리한 것에 대해 논공행상을 행한다는 명분으로 악비와 한세충 등을 중앙으로 불러들였다. 지방에 주둔한 군단과의 연결을 차단하기 위해 악비와 한세충에게 중앙의 관직을 수여했던 것이다. 이렇게 해서 일단 악비 및 한세충의 군권을 박탈한 다음에는 일이 일사천리로 진행되었다. 얼마 후에는 악비와 한세충에게 주어졌던 직책도 한직으로 바뀌었다.

악비의 군권은 빼앗았지만 그래도 진회는 안심하지 못했다. 악비는 공공연히 진회의 강화 정책에 반대하고 있었기 때문이다. 1142년 9월, 진회는 모반의 혐의로 악비를 체포하였다. 물론 모반이란 죄목은 철저히 조작된 것이었다. 한세충은 악비가 체포되자, "어디에 모반의 증거가 있느냐?"고 따져 물었다. 그러자 진회는 "분명한 증거는 없지만, 그래도 모반의 정황은 아마 존재했을 것이다"라고 답변했다고 한다. "아마 존재했을 것이다(莫須有)"라는 말은 훗날 두고두고 악비의 원통한 죽음을 상징하는 용어로 쓰이게 된다.

악비는 이러한 과정을 거쳐 모반의 죄목으로 1142년 말에 처형되었다. 당시 악비의 나이는 불과 마흔 살이었다.

그리고 악비가 투옥된 상태에서 남송과 금 사이의 강화조약이 체결되었다. 남송 황제가 금의 황제에 대해 신하의 예를 취하고, 또 금이 남송의 남중국 지배를 용인하는 대신 남송 측이 매년 막대한 물자(은 25만냥, 비단 25만 필)를 바친다는 내용이었다. 이를 당시의 연호를 따서 '소흥의 화'라고 부른다. 이로써 북송의 멸망 이전부터 계속되어 온 송과 금 사이의 전쟁이 종식되었다.

악비와 진회 사이의 경쟁은 이렇게 해서 진회의 일방적인 승리로 끝났다. 악비는 진회의 음모로 처형된 반면, 진회는 금과의 강화조약을 체결한 이후 오래도록 재상의 자리를 차지하고 부귀영화를 누렸다.

6.
맺음말

'소흥의 화의'는 남송 측에게 불가피한 것이었을까? 남송이 언제까지나 금과 대치 국면을 지속할 수는 없었을 것이다. 어떤 식으로든 금과의 군사적 대결 국면은 종식시켜야 했다. 전쟁이 지속되는 상황에서 정권의 안정이나 민심의 진정을 기대할 수는 없다. 하지만, 강화조약의 체결이 어쩔 수 없는 것이었다 해도 '소흥의 화의'의 내용은 남송 측에 결코 유리한 것이었다고 할 수는 없다. 이는 그 직전인 1138년경 일단 타결되었던 강화조약과 비교해 보면 명확히 드러난다. 불과 4년 만에 강화조약의 내용은 남송 측에 훨씬 불리한 것으로 선회하고 있는 것이다. 더욱이 그 사이에 있었던 전쟁에서 남송은 금에 의심의 여지없이 승리한 바 있다.

진회가 '소흥의 화의'의 체결을 서둘렀던 것은 사실 1140년의 전쟁과 무관한 것이 아니었다. 1140년 전쟁의 과정은 남송 측 군사력이 만만치 않다는 사실을 분명히 보여 주었다. 동시에 또 그것은 남송 측 군사력의 구조에 커다란 문제점이 있다는 점 역시 선명히 확인시켜 주었다. 남송의 군대는 몇 사람의 무장에 의해 장악되어 있었고, 더욱이 그들의 부대 내부에는 지휘자와 장병들 사이 매우 끈끈한 사적 유대가 존재했다. 그리고 그러한 부대의 대표적인 존재가 악비의 군단이었다.

그림 3-3 악비 사당에 있는 진회 부부의 철제 조각상
철제 조각상 위로 "교양 있는 관람을 위해 가래침을 뱉지 맙시다"라고 적혀 있다.

남송의 조정과 진회로서는 국가권력을 정상적인 궤도에 올려놓기 위해, 악비의 군단과 같은 비정상적 부대의 정리가 시급한 과제였다. 그리고 남송의 여기저기에 주둔하고 있는 이들 군단의 해체를 위해서는 한시바삐 금과의 전쟁을 종료시킬 필요가 있었던 것이다.

그렇지만 중국의 민족주의 지식인이나 민중에게 있어 진회가 주도한 '소흥의 화의'는 정서적으로 받아들이기 힘든 것이었다. 짐승 같은 여진족의 금나라에 머리를 굽히며 구걸한 강화조약이라 생각되었다. 그래서 시간이 흐르면서 악비와 진회에 대한 평가는 '영웅과 매국노'라는 구도로 정립되어 갔다.

오늘날 항저우의 서호 남쪽 기슭에는 악비의 사당이 있고 여기에 악비의 묘소가 마련되어 있다. 그 묘소 입구에는 진회 부부의 철제 조각상이 있는데, 그들은 옷이 벗겨진 채 무릎 꿇고 있는 모습을 하고 있다.

악비의 사당과 묘소에 참배하기 위해 온 사람들은 이곳을 지나며 그들을 향해 침을 뱉기도 한다. 지금에 이르도록 중국의 민중에게 있어 악비는 남송 초의 위기 국면에서 국가를 구한 영웅으로 추앙받는 반면, 진회는 금에 나라를 팔아넘긴 매국노라 매도되기에 이르는 것이다.

참고문헌

1. 박한제 외, 『아틀라스 중국사』, 사계절, 2007.
2. 이근명 편역, 『중국역사』, 신서원, 2002.
3. 김성규 옮김, 『아시아 역사와 문화 3』, 신서원, 2006.
4. 신성곤·윤혜영, 『한국인을 위한 중국사』, 서해문집, 2004.
5. 신채식, 『동양사 개론』, 삼영사, 2009.

1. 현대 중국의 민족정책과 악비에 대한 평가

　오늘날 중국 당국이 가장 부심하고 있는 정책적 과제 가운데 하나가 소수민족 문제이다. 현재 중국은 공식적으로 55개 소수민족의 존재를 인정하고 있다. 그 대부분은 중국 중앙정부의 통치에 순응하는 태도를 보이고 있으나, 티베트족이라든가 위구르족처럼 한족에 대해 커다란 적개심을 지니고 있는 민족도 있다. 이러한 이질적 민족들을 다독거려 중화인민공화국이라는 정권 아래 안주하게 하는 것이야말로, 중국의 통치자들에게 무엇보다 중요한 문제로 인식되고 있는 것이다. 20여 년 전부터 추진되어 한국인의 감정을 심하게 거슬렸던 동북공정도 그러한 민족정책의 일환으로 시작된 것이었다.

　이와 같은 맥락에서 중국 교육 당국에서는 중국역사의 주체가 한족이 아니라 중화민족이었다고 말하고 있다. 중국 역시 한족이 중심을 이루는 국가가 아니라 '통일적 다민족 국가'라고 한다. 한족만이 아니라 여러 다양한 소수 민족이 어우러져 중국이라는 통일 국가를 이루었다는 것이다. 이러한 입장에서 여진족이나 거란족, 몽골족, 위구르족, 티베트족, 그리고 심지어 조선족까지 중화민족의 일원이라고 말한다.

　중국이 통일적 다민족 국가라는 관점에 읽거한다면, 북송과 남송뿐만 아니라 요와 금 등도 중국을 구성하는 정권의 하나가 된다. 동일한 논리에서 송과 금 사이의 전쟁도 중국이라는 국가 안에서 일어난 내전에 불과하게 될 것이다.

그렇다면 악비에 대한 평가는 어떻게 되는 것일까? 남송과 금의 전쟁이 내전이라면, 더 이상 악비를 '민족의 영웅'이라든가 '구국의 영웅'이라 말할 수 없게 될 것이다.

대략 1990년대까지만 해도 중국 학계의 악비에 대한 평가는 전통적인 입장을 거의 그대로 계승하였다. 악비와 진회의 대립구도를 민족영웅과 매국노라 이해하였다. 하지만, 중국 당국의 민족정책이 강화되고 통일적 다민족 국가론이 대세를 이루어 가면서 악비에 대한 평가에도 미묘한 변화가 생겨나고 있다. 젊은 학자들을 중심으로 정책 당국의 입장에 따르는 견해가 점차 많아지고 있는 것이다.

이러한 악비 평가의 변화를 잘 보여 주는 것이『악비연구』라는 부정기 간행물이다. 이 간행물은 악비의 사당이 있는 항저우에서 발간된다. 1988년 1집이 나온 이래 지금까지 5집이 발간되었는데, 1996년에 간행된 4집까지만 해도 악비를 민족 영웅이라 인식하는 논문이 절대 다수였다. 그런데 중국 당국의 민족정책이 강화되며,『악비연구』는 거의 10년 만인 2004년에 이르러 5집이 가까스로 발행되었다. 그리고 5집에 수록된 논문들은 극히 일부를 제외하고는 악비와 무관한 것들로 채워져 있다. 사실상『악비연구』가 아니라『송대사연구』라 해도 과언이 아닐 정도이다. 악비라는 인물이 지닌 정치적 민감성, 그리고 그로 말미암은 악비에 대한 관심의 저하 등이 반영된 산물이라 하겠다.

2. 소흥 화의 이후의 금-남송 관계

1142년 소흥 화의가 체결된 이후 중국에는 오랜만에 평화가 찾아왔다. 남송과 금은 강화조약을 충실히 지키며 내정에 진력하였다. 이때 남송 정권의 실권을 사실상 한손에 장악했던 인물이 진회이다. 진회는 고종의 뜻에 영합하여 금과의 강화조약을 성사시킨 뒤, 고종의 절대적인 신임 아래 국정을 좌지우지하였다. 고종은 거의 모든 국사를 진회에게 내맡기고 향락에만 탐닉하였다. 중국의 원로 학자인 왕청웨이(王曾瑜)는 1999년 고종의 전기를 출간하며 『황음무도 송고종』이란 제목을 붙였다. 진회는 또 진회대로 1155년 예순일곱 살의 나이로 사망할 때까지 권력과 부를 여한 없이 누렸다. 악비 등의 무장을 희생으로 하여 체결된 소흥의 화의는, 고종과 진회 등의 강화 추진자들에게 더없는 일신의 호사를 제공해 주었던 것이다.

이러한 무사안일과 태평은 1161년 금 측이 남송을 공격하면서 깨졌다. 당시 금의 황제였던 해릉왕은 남송을 멸망시키고 중국 전역을 직접 지배하에 두려고 했다. 해릉왕의 남침은 금 내부의 반발과 남송 측의 효과적인 방어로 인해 실패하였다. 이후 체결된 강화조약에서는, 남송이 제공하는 물자의 양을 삭감하고 또 남송과 금 사이의 관계를 종래의 군신관계에서 숙질관계로 바꾸기로 했다. 금이 숙부, 남송이 조카가 되었던 것이다.

해릉왕의 남침 이후 평온을 유지하던 양국 사이의 관계는 1206년, 이번에는 남송이 금의 내분을 이용하여 공격에 나서면서 다시 전쟁의 소용돌이로 빠져들었다. 하지만 남송의 북진은 불과 반 년 만에 여지없이 실패하고, 이후 남송은 훨씬 불리한 조건으로 강화조약을 체결하여야 했다. 남송이 제공하는 물자의 양은 소흥 화의 때보다도 늘어났고, 양국 관계는 숙질관계에서 백질관계로 조정되었다. 금이 송에 대해 숙부가 아니라 백부가 되었다.

금은 1234년에 멸망하고 만다. 내륙아시아의 초원지대에서 건립된 몽골제국의 침공을 받아 1115년 완안아골타가 국가를 세운 이래 약 120년 만에 멸망하였던 것이다. 금이 멸망할 때 남송은 몽골제국의 제의를 받아들여 금에 대한 협공에 참여하였다. 남송은 금의 멸망으로 북송 말 이래의 원한을 갚았다고 기뻐하였다. 멸망 직전의 금은 남송에게 몽골과 연대하지 말 것을 권유하며, "순망치한(脣亡齒寒)이란 말처럼 금이 사라지면 남송은 몽골의 직접적인 공격대상이 될 것이다"라고 말했다. 과연 그 말 그대로 금이란 완충지대가 사라진 다음 몽골은 전면적으로 남송을 압박하기 시작했다. 그리고 금이 멸망하고 나서 40여 년 후인 1279년, 남송은 몽골에 의해 멸망하고 만다.

4장

중세의
부르주아 혁명가
에티엔 마르셀

성백용

1.
1356~1358년
'파리의 혁명'

에티엔 마르셀이라는 한 부르주아의 이름이 중세 말 프랑스의 연대기들을 장식하게 된 직접적인 발단은 1356년 9월 19일 프랑스 중서부의 푸아티에 부근에서 벌어진 전투였다. 1328년에 프랑스 카페 왕조의 직계가 끊기고 나서, 미남왕 필리프 4세의 조카인 발루아 가의 필리프 6세와 미남왕의 외손자인 잉글랜드 왕 에드워드 3세 사이의 왕위계승 다툼과 가스코뉴 등지의 영유권 다툼에서 비롯된 백년전쟁이 일어난 지 20년이 되는 때였다. 프랑스는 잉글랜드에 비해 네 배가 넘는 인구와 자원을 지닌 데다 바다 건너온 적을 상대로 자기 나라에서 싸웠음에도 불구하고 전쟁 초기부터 참패를 면하지 못했다. 1346년 크레시 전투에서의 패배에 이어 10년 만에 재현된 이 푸아티에 전투에서 프랑스 왕국은 크나큰 위기를 맞게 되었다. 수천의 사상자가 나고 많은 내로라하는 대영주와 기사들이 사로잡혔다. 무엇보다도 치명적인 것은 이 포로들 가운데 프랑스 왕 장 2세가 끼어 있었다는 것이다.

불리한 전황 말고도 당시 프랑스의 상황은 꽤 암울했다. 1348년에는 유럽 전역을 강타한 흑사병이 인구의 1/3을 삽시간에 앗아 갔고, 살아남은 사람들 또한 그 충격에서 아직 헤어나지 못하고 있었다. 정치 상황도 무척이나 혼란스러웠다. 새 왕조의 정통성은 여전히 도전을 받고 있었다. 카페조 왕(루이 10세)의 외손이자 현왕 장 2세의 사위인 나바르 왕 샤를(일명 '사악한 샤를')이 국왕에게 반기를 들고 영국 왕과 한패가 되어 왕위를 넘보고 있었다. 게다가 귀족 세력은 이렇듯 도전받는 왕위의 약점을 이용하여 자신들의 기득권을 지키는 데 악착이었다. 이러한 판국에 권력과 질서의 구심점이 되어야 할 국왕이 적의 포로로 잡혀갔다는 소식은 청천벽력 같은 충격이 아닐 수 없었다. 백성들 사이의 정신적 공황은 이내 분노로 바뀌었고, 그 분노의 화살은 용감히 싸우다 적에게 사로잡혀 동정의 대상이 된 국왕이 아니라 적에게 국왕을 내어 주고도 무사태평한 귀족들에게 향했다. 그들이 보기에 귀족들은 기사의 체면도 아랑곳없이 전장에서 꽁무니를 뺀 배신자였고, 프랑스의 패배는 그들의 허영과 교만에 대한 하늘의 응징이었다.

프랑스의 구체제가 끝날 때까지 유지된 뿌리 깊은 관념에 따르면, 모름지기 사회는 제각기 고유한 직분을 지닌 세 신분, 즉 기도하는 자들, 싸우는 자들, 일하는 자들로 이루어져 있었다. 성직자 신분의 직분은 다른 둘의 구원을 위해 기도하는 것이고, 기사 신분의 직분은 다른 둘의 안전을 위하여 목숨을 걸고 싸우는 것이며, 평민 신분은 이들이 일용할 양식과 생필품을 대기 위해 땀 흘려 일하는 것이었다. 이 시기에 귀족들에 대한 원성이 높았던 것은 불평등한 신분질서 자체에 대한 반발 때문이라기보다는 그들이 온갖 기득권을 지키는 데에만 급급할 뿐 정작 그런 권리를 정당화하는 자신들의 직분은 태만히 한다고 여겨졌기 때문이다.

푸아티에의 전장에서 용케 살아 돌아온 왕세자(장래의 샤를 5세)는 난국을 수습하기 위해 1356년 10월 삼부회(三部會)를 소집했다. 삼부회란 앞서 말한 세 신분, 즉 제1신분인 성직자, 제2신분인 귀족, 제3신분인 평민 신분의 대표들로 이루어진 회의체로, 1302년 교황 보니파키우스 8세와 대립하던 필리프 4세가 거국적인 지지와 단합을 과시할 목적으로 왕국의 유력 인사들을 파리의 노트르담에 소집한 것이 최초의 공식 회의였다. 그것은 본디 국왕이 그의 직속 봉신들과 수시로 협의하던 봉건적 조정(朝廷)이 확대되어 주요 도시의 대표들까지 포함하게 된 협의기구였다. 따라서, 오늘날의 의회처럼 전체 인민의 의사를 대변하고 결정하는 대의기구가 아니라 국왕이 임의적으로 소집하여 협조를 구하는 자문기구에 불과했지만, 그럼에도 그것은 도시와 부르주아들이 통치자의 주요한 협의 대상으로 여겨질 만큼 성장했음을 보여 주는 제도였다. 더 나아가 통치 비용이 날로 증가하고 거기에 전쟁까지 겹쳐 국왕 정부가 돈에 몹시 쪼들리는 형편이라면, 삼부회는 재정 조달에 협력하는 대가로 자신들의 요구 조건을 내걸고 국왕과 협상을 벌일 수도 있었다.

백년전쟁은 바로 그런 기회를 삼부회에 열어 주었다. 그뿐 아니라 1356년 푸아티에의 재앙 직후와 같은 권력의 공백기에는 삼부회가 국정을 주도할 수도 있는 상황이었다. 처참한 패배와 국왕의 유고라는 국난을 수습하기 위한 삼부회가 10월에 개최되자, 귀족에 대한 대중의 원망과 분노를 등에 업고서 도시의 대표들이 맹위를 떨치게 되었으니, 바로 이때부터 삼부회의 지도자로 부상하여 실권을 쥐게 된 인물이 파리의 상인조합장인 에티엔 마르셀이었다. 이미 그는 푸아티에의 참패 소식이 전해진 직후부터 파리 시의 행정을 실질적으로 장악하고 곧바로 시 외곽의 성벽 보강 공사에 착수하는 등 기민한 위기 대처 능력을 보여 주었다. 부왕을 뒤로 하고 전장에서 가까스로 살아 돌아온 왕세자 샤를마저도 그의 지도력에 기댈 수밖에 없었다.

관례대로 코르들리에 수도원에서 회합한 삼부회는 각 신분별로 선출된 대표들로 위원회를 조직했고, 이 위원회는 약 보름에 걸친 토의 끝에 왕국의 개혁을 위한 상소를 기초했다. 골자는 삼부회가 국가 재정을 통제하고, 이를 위해 왕명 없이도 정기적으로 소집되며, 부패한 고위 관리들을 숙청하고 삼부회에서 선출된 위원들로 새로운 국왕참사회를 구성한다는 것이었다. 도시 대표들이 삼부회를 주도하는 상황에서 이 같은 개혁은 부르주아들이 국정의 파트너로 발돋움하고, 더 나아가 플랑드르에서처럼 도시들의 연합체가 사실상 국가 안의 권력기구로 자리 잡을 수 있는 길을 열어 줄 것이었다.

당황한 왕세자는 주화의 가치를 조작하는 편법으로 자체적으로 재정을 조달함으로써 삼부회의 압박을 피해 가고자 했다. 이에 반발한 마르셀은 1357년 1월 처음으로 실력을 행사했다. 파리의 모든 장인과 노동자들에게 파업과 무장을 지시하고 무력시위를 벌여 왕세자를 굴복시킨 것이다. 왕세자는 삼부회의 소집과 화폐에 대한 통제권, 삼부회가 탄핵한 고위 공직자들의 파면과 처벌을 서면으로 약속했다. 곧이어 열린 새로운 삼부회는 의원들의 신변 보장, 궁정 지출의 축소와 삼부회의 재정 통제권 등을 포함하여 재정, 행정, 사법 등 국정 전반에 걸친 61개조의 개혁안을 3월의 '대칙령'(1357년 3월)으로 명문화하고 실행에 옮기기 시작했다. 삼부회가 약속한 재정 조달이 원활히 이루어지기만 한다면, 이 같은 개혁 캠페인이 한층 더 추진력을 얻을 수 있을 것이었다.

하지만, 현실은 그리 순조롭지가 않았다. 자신들의 재산과 소득에 세금을 부과당한 귀족들은 개혁 조치에 반발했다. 더욱더 직접적인 타격은 국왕 측의 반동이었다. 1357년 봄 적진에 억류되어 있던 장 2세가 영국 측에 프랑스 왕국 영토의 1/3가량을 넘겨준다는 조건으로 휴전 합의가 이루어졌음을 알리면서 예정된 삼부회의 소집을 금하고 삼부회가 결정한 과세를 거부하도록 명한 것이다. 그러자 귀족과 성직자 신분의 대표들이 삼부회에서 대거 이탈하기 시작했고, 실제로 걷힌 조세 수입도 형편없이 초라했다.

국왕의 복귀가 임박했다는 소문이 나도는 가운데 이번에는 왕세자가 반격에 나섰다. 1358년 1월 그는 중앙시장의 청중 앞에서 선동 연설을 강행하고 파리 주위로 군인들을 집결시키고 있었다. 마르셀은 자신의 지지 세력을 하나의 당파로 결속할 필요가 있었다. 그의 대의에 동조하는 시민들이 파랑과 빨강을 반씩 넣은 모자를 썼는데, 거기에는 '조합장과 함께 살고 함께 죽는다'는 연대감을 나타낸 구호가 새겨져 있었다. 때마침 일어난 한 살인사건이 시민들 사이에 큰 파문을 일으키며 그러한 결속을 더욱 촉진했다. 한 환전상이 그의 채무자와 길에서 다툼을 벌이다 그를 살해하고 인근의 교회 경내로 피신한 사건이었다. 그런데 피살자는 왕세자의 재무관으로 두터운 신임을 받고 있던 인물이었다. 소식을 들은 왕세자는 즉각 심복들을 보냈다. 교회의 비호권을 무시하고 경내에 난입한 이들은 살인범을 체포하고 그 이튿날 재판도 없이 그의 손목을 자른 채 교수대에 매달았다. 이 탈법적인 공권력의 보복은 살인자를 도리어 희생자로 만들었다. 성난 민심이 책임자들에 대한 복수를 외치는 가운데 1월 27일 두 죽음을 애도하는 장례식이 따로

그림 4-1 왕궁에 난입한 마르셀과 군중

따로 벌어졌다. 한쪽에서는 왕세자와 그 측근들이 참여한 장례행렬, 다른 한쪽에서는 조합장과 수많은 부르주아들이 참여한 장례행렬. 한날 한시에 같은 시내에서 벌어진 두 장송행렬은 일촉즉발의 긴장을 자아냈다.

급기야 2월 22일 마르셀은 또다시 무력시위를 감행했다. 하지만, 이번의 시위는 단순한 시위로 그치지 않고 돌이킬 수 없는 선을 넘고 말았다. 오늘날의 파리 경찰청 앞뜰에 모인 3천여 명의 무장 군중을 이끌고 왕궁에 난입한 마르셀이 왕세자의 면전에서 한 달 전 살인사건의 책임자로 지목된 측근의 두 원수(元帥)를 살해한 것이다. 그는 겁에 질린 왕세자에게 파리의 상징색인 청홍색의 모자를 씌워 주고, 이어서 국왕의 입김을 차단하기 위해 열여덟 살밖에 안 된 왕세자에게 왕국 섭정의 칭호를 부여했다. 곧이어 그는 현재의 시청 광장인 그레브 광장으로 나아가 군중에게 자신의 행동이 "교활하고 사악한 반역자들"을 처단한 거사였다고 해명한 뒤 왕궁으로 돌아와 왕세자의 사면을 받아 냈다. 위협에 굴복한 왕세자는 '대칙령'의 원칙들에 따른 개혁의 이행을 약속했고, 이에 불안을 느낀 상당수의 고위 관리들이 파리 밖으로 빠져나갔다.

하지만, 섭정은 뒤로 칼을 갈고 있었다. 얼마 뒤 용케 파리를 벗어난 그는 주변 지방을 순회하며 삼부회에서 이탈한 귀족 세력을 규합하기 시작했다. 이 같은 왕세자의 역습은 반역한 수도 위에 공포의 먹구름을 드리웠다. 그의 군대가 수도의 주요 보급로를 차단한 채 목을 죄고 있었다. 그 앞에는 투항과 반역의 갈림길이 있을 뿐이었다. 무력 저항의 길을 선택한 마르셀은 생사를 건 대결을 눈앞에 두고 비상수단을 강구했다. 반대파 인사들의 재산 몰수와 부유한 부르주아들에 대한 강제 차용 등의 강압이 동원되고, 시 청사를 비롯하여 곳곳의 성문에 포대를 설치하는 등 경계태세가 날로 강화되었다. 사후의 한 문헌에서 "난폭한 독재"로 표현된 '공포정치', 말하자면 '부르주아 독재'가 수도를 지배했다. 섭정과의 내통 혐의가 있는 자는 누구든 생명이 위태로웠다. 실제로 섭정의 군대를 시내로 끌어들이려 했다는 혐의로 그레브 광장에서 능지처참당한 두 용의자의 사지가 파리의 성문들에 효시되었다.

바로 이 무렵 귀족들의 모골을 송연케 한 최악의 농민봉기, 즉 농민들을 '자크'라는 흔한 이름으로 얕잡아 지칭한 데서 '자크리'라고 불리게 된 대공포가 1358년 5월 말부터 파리 주변의 농촌 지역을 휩쓸고 있었다. '귀족에 대한 전쟁'이라 일컬어질 정도로 극렬했던 이 테러의 불길은 고립된 수도의 마르셀에게 하나의 돌파구로 비쳤다. 그는 농민군의 지도자 기욤 카를의 요청에 응하여 즉각 시민군을 보내는 한편, 성난 자크들의 맹목적인 폭력을 조직하여 파리의 봉쇄를 푸는 데 이용하고자 했다. 하지만, 이러한 정략적 연합은 오래가지 못했다. 농촌의 대공포는 이내 귀족들의 결속을 재촉했고, 이들로 조직된 '사회적 십자군'에 의해 곳곳에서 무자비하게 진압되었다. 자크들을 '미친 개'에 비유한 당시의 연대기들에는 귀족들의 무자비한 복수로 불과 보름 새 2만여 명이 학살당했다고 기록되어 있다.

궁지에 몰린 마르셀은 이 복수극의 한 주역이었던 나바르 왕과의 연합을 꾀하기에 이르렀다. 6월 중순 파리에 입성한 나바르 왕은 시청 연단에 올라 시민들과 생사를 같이하겠노라 다짐했고, 시민들은 그를 파리의 사령관으로 추대했다. 한편 북부 귀족들의 지원을 등에 업은 섭정의 군대는 파리 주위에 포위망을 펴기 시작했고, 포위된 수도에서는 또다시 공포정치의 망령이 고개를 쳐들고 있었다. 마르셀은 플랑드르의 중심 도시인 이프르의 시정관(市政官)들에게 서한을 띄워 파리에 대한 지지와 연대를 호소하며 결연한 저항 의지를 내비쳤다. 치열한 공방전이 벌어지는 가운데 7월 중순 시 외곽에서 양측이 잠정적인 타협에 도달하고, 자금난에 직면한 섭정은 봉쇄를 풀고 철수할 채비를 하고 있었다. 하지만, 마르셀과 그가 장악한 파리의 진정한 적은 파리 내부에 있었다. 파리의 민심은 오랜 저항에 피로감을 느끼고 있었고, 영국인들과 결탁한 나바르 왕에게 등을 돌리고 있었다. 어차피 섭정은 미래의 국왕이었으니, 그의 적진에 있는 것만으로도 불안을 떨치기 어려웠다. 나바르 왕이 파리의 방어를 위해 끌어들인 영국 출신 용병들과 주민들 사이의 충돌이 잦아져 수백 명의 사상자를 내면서 민심은 나바르 왕과 손잡은 마르셀에게도 등을 돌리기 시작했다. 이들 편에 서는 것은 곧 왕국의 적과 결탁하는 짓이었고, 따라서 변명의 여지가 없는 대역죄였다.

마침내 7월 31일, 성벽을 순시하던 마르셀은, 일찍이 모직물상으로 그를 열렬히 추종하여 파리 북동 방면의 수비를 맡았으나 끝내 배신하여 섭정과 내통한 것으로 보이는 장 마이아르 일당과 이들이 동원한 군중에 의해 생탕투안 요새(훗날의 바스티유 성)에서 두 시정관과 함께 피살되었다. 곧이어 '조합장의 당파'에 대한 사냥이 시작되었다. 그를 따르던 20여 명의 부르주아들이 감금되고, 섭정의 지시로 반역자들의 소추를 위한 10인 위원회가 구성되었다. 조합장의 동지들 가운데 핵심 멤버 8명이 그레브 광장에서 처형되었으며, 가담자들에 대한 추방과 벌금과 몰수 등의 처벌이 속속 집행되었다. 그리고 조합장의 시신은 몇몇 주검들과 함께 발가벗긴 채 생트카트린 광장에서 회시되다가 센 강에 내던져졌다. 며칠 동안 검거와 유혈의 선풍이 휩쓸고 지나가자 군중은 왕국의 수호성인인 "성 드니 만세!"를 외쳐 댔고, 8월 2일 섭정은 축제 분위기 속에 파리에 입성했다. 가까스로 봉변을 모면한 이들은 부랴부

랴 몸을 숨겼고, 거꾸로 삼부회에 의해 탄핵·파면되었던 인사들은 예전의 자리로 복귀했다. 곧이어 섭정은 그간의 불미스러운 사태에 대한 사면으로 반역한 수도와 화해했으며, 이로써 '파리의 혁명'은 막을 내렸다.

2.
상인조합장
에티엔 마르셀

오랜 동안 역사는 1356년 푸아티에 전투 이후 1356년 7월까지 파리에서 일어난 이 일련의 사태를 가리켜 '마르셀의 반란'으로 기록해 왔다. 그런데 얼마 전부터는 '파리의 혁명'이라고 쓰는 역사가들이 점점 더 늘고 있다. 이 나중의 표현은 아마도 개인 위주의 역사 해석과 반란이라는 용어에 담긴 부정적 해석을 동시에 피하려는 의도에서 나왔을 것이다. 하지만, 이 시기의 사태들을 뭉뚱그려서 어떻게 부르든 간에, 마르셀이라는 인물이 그 중심에 있음을 부인할 수는 없다. 그럼 그토록 엄청난 정치적 파란의 중심에 있었던 마르셀은 어떤 위인인가? 사실 그는 대중적으로 널리 알려진 인물이 아닐뿐더러, 실제로 그의 생애를 자세히 알려 주는 기록 같은 것도 없다. 다만 우리는 몇몇 단편적인 문서와 말년의 행적을 보여 주는 연대기들을 통해서 어렴풋이 그의 면모와 주변 환경을 짐작할 수 있을 따름이다.

마르셀은 1310년 무렵에 파리의 부유한 부르주아 가정에서 태어났다. 마르셀 가문은 성왕 루이 9세 시대 이래로 유력한 모직물상으로 자리를 잡고, 대대로 궁정과 거래해 온 파리의 전통 가문 가운데 하나였다. 조부 피에르는 주로 미남왕 필리프 4세와 여러 제후들의 궁정에 납

품하고 대부하던 엘리트 상인으로 시내와 교외에 많은 부동산을 소유했고, 그의 여섯 아들들 또한 상인이나 시정관 등으로 성공하여 파리의 명망 부르주아 가문들과 어깨를 나란히 했다. 마르셀은 다른 숙부들만큼 성공하지 못한 부친에게서 그리 많은 재산을 물려받지는 못했지만, 두 차례의 결혼을 통해서 유력한 집안과 인연을 맺을 수 있었다. 특히, 그의 두 번째 장인인 피에르 데 제사르는 크레시 전투 직후 비리 혐의로 탄핵을 받고 막대한 벌금을 물어야 했을 정도로 부귀를 누리던 사람이었다.

하지만, 그가 정치 지도자로 부상할 수 있었던 진정한 기반은 그의 사업과 관련된 조직과 연대의 그물망에 있었다. 도시의 상인과 장인들은 일찍이 길드(guild)라고 하는 동업조합을 조직했다. 본래 길드는 같은 구역에서 같은 영업을 하는 업자들끼리 정기적으로 모여 친목을 도모한 데서 출발했다. 또, 그것은 그 직업의 수호성인을 함께 경배하며 종교 시설 및 행사를 공동으로 후원하는 신앙공동체이기도 했고, 재난을 당한 회원을 돕고 장례를 치러 주며 유가족을 보살피는 등 구성원들의 복지를 위한 상호부조 단체이기도 했다. 하지만, 무엇보다도 그것은 오늘날의 여러 직능단체들과 마찬가지로 공통의 경제적 이해관계를 도모하기 위한 조직이었다. 그래서 회원이 아닌 무자격자나 외지인의 영업 행위를 규제하며, 특히 수공업자들의 경우는 생산품의 품질과 가격, 생산방식, 도제 및 고용인의 수와 처우 등을 통제하고 감독했다. 요컨대 대외적으로는 해당 영업을 독점하고, 대내적으로는 회원들 사이의 경쟁을 배제하는 것이 동업조합의 가장 주요한 기능이었다.

이 같은 동업조합 자체는 동등한 동업자들의 수평적인 연대에 기초한 것이었지만, 직업들 사이에는 사실상 우열과 차별이 있었다. 이를

테면 상인들은 대체로 수공업자들보다 우월했으며, 상인들 가운데에도 이 시대 사업계의 총아라고 할 수 있는 모직물업자들은 방적에서 염색에 이르기까지 여러 공정에 관련된 다양한 직업들 위에 군림하며 상당한 사회적 위신과 위세를 누리고 있었다. 특히, 고급 상품을 취급하던 파리의 모직물상들은 향료상, 수예품상, 모피상, 양품업자, 세공업자들과 더불어 조선시대 서울의 육의전에 비견되는 '6대 조합'을 이루며 도시 권력과 공공의례에서 자신들의 우위를 과시했다. 사실 이 엘리트 부르주아들은 이미 12세기 말부터 최고 권력자의 시선을 끌 만큼 돋보이는 존재였다. 1190년 존엄왕 필리프 2세는 십자군 원정을 떠나면서 여섯 명의 파리 부르주아들에게 국고의 열쇠를 맡겼고, 이후 나라와 궁정의 살림을 책임지는 요직에 귀족 대신 이런 부르주아들을 중용했다. 마르셀의 성공 드라마 역시 하나의 핵심집단을 이루는 이 엘리트 부르주아 사회를 기반으로 한 것이었다. 그는 1330년대부터 플랑드르산 고급 모직물을 취급하면서 이프르를 비롯한 이 지방 도시들의 부르주아들과 친밀히 교우했고, 그처럼 궁정과 거래하는 같은 처지의 상인들과 친분을 쌓았다. 또, 파리 부르주아 사회의 사교 조직들에도 적극 참여하여 1350년에는 최고의 전통과 권위를 자랑하는 노트르담 형제회의 회장으로 선출되었다.

그가 파리와 북부 도시들의 부르주아 사회에서 유력한 지도자로 발돋움한 것은 1354년에 '파리 조운(漕運) 상인조합'이라고 불

그림 4-2 파리 조운 상인조합의 인장

린 상인조합의 조합장에 선출되면서부터였다. 이 조합은 앞서 말한 동합조합에서 진일보한 것으로 센 강을 이용하는 다양한 부류의 파리 상인들이 상업적 이권을 독점하기 위해 연합한 형태의 조합이었다. 이 조합은 왕권의 시혜 아래 이미 1170년경부터 센 강 중류 및 그 지류들에서의 상품 운송권을 독점하여 막대한 이익을 챙길 수 있었다. 또, 13세기 중엽부터는 4년마다 선출되는 상인조합장과 2년마다 선출되는 네 명의 임원들이 사실상 파리 시장과 그를 보좌하는 시정관으로서 코뮌과 비슷한 자치 정부를 구성했으며, 그러면서 조합 회관은 곧 시청의 역할을 겸하게 되었다. 왕궁과 노트르담 성당이 있는 시테 섬이 정치와 종교 권력의 소재지요, 라틴어를 쓰는 이들이 많다고 하여 라탱 구역이라고 불린 센 강 좌안(강남)의 대학 구역이 문화 권력의 소재지라면, 마르셀이 새 청사로 삼은 센 강 우안(강북)의 시청 자리와 그레브 광장 일대는 부르주아 권력의 소재지였다.

이곳은 수도와 그 부르주아들의 경제적 활력이 솟아나는 근원이었다. 광장 일대는 강변을 따라 좌우로 여러 부두(곡물 부두, 소금 부두, 포도주 부두, 건초 부두, 땔감 부두 등)를 거느린 물류의 중심지일 뿐 아니라, 일손과 일자리를 찾는 고용주와 구직자들이 만나는 인력시장이자, 시민들의 일상적인 집회 장소였다. 이런 연유로 프랑스어에서 '그레브에 간다'는 말이 곧 일자리를 구한다는 뜻으로 통하고, 원래 모래사장을 가리키는 '그레브(grève)'라는 단어가 훗날 '파업'을 가리키는 말로 굳어진 것이다. 또, 북서쪽으로 몇 분 거리에는 레알(Les Halles)이라는 큰 중앙시장이 있었다. 뱃길로 온 상품은 물론이고 북부 각지에서 육로를 달려온 온갖 산물들의 종착점도 바로 이곳이었다.

14세기에 이르러 조운 상인조합은 수도와 일드프랑스 일대의 상업망을 지배하는 특권 단체일 뿐만 아니라 상업에 관한 재판권과 경찰권, 시의 재정과 각종 시설을 관장하는 행정 기구로, 그리고 국왕과 수도 주민들 사이의 대화 창구로 발돋움해 있었다. 한마디로 그것은 부르주아 계급의 번영을 상징하는 조직이었다. 마르셀은 이 조직의 수장이자 시장으로서 상사(商事) 재판을 주재하고, 도량형을 단속하는 등 상거래 질서를 감독했으며, 식량과 생필품의 수급을 주관하고, 성벽·도로·교량·부두 시설 등을 관리했다. 이런 업무들을 수행하기 위해 그는 시장세와 통행세로 충당되는 공공 금고를 운용하고 때때로 별도의 세금을 징수했다. 파리 시가 국왕에게 상납해야 할 세금을 시민에게 할당하는 것도 물론 그의 소관이었다. 또, 그는 도시의 방어와 야경을 담당하고, 유사시에는 국왕이 요청하는 군사를 파견하기도 했다. 실제로 1355년 그는 국왕 군대에 소집된 시민군을 이끌고 영국군을 뒤쫓아 피카르디 지방까지 나아가기도 했다. 푸아티에의 패배 직후 그가 보여 준 기민한 대응은 이 같은 군사적인 지휘 경험에서 나왔을 것이다.

마르셀이 제3신분을 대변하는 도시 대표로 두각을 나타내게 된 것은 그가 상인조합장에 선출되고 그 이듬해인 1355년 말 삼부회의 연단에 오르면서부터였다. 말 그대로 혜성처럼 나타난 이 신인이 중앙 정치 무대에 첫발을 내딛게 된 이 무렵은 크레시 전투의 패배 이후 한동안 소강상태에 있던 전쟁이 다시 엄습해 오던 때였다. 1355년 가을에는 영국 왕 에드워드 3세가 칼레에 상륙했고, 왕국 남부에서는 웨일즈 공작[일명 '흑세자'(에드워드)]이 남부 지방을 휩쓸며 약탈과 방화를 일삼고 있었다. 한편 프랑스 왕정은 채무 이행과 관리들에 대한 봉급 지급의 중단을 선언할 정도로 국고가 바닥을 드러낸 상태였다. 이것이 바로 마르셀의 운명을 바꾸어 놓은 푸아티에의 재앙 직전의 상황이었다. 그리고 그가 대변한 부르주아 집단이 삼부회를 주도하는 하나의 정치세력으로 대두하게 된 것도 이 같은 위기상황의 산물이었다.

이들은 전비 마련에 급급했던 왕정을 상대로 삼부회를 권력의 시녀가 아니라 권력을 통제하는 대의기구로 격상시키고자 했다. 이미 크레시의 패전 직후인 1347년에 삼부회는 왕정의 실정을 비판하며 전반적인 개혁을 촉구했고, 1356년 푸아티에의 패배에서 1358년 여름까지 이어진 본격적인 권력 투쟁의 시기에는 그러한 개혁을 실제로 강행하고자 했다. 이 기간에 삼부회는 "왕국의 바른 통치에 관해 조언하고 조력하기 위해" 스스로 원할 때 회합할 수 있는 권리를 주장했고 사상 처음으로 자율적인 개최를 실현했다. 더 나아가 자체적으로 재무관들을 선임하여 국가 재정을 관할하고, 별도의 위원회를 설치하여 고위 관리들을 숙정하는 등 왕정 전반에 대한 통제를 시도했다.

이는 프랑스 대혁명 이전의 프랑스에서 삼부회가 사실상 국정의 주도권을 쥐고서 입헌군주정으로의 개혁을 실현하고자 했던 처음이자 마지막 실험이었다. 그러나 유혈로 얼룩진 이 실험은 삼부회의 앞날에 먹구름을 드리웠다. 왕국을 뒤덮은 극심한 혼란은 분열되고 미숙한 삼부회보다 더욱더 강력한 권력, 즉 강력한 왕권을 필요로 했던 것이다.

3.
마르셀과
프랑스 대혁명

실제로 마르셀의 죽음과 함께 이 때 이른 실험은 실패로 끝나고 말았다. 단순한 실패 정도가 아니라 이 사건은 오히려 역효과를 냈으니, 그로 말미암아 위협을 느낀 보수적인 지배계급을 국왕의 권력 주위로 결집시킴으로써 애초에 그가 제한하고자 꾀했던 왕권을 거꾸로 더욱 북돋는 결과를 낳았기 때문이다. 그렇다면 이 사건은 별 의미가 없는 우연한 에피소드였을 뿐인가? 마르셀이라는 범상치 않은 인물과 범상치 않은 위기상황이 빚어낸 일시적인 발작에 불과했던 것인가? 아주 긴 역사의 관점에서 본다면 꼭 그렇게 단정하기는 어려울 것 같다. 후대에 미친 영향의 문제를 떠나서, 이 사건은 프랑스 대혁명에 이르기까지 지속될 장기적인 흐름의 징후들을 드러내고 있기 때문이다.

먼저 그것은 수도 파리와 도시들의 성장과 활력을 반영하고 있다. 한 호구조사 기록에 따르면, 1328년 파리의 인구는 20만을 넘어선 것으로 추정되며, 이는 파리가 당시의 유럽에서 가장 번성한 도시들 가운데 하나였음을 뜻하는 것이다. 이곳은 국왕과 제후의 궁정을 비롯하여 대귀족과 고위 관리, 도시귀족으로 행세하는 대부르주아들의 저택, 그리고 대학과 교회, 수도원 등 주요 수요자들이 집중된 소비의 중심지였다. 때문에 마르셀 같은 상인들에게는 상품의 공급원인 주변 지방들(일드프랑스, 노르망디, 피카르디, 샹파뉴, 플랑드르 등)과 그 보급로인 센 강 및 그 지류들, 특히 그 연안 도시들과의 연결망이 생명선처럼 중요했다. 마르셀 일파가 이 시기 삼부회를 주도할 수 있었던 것은 바로 이런 도시들과의 긴밀한 유대가 있었기 때문이며, 또 그가 궁지에 몰렸을 때 제일 먼저 지지와 연대를 호소한 대상도 이 도시들이었다. 아마도 그는 플랑드르 지방의 자치도시들이나 사실상 하나의 국가나 다름없었던 북독일 한자 도시들의 동맹 같은 도시 연합체가 국정을 주도하는 형태의 체제를 꿈꾸었을 것이다.

이와 아울러 주목해야 할 점은 도시의 주역인 부르주아 계층이 성장함에 따라 전통적인 3신분 체제의 이데올로기에 균열이 나기 시작했다는 것이다. 토지 수입에 주로 의존하고 있던 귀족들은 중세 말에 수입의 위기를 겪게 되었을 뿐 아니라, 백년전쟁 동안 기사군대의 비효율성에서 여실히 드러났듯이 그들 본연의 역할인 군사적 보호의 기능마저 제대로 수행하지 못함으로써 사회적 위신에서 큰 타격을 입게 되었다. 반면에 부르주아들은 경제활동은 물론이고 행정과 재정, 군사 등 다방면에서 점점 더 중요한 존재가 되어 가고 있었으며, 그중 두드러지게 성공한 일부는 재력과 실력을 바탕으로 아예 귀족신분으로 상승하기도 했다. 마르셀의 정치적 야심과 거사도 수도 파리에서 경제적 번영과 아

그림 4-3 파리 시청 앞 마르셀의 동상

울러 정치권력까지 누리게 된 엘리트 부르주아들의 성장을 배경으로 한 것이다. 물론 구체제 사회의 골격인 3신분체제 자체는 프랑스 대혁명 직전까지 그대로 유지되었다. 하지만, 차별과 불평등의 신분질서가 신의 섭리에 따른 것이며, 따라서 신성하고 고정불변한 것이라는 중세의 이데올로기는 점점 더 공허한 울림이 되어 갔다.

좀 더 직접적으로 이 사건이 프랑스 대혁명에 어떠한 영향을 끼쳤는지는 가늠하기가 쉽지 않다. 그도 그럴 것이 두 사건 사이에는 400년이 넘는 아주 긴 시간적 간격이 있기 때문이다. 하지만, 우연의 일치로만 보기에는 석연치 않은 비슷한 양상들이 두 사건에서 거의 그대로 펼쳐지고 있음은 눈여겨볼 만한 사실이다. 이를테면, 비교적 뚜렷한 정치적 명분과 대의를 중심으로 당파를 이룬다거나, 정치적 집회와 연설, 상징 조작을 통해 군중을 선동하고 동원하며 여론 장악을 위해 신경전을 벌이는 등 대혁명기에 활짝 꽃피우게 될 정치 문화가 이미 이 시기에 움트고 있었던 것이다. 예컨대, 마르셀의 지지자들이 청홍색 모자를 쓰고 다닌 것이나 왕궁에 난입했을 때 왕세자에게 이 모자를 씌운 행위는, 1789년에 시민들이 삼색기의 원형이 될 청홍색의 휘장을 루이 16세에게 달아준 것이나 그들 사이에 연대의 표시로 프리지아 모자가 유행했던 것을 연상시키기에 충분하다.

4.
엇갈리는
기억들

그럼 대혁명기에 재현된 이 장면은 무엇을 의미하는 것일까? 혹시 1789년 전제(專制) 군주정에 맞서 일어선 사람들은 400여 년 전 같은 수도에서 비슷한 사건이 있었음을 기억하고 있었던 것은 아닐까? 여하튼 대혁명을 계기로 마르셀의 이름은 이후 프랑스에서 정치적 격변이 일어날 때마다 어김없이 환기되었을 뿐 아니라 크게 좌우로 갈라진 프랑스의 정치적 지형에서 서로 엇갈리는 기억의 한 쟁점이 되었다.

프랑스 혁명의 정당성을 부정하는 보수적인 한쪽 극단에서 보기에, 마르셀은 국왕을 시해하고 무고한 이들을 학살하며 공포와 유혈을 빚어 낸 대혁명기의 과격분자들과 마찬가지로 무지한 대중을 부추겨서 온갖 만행을 저지른 선동가요 살인마요 반역자였다. 1358년 여름의 무정부 상태는 모든 권위와 질서를 짓밟고 조롱한 극도의 방종일 뿐이었으며, 더군다나 외적 앞에서 내부의 분열을 조장하고 이용한 것이기에 가증스럽기 짝이 없는 것이었다.

반면 대혁명의 정신과 유산을 보듬고자 했던 진보적인 정파들에게, 마르셀은 근대의 대의제 민주주의 또는 인민주권의 원리를 발의한 최초의 부르주아 선각자요, 귀족에 맞서 계급투쟁을 이끈 중세의 선구자, 아니면 1789년의 혁명가들처럼 새로운 이상으로 조국을 구하고자 분투한 투사로 기억되었다. 당연히 이들에게서 그가 일으킨 거사는 '반란'이 아닌 '혁명'의 이름으로 세례를 받았다. 그것은 계몽된 부르주아

계급이 왕정의 전제를 입헌군주정 또는 대의제 정부로 바꾸기 위해 궐기한 위대한 투쟁이요, 따라서 1789년에 시작된 거대한 전복의 리허설 같은 것으로 찬양되었다. 이 같은 신화화는 프랑스 혁명 100주년인 1889년에 즈음하여 절정에 달했다. 이 무렵 그의 전기를 집필한 쥘 테시에는 이렇게 예찬한다. "프랑스가 혁명 100주년 경축을 준비하는 이 순간, 대혁명의 선구자들, 1789년 훨씬 이전에 자유를 위해 신음하며 싸웠던 이들을 찬양하는 것은 지당한 일이다. 우리의 기억에 떠오르는 첫 번째 이름은 두말할 것 없이 에티엔 마르셀이라는 이름이다. (중략) 이미 4세기 전에 국민의 권리를 주창하고 그들의 자유를 옹호했던 이 사람은 89년(1789년)의 자녀들로부터 존경과 감사를 받아 마땅하다."

지금도 파리 시청 앞 광장을 돌아서 센 강변 쪽으로 가다 보면 청사 측면을 등지고 서 있는 마르셀의 기마상을 볼 수 있다. 그는 칼을 빼어 든 손에 아마도 그의 개혁안이 담겨 있을 두루마리 문서를 움켜쥔 채 왕궁과 모직물상들의 거리가 있었던 시테 섬 쪽을 바라보고 있다. 그가 파리 시 청사 곁을 지키고 서 있게 된 까닭은 무엇일까? 일단 그는 메종 오 필리에로 불리던 그레브 광장 근처의 건물을 매입하고 이곳에서 시정을 보았으니, 바로 현재의 파리 시청을 있게 한 장본인이다. 하지만, 이보다 더 근본적인 이유는 그의 좌절된 정치적 야심과 실험이 먼 훗날 프랑스의 운명을 바꾼 일대 격동을 예고했고, 그리하여 그의 이름이 후대의 역사적 기억 속에서 중요한 정치적 상징성을 띠게 되었다는 데 있을 것이다. 그의 기마상이 지금 그 자리를 지키게 된 계기 자체가 다름 아닌 프랑스 혁명 100주년의 경축을 위한 것이었다.

참고문헌

1. 박용진, 「백년전쟁-중세의 끝 또는 근대의 시작」, 문화교양학과 편, 『유럽 바로 알기』, 2006, 제2장.

2. 김복례, 『프랑스사』, 제4장 「백년전쟁」, 대한교과서주식회사, 2005.

3. 앙리 피렌느, 강일휴 옮김, 『중세 유럽의 도시』, 신서원, 1997.

4. 성백용, 「에티엔 마르셀과 14세기 '파리의 혁명'」, 박상철 외, 『꿈은 소멸하지 않는다-스파르타쿠스에서 아옌데까지 다시 보는 세계의 혁명가들』, 한겨레출판, 2007. (이 글은 이 책에 수록된 글을 다시 손질한 것이다.)

1. 1357년 3월의 대칙령(전문과 61개 조항 중 일부 조항의 발췌 요약)

프랑스 국왕의 장남이자 대리인인 노르망디 공작이며 비엔의 도팽(왕세자의 별칭)인 샤를이 왕국의 올바른 통치와 방어에 관한 조언을 구하고 친애하는 부왕(장 2세)의 석방을 위한 세금을 부과하고자, 나의 명으로 프랑스 왕국 랑그도일(루아르 강 이북)의 세 신분들, 즉 대주교, 주교, 수도원장, 교회 참사회장, 왕족, 공작, 백작, 대영주, 기사들, 그리고 대도시와 성읍, 선량한 도시의 부르주아와 주민들을 지난 2월 5일부터 파리에서 소집하였음을 알리노라. 위의 세 신분들(이하 삼부회)은, 먼저 하느님의 가호가 없다면, 그리고 실정을 일삼아 온 자들을 몰아내고 그 대신 현명하고 충직한 이들을 임명하지 않는다면, 또 차용, 징발, 소금세 등의 세금과 화폐의 개주 등 과거에 신민을 짓눌러온 온갖 억압과 착취, 부당징세를 철폐하지 않는 한, 왕국의 크나큰 고통은 온전히 치유되지 않으리라고 생각한다. (중략) 이에 우리는 삼부회의 주청을 가납하여 다음과 같이 포고한다.

제1조. 삼부회의 조언에 따라 선출될 대표들이 세금과 개혁, 화폐 등의 문제에 관하여 조처하는 바와 차후 지명될 고위 관리들의 삭탈관직을 한 치의 어긋남도 없이 시행할 것이다.

제2조. 삼부회가 제공하기로 약속한 모든 세금 수입은 오로지 전쟁의

수행에 사용되어야 하며, 다른 어떤 용도로도 전용되어서는 아니 된다. 상기의 모든 수입은 국고관 및 그 밖의 어떤 국왕의 관리에 의해서가 아니라, 반드시 삼부회에서 선출되고 임명된 현명하고 충직한 사람들에 의해서 징수되고 부과되고 수취되고 분배되어야 한다.

(중략)

제4조. 삼부회로부터 세금을 제공받는 대가로 고위성직자, 성직자, 귀족, 부르주아, 상인 등 세 신분의 어느 누구에게도 어떠한 이유로든 그리고 어떠한 수단으로든 돈이나 모종의 재물을 대여하도록 강요하지 않을 것을 약속하며, 차후 이 같은 강제차용과 십일세, 보조세, 소금세, 타이유 등 모든 종류의 과세와 강제징수를 폐지할 것을 명한다.

제5조. 삼부회는 오는 부활절 직후의 첫 주일 다음 날에 파리 시에서 다시 회합할 것이다. 또한 국왕이나 우리 측의 교서와 명령이 없이도, 삼부회는 파리 시 또는 그들이 임의로 정한 다른 장소에서 앞서 말한 월요일부터 1358년 3월 1일까지 전쟁과 세금, 왕국의 올바른 통치에 관해 논의하기 위해 두 차례 또는 필요하다면 그 이상 회합할 수 있다.

(중략)

제15조. 그간 화폐의 변경으로 말미암아 왕국과 신민이 큰 피해를 입었거니와, 우리는 차후로 양질의 금화와 은화를 삼부회의 조언과 상인 조합장 측의 지침 및 주형에 따라서 다음과 같이 (중략) 주조할 것이며, 삼부회의 조언과 토의와 동의 없이는 이들 주화의 품위를 변경시키지 않을 것을 약속한다.

(중략)

제41조. 자격이 없는 자들에 대한 과도한 하사로 말미암아 그간 많은 왕령 재산이 상실되었다는 삼부회의 의견을 받아들여, 차후 이 같은 왕

령 재산의 양도를 용인하지 않을 것이며, 미남왕 필리프의 치세 이래로 양도되거나 교환된 왕령 재산을 추적하여 환수할 것을 약속한다. 단, 타인에게 피해를 주지 않고 교회와 하느님께 바친 재산, 왕족 사이의 상속 재산 분할, 증여, 지참금 등으로 양도된 재산, 그 밖에 자격이 있는 자에게 정당한 보상으로 주어진 재산은 예외로 한다.

2. 이프르 시의 시정관들에게 보낸 에티엔 마르셀의 편지(1358년 7월 11일)

친애하는 나리들과 고귀한 벗들이여, 여러분이 잘 아시다시피, 푸아티에에서 국왕 폐하가 사로잡히신 이후 노르망디 공작(왕세자) 전하의 명으로 프랑스왕국의 세 신분, 즉 성직자와 귀족, 그리고 선량한 도시들이 국왕 폐하의 석방과 왕국의 방어, 불충하고 간사한 국왕참사회원과 부패한 관리들의 오랜 실정에 빠져 있던 왕국의 바른 통치, (중략) 그리고 전쟁 수행을 위한 자금 조달의 방안을 논의하기 위해 파리에 소집되었습니다. 정해진 날에 꽤 많은 인원이 모인 위의 신분들은 앞서 말한 모든 안건과 세금에 관한 대책들에 대하여 합의를 보았습니다. 그러나 참사회원 및 관리들의 농간과 방해로 일이 틀어져 지지부진하고 공작 전하마저 왕국의 신분들이 올린 충언보다 이들의 간언에 귀를 기울이게 되었고, 이로 말미암아 크나큰 불행이 꼬리를 물어 나라가 파탄지경에 이르게 되었습니다. (중략)

친애하는 선량한 벗들이여, 우리가 이 온갖 사연을 당신들께 전하는 이유는, 여러분이 선량한 도시 파리와 그 선량한 상인들, 선량한 도시들과 그 시민과 농부들을 사랑하고 또 늘 사랑해 왔음을 잘 알기 때문이며, 아울러 다음과 같은 세 가지 목적이 있어서입니다. 첫째는 우리의 정당한 대의와 정의, 그리고 우리와 민중에 대한 저들의 크나큰 비행과 부정과 불의를 여러분께 알리고자 함이요, 둘째는 우리에게만이 아니라 당신들, 그리고 상품과 물자가 오가는 다른 여러 지역들에게도 사태가 매우 막중하고 위급한지라 여러분의 조언과 도움을 얻고자 함입니다. (중략) 세 번째 목적은, 플랑드르 등지에서 몰려온 여러 귀족들이 앞서 말한 노략질에 가담하고 있으니 당신들의 영역과 권한 안에 있다고 판단되는 그들의 모든 재산을 박탈하고 장악하도록 당부하려는 것입니다. (중략)

친애하는 나리들과 선량한 벗들이여, (중략) 이제야 당신들에게 이런 사정을 전하는 것을 용서하십시오. 실은 귀족들이 사방의 지역들을 점령하고 있어 길이 매우 위험했기 때문입니다. 여러 귀족들과 무수한 군인들이 공작 전하와 함께 선량한 도시 파리 앞에 진을 치고 있다 해도, 나와 우리 시민은 스스로를 지키겠다는 굳은 결의로 모두 하나가 되어 있으며, 하느님이 보우하사 아주 반듯한 질서와 풍부한 식량과 그 시장이 유지되고 있습니다. 선량한 도성 파리의 명예를 지키기 위하여, 그리고 언제나 자유로웠던 우리가 비열하기 짝이 없는 저 귀족들의 바람대로 노예로 전락하는 사태를 피하기 위하여, 우리는 우리의 몸과 재산을 기꺼이 바칠 것이며, 그들의 노예로 사느니 차라리 죽음을 택할 것입니다. (중략)

친애하는 나리들과 선량한 벗들이여, (중략) 당신들께 당부하노니, 앞서 말한 (제재 대상 귀족들의) 명부와 이 서찰을 보시고 나서 플랑드르 지방의 다른 선량한 도시들에 전달해 주시고, 그곳의 선량한 시민들에게도 당신들과 똑같이 조처해 달라고 당부해 주십시오. 성령께오서 은혜로써 당신들을 보살피고 보호하시길! 당신들에게 전한 모든 사안에 대한 소식과 답변을 기다리며, 또한 당신들의 호의로 할 수 있는 대로 최대한 서둘러서 조처해 주시기를 간청합니다.

1358년 7월 11일 파리에서,
선량한 도시 파리의 상인조합장과 시정관, 동업조합장 일동.

5장

17세기 과학과
신비주의
요하네스 케플러

이필렬

1.
바로크 시대의 과학자,
신비주의자

　　요하네스 케플러(Johannes Kepler)는 근대
천문학의 아버지로 불리는 인물이다. 그는 행성에 관한 3가지 법칙을
발견함으로써 과학사에서 근대 천문학의 기초를 세운 것으로 평가받는
다. 케플러의 3법칙으로 알려진 행성궤도에 관한 법칙은 수학에 바탕
을 둔 것이다. 첫 번째 법칙은 행성의 궤도가 타원을 그린다는 것이고,
두 번째 법칙은 행성이 동일한 시간 동안 휩쓸고 지나간 면적은 동일하
다는 것이고, 세 번째 법칙은 어떤 행성이든 상관 없이 행성주기의 제
곱은 태양에서 떨어져 있는 평균거리의 세제곱에 비례한다는 것이다.

　여기서 볼 수 있듯이 3가지 법칙은 수학적인 것이다. 그렇다고 해서
케플러가 3법칙에 도달하는 과정이 수학적인 계산을 통해서였던 것만
은 아니다. 그 과정은 꽤 복잡한 것으로 우주에 대한 케플러의 신비적
이라 할 수 있는 태도, 신과 우주의 관계에 대한 사고 등도 3가지 법칙

의 발견에 많은 영향을 미쳤다. 여기서 우리는 근대과학의 탄생이 우리가 현재 상상하는 수학적이고 실험에 기초한 무미건조한 과학활동과는 크게 다른 활동으로부터 나온 것임을 알 수 있다. 우주나 신에 대한 케플러와 비슷한 태도는 근대 과학혁명을 완수했다고 평가받는 아이잭 뉴턴(Isaac Newton)의 경우에서도 발견된다. 그는 서로 원격영향을 미치는 힘이 우주에 존재한다고 믿은 헤르메스주의의 영향을 받은 것으로 알려져 있다. 갈릴레오 갈릴레이(Galileo Galilei)는 이들과 달리 엄밀한 양적인 접근을 강조했는데, 세 사람 중에서 갈릴레이가 근대과학의 활동 방식에 가장 가깝게 과학연구를 했다고 할 수 있다.

2.
생애

케플러는 1571년 독일 뷔르템베르크 공국의 바일데어슈타트에서 태어났다. 그의 아버지는 당시의 장인이나 교사 같은 사회적으로 인정받는 직업을 가지고 있지 않았고 돈을 벌기 위해 전쟁터에서 용병으로 싸움을 하기도 한 것으로 알려져 있다. 어머니는 수다쟁이에다 남들과 잘 싸우는 꽤 까다로운 여성이었고, 이는 나중에 그녀가 마녀로 몰려 재판을 받는 원인이 되기도 했다. 케플러는 어려서부터 총명함을 인정받아 1586년 마울보른 수도원 학교에 입학했고, 이 학교를 졸업한 후에는 1588년 튀빙겐에서 바칼로레아트를 획득하고, 1589년 튀빙겐 대학에 입학했다. 물론 그는 수도원 학교부터 튀빙겐 대학까지 모두 장학금을 받고 다녔다. 튀빙겐 대학에서 그는 신학, 수학, 천문학을 공부했고, 교양학부를 마친 후에는 전공으로 신학을 공부할 계획이었다.

1591년 교양학부를 졸업한 후 1591년부터 1594년까지 튀빙겐 대학 신학부에서 신학공부를 계속했는데, 그의 성품은 학생 때부터 매우 강직했기 때문에 성직자가 되기에는 적합하지 않은 면이 있었다. 왜냐하면 그 당시 성직자는 교회의 권위에 복종해야 했고, 교회의 교리를 거스르지 않아야 했기 때문이다. 그러나 케플러는 양심적이고 강직한 성품 때문에 자신이 옳다고 생각하는 것을 좀처럼 굽히지 않았기에 성직자로서 적합하지 않았던 것이다. 이러한 점 때문에 그에게는 성직자 자격을 얻기 위한 시험을 치르기 전인 1594년 오스트리아 그라츠의 시립학교 수학교사로 취직하라는 권유가 들어왔고, 그는 이 제안을 받아들였다. 케플러는 그곳에서 달력 만드는 일도 병행했는데, 그 일을 하면서 그의 천문학 연구가 본격적으로 시작되었다. 그라츠에서 교사생활을 시작한 지 2년밖에 안 된 1596년에 케플러는 자신의 우주에 관한 첫 저작인 『우주의 신비(*Mysterium Cosmographicum*)』를 출간했다. 이 책은 튀빙겐에서 출판되었는데, 우주에 관해서 매우 신비적으로 해석하면서 이를 신에 대한 찬양으로 연결하는 내용으로 가득 차 있다. 여기서 우리는 케플러의 신비주의적 성향을 볼 수 있다.

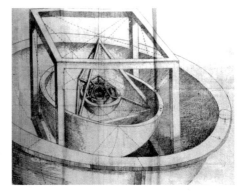

그림 5-1 케플러의 기구(출처 : http://www.ou.edu/prometheus/pics/pages/Kepler-1596-24-detail.html)

케플러는 그라츠에서도 그리 오래 머물지 못

했다. 그는 개신교도였지만 1600년 그라츠에서 반종교개혁이 일어나 개종을 하지 않으면 추방당할 처지에 놓였는데, 결국 개종을 하지 않아 추방되었기 때문이다. 난민이 된 그는 프라하로 옮겨가서 유명한 천문학자 티코 브라헤(Tycho Brahe)와 공동으로 천문학 연구를 하기 시작했다. 그런데 1601년 티코 브라헤가 사망하고, 프라하에 수도를 두고 있던 신성로마제국 황제 루돌프 2세가 케플러를 황실 수학자로 임명함으로써 그의 본격적인 천문학 연구가 꽃을 피우게 된다. 이때의 연구결과를 집대성한 것이 1609년에 출간된『새로운 천문학(Astronomia Nova)』이다. 한편 1610년 갈릴레이가 출간한『별들의 소식(Sidereus nuncius)』이 그의 관심을 끈다. 케플러는 이에 대해 응답하는 형식의『별들의 사자와의 논의(Dissertatio cum nuncio sidereo)』(1610)라는 책을 출판했는데, 이를 계기로 케플러와 갈릴레이 사이에 다년간의 '신경전'이 벌어진다. 1612년 루돌프 2세가 죽은 후 케플러는 다시 오스트리아 린츠로 이주하여 1626년까지 그곳 학교의 수학교사로 일하면서 천문학 연구를 계속하여 1618~1621년에는『코페르니쿠스 천문학의 기초』를 출간했고, 1618년 케플러의 제3법칙을 발견하게 된다. 그의 제1법칙과 제2법칙은『새로운 천문학』에 들어 있다. 그러나 1626년 린츠에서도 반종교개혁이 일어나 그 압력으로 케플러는 린츠를 떠나게 되고, 이후 떠돌이 생활을 하다가 1630년 레겐스부르크에서 사망했다.

3.
천문학 연구를 둘러싼 케플러와 갈릴레이의 관계

케플러와 갈릴레이는 17세기 초 유럽에서 활동한 자연철학자 중 가장 빼어난 업적을 내놓은 인물이다. 이들은 후대에 와서 각각 근대 천문학과 역학의 아버지라는 영예로운 칭호를 얻었지만, 당대에 이미 천문학과 역학 분야에서 최고의 권위를 지닌 인물로 인정받고 있었다.

케플러와 갈릴레이는 학문적인 관심사가 비슷했고 상대방의 학문적인 성과를 잘 알고 있었지만 한 번도 만난 적이 없었다. 그렇다고 서신을 활발하게 주고받은 것도 아니다. 그러므로 남아 있는 문헌을 통해 두 사람의 관계를 파악하기란 그리 쉽지 않다. 개성이나 학문적 성향이 크게 달랐음에도 이들이 서로를 높이 평가했고 친밀한 관계를 유지했던 것처럼 보이는 것도 두 사람 사이에서 이루어졌던 일을 분석하는 데 어려움을 준다.

케플러와 갈릴레이의 첫 번째 교류는 1597년에 케플러가 갈릴레이에게 『우주의 신비』를 보내면서 이루어졌다. 그러나 본격적이고 의미있는 교류는 1610년 망원경을 이용한 갈릴레이의 발견이 『별들의 소식』으로 출판됨으로써 시작되었다. 갈릴레이는 케플러의 의견을 구했고, 이에 대해서 케플러는 긴 편지로 화답했던 것이다. 이 편지는 2주일 후 『별들의 사자와의 논의』라는 책으로 출판되었다. 그후 그들은 몇 차례 편지를 주고받았다.

갈릴레이의 천문학 연구

1609년 갈릴레이는 그의 유명한 망원경을 제작했다. 그는 망원경의 배율을 다른 사람 것보다 크게 높일 수 있었는데, 이것으로 별과 행성을 관찰했다. 갈릴레이는 그때까지 천문학에 대해서는 별 관심을 보이지 않았기 때문에 이 일은 그 자신의 평상시 연구에서 벗어나는 것이었다. 그러나 갈릴레이는 이 기구로 관측한 결과 대단한 성공을 거두었다. 달이 지구와 유사하다는 사실과 목성의 위성 네 개를 발견했던 것이다. 이 발견을 글로 기록하여 책으로 출판한 것이 『별들의 소식』이다. 이것은 그의 첫 번째 학문적 저작이었으며, 이탈리아뿐만 아니라 유럽 전역에서 큰 반향을 얻었다.

갈릴레이가 새로운 별을 발견했다는 소식은 이미 3월 15일에 프라하로 전해졌다. 케플러는 이 소식을 그의 친구인 마태우스 바커 폰 바켄펠스로부터 들었는데, 두 사람은 이에 대해 크게 흥분한 나머지 열띤 토론을 벌였다. 그후 케플러는 갈릴레이의 『별들의 소식』을 가능한 한 빨리 직접 보기를 간절히 원했다. 그러나 그는 4월 초에 가서야 당시 프라하에 하나밖에 없던 그 책을 볼 수 있었는데, 그것도 신성로마제국의 황제 루돌프 2세의 재가를 얻은 후에야 읽을 수 있었다. 당시 프라하는 신성로마제국의 수도였고, 케플러는 황실 수학자로 일하고 있었다. 4월 8일에는 케플러 자신도 프라하 주재 토스카나 공사로부터 갈릴레이가 공사에게 직접 보낸 『별들의 소식』을 한 권 받았다. 공사의 이름은 줄리안 데 메디치였는데, 그는 4월 13일 케플러를 초대하여 갈릴레이가 자신의 책에 대해 케플러의 의견을 구한다는 이야기를 전했다. 이 이야기를 전해 들은 케플러는 4월 19일까지 일주일 동안 긴 편지를 작성했고, 이 편지는 나중에 『별들의 사자와의 논의』라는 제목의 책으로 출간되었다.

『별들의 소식』은 갈릴레이에게 하룻밤 사이에 커다란 영예를 가져다 주었고, 이로써 그의 이름은 유럽 전역에 알려졌다. 당시 갈릴레이의 나이는 이미 46세였고, 그때까지 그의 이름은 토스카나와 베네치아 공화국 밖에서는 거의 알려지지 않았다.

갈릴레이는 『별들의 소식』을 토스카나의 대공 코지모 데 메디치 2세 (Cosimo de Medici II)에게 바쳤는데, 헌사에서 그는 새로 발견된 4개의 별을 메디치가의 별이라고 명명했다. 이는 갈릴레이가 대공의 왕실 수학자가 되고자 하는 의도에서 비롯된 것이었다. 『별들의 소식』에서 갈릴레이는 우선 자기가 제작한 배율 30인 망원경의 구조와 제작과정에 대해서 아주 자세하게 소개했다. 처음에 그는 납관과 2개의 렌즈를 가지고 망원경을 제작하는 몇 차례의 시도 끝에 물체를 6배 이상 크게 볼 수 있는 망원경을 만들어 냈지만, 이것으로 만족하지 않고 더 나은 것을 제작하려고 시도했고, 결국 대상이 대략 1,000배나 더 크게 보이고 30배 더 가깝게 보이는 매우 훌륭한 망원경을 제작할 수 있었다. 그는 배율이 30인 망원경을 만들었던 것이다. 이 망원경은 천문학 연구에 새로운 차원을 열어 주었다.

갈릴레이가 이 망원경으로 처음 시도한 일은 달의 표면을 관찰하는 것이었다. 갈릴레이는 달의 반점에 대한 세심한 관측을 통해서 달 표면이 매끄럽거나 완전히 둥글지 않고 많은 산과 골짜기로 뒤덮여 있다는 것을 발견했고, 그 외에도 이 산이 지구상에 있는 것보다 더 높을 수도 있으며, 달이 스스로 빛을 발하는 것이 아니라 태양빛을 반사시켜 그것을 지구로 보내고, 또한 지구도 태양빛을 달로 반사해 보낸다는 것도 알아냈다. 갈릴레이는 관찰결과를 『별들의 소식』에서 자세히 설명하였다. 또한 그는 4개의 새 별의 발견에 관해 매우 상세하게 기록 보고했다. 그는 이 발견을 자신이 하늘의 관찰에서 얻은 결과 중에서 가장 중요한 것이라고 표현했는데, 이 점은 그가 그때 이미 자신의 발견이 어떤 결과를 가져올 것인지 분명하게 알고 있었음을 말해 준다. 갈릴레이는 이 발견을 아주 중요한 것으로 판단했기 때문에 자신의 보고에서 다른 천문학자들에게 이 별을 함께 연구하자고 요청했다.

갈릴레이는 1610년 1월에 목성 옆에 있는 3개의 작지만 밝은 별을 발견했다. 처음에 그는 이 별들이 항성일 것이라고 생각했다. 그러나 다른 항성과 달리 이 별들은 행성인 목성과 함께 움직이고 있었다. 게다가 그것들의 크기와 목성에 대한 위치에도 변화가 있었다. 이러한 발견을 토대로 갈릴레이는 "하늘에는 수성과 금성이 태양 주위를 돌 듯이 목성 주위를 도는 3개의 별이 있다"는 확신에 도달했다. 그러나 그는 나중에 목성에는 모두 4개의 위성이 있고, 이것 중에서 목성에 가까운 것이 멀리 떨어진 것보다 더 빨리 돈다는 것을 확인했다. 이 발견에 대한 끝맺음으로 갈릴레이는 목성이 4개의 위성을 거느리고 있다는 사실이 확인되었고, 그럼으로써 코페르니쿠스 체계를 옹호하는 훌륭한 증거가 발견되었다는 것을 강조했다.

『별들의 소식』은 매우 객관적인 형태로, 여러 면에서 근대적인 과학 논문과 유사한 형식으로 서술되었다. 『별들의 소식』의 주된 의미는 갈릴레이의 발견으로 아리스토텔레스의 세계상에 반하는 경험적 증거가 제시되었다는 데 있다. 그의 발견은 당시에 널리 받아들여졌던 아리스토텔레스의 세계상을 2가지 점에서 무너뜨렸다.

첫째, 아리스토텔레스의 체계에서 세계는 2개의 서로 상반된 세계,

즉 달 아래 세계와 달 위 세계로 분할되어 있었다. 달 아래 세계의 물체는 흙, 물, 공기, 불이라는 4원소로 이루어져 있으며, 순수하지 않고 항상 변화한다. 4원소는 각각 습하고 건조하며 뜨겁고 차가운 4가지 성질 중 2개의 성질을 가지고 있고, 이 중 하나의 성질이 변하면 다른 원소로 변환될 수 있다. 이에 반해서 달 위 세계는 아이테르라는 제5원소로 이루어져 있다. 아이테르는 순수하고 완전하며 원운동 외에는 변화를 겪지 않는다. 달 위 세계에서는 이렇게 자연스러운 완전한 원운동이 반복되지만 달 아래 세계에서는 자연운동과 강제적인 운동이 일어난다. 그런데 달은 달 아래 세계와 달 위 세계의 경계에 놓여 있지만 거의 완전한 천체의 하나로 여겨져 왔다. 그러나 갈릴레이의 발견은 달이 지구와 조금도 다를 바 없다는 것을 밝힘으로써 아리스토텔레스의 구분이 의미없다는 것을 보여 주었다. 달은 지구와 마찬가지로 산과 계곡과 대기를 가지고 있고, 이것들은 모두 4원소로 이루어져 있는 것으로, 따라서 변화할 수밖에 없는 것으로 보였던 것이다.

둘째, 아리스토텔레스의 세계체계에서 지구는 세계의 중심이다. 행성천구와 항성천구는 모두 이 중심 주위를 돈다. 그러나 목성이 4개의 위성을 가지고 있다는 사실이 발견됨으로써 다른 행성도 작은 별로 이루어진 독자적 체계의 중심이 될 수 있다는 것이 제시된 것이다.

이로써 세계의 중심으로서의 지구의 유일성이 무너지고, 코페르니쿠스의 태양 중심체계가 더 신빙성을 얻게 되었다. 바로 이러한 이유로 갈릴레이의 작은 책자는 출판된 후 즉시 사람들을 흥분시켰다. 그리고 갈릴레이는 나중에 금성이 상변화를 한다는 것을 발견했는데, 그는 그러한 발견으로 코페르니쿠스 체계가 옳다는 또 다른 강력한 증거를 제시했다고 생각했다. 그러나 케플러는 금성의 상변화는 티코 브라헤의 우주체계에서도 나타날 수 있음을 알아차렸다. 갈릴레이는 또한 태양의 흑점과 토성의 고리도 발견했는데, 이 모든 발견이 갈릴레이를 유명하게 만들었고, 이와 동시에 그를 곤경에 처하게 만들었다.

갈릴레이는 코페르니쿠스 체계의 정당성을 확신하고 있었지만 그는 자신이 망원경으로 목성의 위성 등을 발견했을 때까지는 태양중심체계를 공개적으로 옹호하지 않았다. 그의 발견이 이루어진 1610년까지 그는 피사 대학과 파도바 대학에서 아리스토텔레스의 지구중심체계를 가르쳤다. 그런데 그는 이제 『별들의 소식』에서 코페르니쿠스 체계의 우수성을 암시했고, 이 체계를 옹호하기 시작했다. 이에 대해 그의 학문 세계에서의 적대자들과 코페르니쿠스 체계에 대해 적대적인 학자들은 로마 교황청의 지원을 받아 갈릴레이가 코페르니쿠스 체계를 퍼뜨리는 것을 금지시키려고 시도했다.

갈릴레이는 이들의 시도에 대항하여 로마를 방문해 교황을 설득하여 코페르니쿠스 체계가 옳다는 것을 인정하도록 하려 했다. 그러나 갈릴레이의 기대와는 달리 교황청은 1616년에 코페르니쿠스 체계를 대변하지도 옹호하지도 말라는 명령을 내렸다. 그런데도 갈릴레이는 이 명령을 어기고 1632년에 『우주체계에 관한 대화』를 출판했다. 이 책에서 갈릴레이는 아리스토텔레스의 우주체계를 분명하게 조롱했고 코페르니쿠스 체계의 우수성을 찬양했다. 이로 인해 갈릴레이는 1633년에 로마 교황청으로 소환되었고, 종신토록 집에 갇혀 있어야 한다는 판결을 받았다. 이 판결의 시초는 바로 『별들의 소식』에 있었던 것이니, 『별들의 소식』은 그에게 커다란 영예를 가져다주었지만 동시에 아주 큰 시련도 주었던 것이다.

갈릴레이의 천문학 연구에 대한 케플러의 반응

갈릴레이의 책을 읽은 케플러는 이 새로운 발견에 열광하여 조금도 주저하지 않고 그의 발견이 옳음을 인정했다. 케플러의『별들의 사자와의 논의』는 다음과 같은 매우 호의적인 어조로 시작된다.

오래전부터 저는 아무도 따라갈 수 없는 갈릴레이 당신과 당신의 편지만을 생각하며 아무 일도 하지 않은 채 집 안에 틀어박혀 있었습니다.

이어서 케플러는 갈릴레이의 발견을 아무 조건 없이 신뢰하는 이유에 대해서 언급한다. 그는 갈릴레이가 참되다고 생각하는 것을 말하기를 두려워하지 않고, 또 '사람들의 비위를 맞추기 위해' 확인되지도 않은 것을 주장할 사람이 아니라고 생각하기 때문에 그의 발견을 믿는다고 말하는 것이다. 그 후 그는 망원경의 발견과 이 도구로 얻어낸 발견을 높이 찬양한다.

케플러의 편지는 갈릴레이가 자신의 발견에 대해서 얻은 최초의 호의적인 반응이었다. 그런데 케플러의 반응은 짧지 않은 기간 동안『별들의 소식』에 대한 유일한 긍정적 반응으로 남는다. 케플러의 편지를 받은 때를 전후하여 갈릴레이는 이탈리아 학자들의 격렬한 거부에 부닥쳤기 때문이다. 이탈리아 내에서는 1610년 12월에 가서야 콜레기움 로마눔의 수학교수 클라비우스(Christoph Clavius)가 목성의 위성을 확인하고 이를 갈릴레이에게 통지한 것이 최초의 긍정적 반응이었다. 그 후 클라비우스는 콜레기움 로마눔의 동료교수들과 함께 갈릴레이의 발견을 공개적으로 옹호하고 나섰다. 그보다 앞서 이탈리아의 상인 안토니

오 산티니(Antonio Santini)가 자신의 망원경으로 목성의 위성을 확인했지만 그는 이 사실을 갈릴레이에게 개인적으로 알려 주었을 뿐이었다. 클라비우스가 나설 때까지 케플러는 갈릴레이의 발견을 공개적으로 옹호한 유일한 사람이었다. 그런데 케플러는 당시에 황실 수학자라는 위치 때문에 천문학자로 유럽에서 높은 명망을 얻고 있었으므로 그의 옹호는 갈릴레이에게 커다란 힘이 되었다. 그러므로 갈릴레이는 당연히 케플러에게 매우 고마워해야 했을 것이다. 그러나 그는 케플러의 호의적인 답장에 대해서 처음에는 침묵으로 반응했다.

갈릴레이는 케플러의 열정적인 편지에 대해 오랫동안 답장을 하지 않았다. 넉 달이 지난 8월 9일 케플러는 다시 갈릴레이에게 편지를 보냈다. 이 편지에서 케플러는 많은 이탈리아 사람들이 편지를 보내 자기들은 지금까지 목성의 위성을 확인하지 못했는데 어째서 그렇게 경솔하게 그 존재를 인정하는 책을 낼 수 있느냐는 비난을 퍼부었다고 불평을 했다. 이를 이유로 케플러는 갈릴레이에게 발견의 증인을 알려 주고, 또 그 자신이 직접 목성의 위성을 확인할 수 있도록 망원경을 보내 줄 것을 촉구했다.

갈릴레이는 이러한 케플러의 재촉에 즉시 답장해야 한다고 느꼈던 것 같다. 케플러가 편지를 보낸 지 열흘 후인 8월 19일에 그는 케플러가 최초이자 거의 유일하게 자신의 보고를 완전히 인정했다는 것에 대해 감사의 편지를 썼다. 그는 증인으로 토스카나의 대공을 들었으나 케플러에게 망원경을 보내지는 않았다. 케플러는 나중에 쾰른의 선제후가 프라하로 가져온 망원경으로 직접 목성의 위성을 확인할 수 있었다. 이 망원경은 갈릴레이가 선제후에게 선물한 것이었다. 갈릴레이는 케플러에게 보낸 편지에서 이탈리아의 동료학자들에게 심한 불평을 퍼부은 다음에 그들을 극도로 조롱하는 말로 편지를 끝맺었다. 1627년에 독일에서 수학을 공부하려는 청년을 추천하는 짤막한 편지를 제외하고는 이것이 갈릴레이가 케플러에게 보낸 마지막 편지였다.

케플러와 갈릴레이의 관계

케플러와 갈릴레이의 관계와 관련해서 우리는 다음 3가지 의문을 제기해 볼 수 있다. 첫째, 왜 갈릴레이는 케플러에게 직접 편지를 보내지 않고 간접적으로 그의 의견을 물었을까? 둘째, 왜 케플러는 자신이 확인해 보지도 않고 갈릴레이의 발견을 즉시 인정했을까? 셋째, 왜 케플러와 갈릴레이는 서로 호의적으로 대했을까, 특히 케플러가 갈릴레이에게?

첫 번째 의문에 대한 가장 설득력 있는 답은 갈릴레이가 13년 전에 일방적으로 서신교환을 끊은 것 때문에 직접 의견을 구하는 것을 주저했으리라는 것이다. 1597년에 케플러는 갈릴레이에게 『우주의 신비』를 보냈는데, 갈릴레이는 서문만을 읽고 즉시 답장을 보냈다. 이 편지에서 갈릴레이는 그 자신도 케플러와 마찬가지로 진리를 찾는 사람이라는 것을 강조했고, 또 그도 코페르니쿠스의 추종자라는 것을 암시했다. 그러나 그는 그러한 의견을 가지고 있어서 조롱당할까 두려워한다는 고백도 곁들였다.

젊고 순진한 케플러는 이 편지에 감격한 나머지 즉각 답장을 보내 자기와 함께 코페르니쿠스의 학설이 옳다는 것을 공개적으로 옹호하자고 권유했다. 그리고 그는 이에 대해서 계속해서 의견교환을 하고 싶다는 이야기를 하고 "평안하시고 제게 긴 편지로 답장할 것을 부탁합니다"라

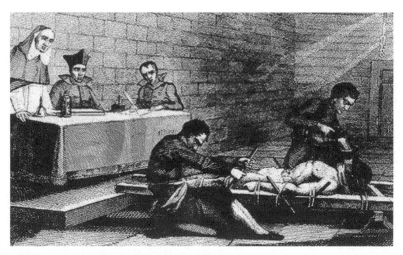

그림 5-2 종교재판과 고문

는 말로 편지를 끝맺었다. 갈릴레이에게서 정신적 동료를 발견했다고
믿은 젊은 케플러는 서신교환을 그토록 원했던 것이다. 그러나 케플러
는 갈릴레이에게서 한 줄의 글도 받지 못했다. 이로 인해 케플러는 상
처를 입었을 것이고, 그 때문에 갈릴레이는 케플러의 의견을 직접 묻지
못했을 것이다. 황실 수학자라는 케플러의 높은 위치도 어떤 작용을 했
을 것이다. 갈릴레이는 그러한 케플러의 지지가 정말 필요했지만 그러
면 그럴수록 케플러의 의견을 직접 구하는 것이 더 적당치 않은 것처럼
보였을 것이다.

　또 한 가지 추측은 당시 갈릴레이는 토스카나의 궁정 수학자가 되려
는 생각이 있었기 때문에 그 자신을 궁정에 알리려고 애썼고, 이런 목
적에서 그의 책을 프라하에 있는 토스카나 사절에게 보내 그를 통하여
황실 수학자의 동의를 구하려 했으리라는 것이다. 외교적인 통로는 그
의 이름을 널리 알리기 위한 가장 확실한 길이었을 것이다. 이 점은 갈

릴레이의 주요관심이 케플러라는 개인이 아니라 그의 명성을 이용해서 궁정 수학자로 임명받는 데 있었음을 보여 준다. 황실 수학자의 인정은 갈릴레이의 목적 달성에 큰 힘이 될 수 있었기 때문이다. 갈릴레이가 케플러의 답장에 다시 답장을 하지 않은 이유도 어쩌면 여기에 있을 것이다.

케플러는 광학에 관한 연구를 통해서 망원경의 작동방식을 정확하게 알았던 것처럼 보인다. 그러므로 그는 갈릴레이의 망원경이 천체관측에서 발휘할 수 있는 엄청난 가능성을 즉시 알 수 있었고, 갈릴레이의 발견을 완전히 신뢰할 수 있었던 것이다. 왜냐하면 케플러는 이미 『천문학의 광학적 부분(Astronimiae Pars Optica)』(1604)에서 망원경에 대해 많은 이론적 연구를 했기 때문이다. 이에 반해 기계제작에 능숙했던 갈릴레이는 다른 사람이 만든 것을 모델로 아주 훌륭한 망원경을 제작할 수 있었다.

케플러가 갈릴레이의 발견을 즉시 인정할 수 있었던 이유 가운데 또 하나는 갈릴레이가 참된 자연탐구자의 자질을 가지고 있음을 이미 알고 있었음을 들 수 있다. 이 점은 갈릴레이가 코페르니쿠스 체계를 믿는다고 고백한 첫 번째 편지를 케플러가 얼마나 열광적으로 받아들였는지 생각해 보면 잘 알 수 있다.

갈릴레이는 케플러에 대해서 항상 경의를 가지고 이야기했는데, 이는 그다지 이상한 일이 아니다. 왜냐하면 갈릴레이는 이미 1597년에 자연철학자로서의 케플러의 능력을 알아보았고, 케플러가 갈릴레이의 신뢰를 무너뜨릴 만한 일을 전혀 하지 않았기 때문이다. 더욱이 케플러는 『별들의 사자와의 논의』를 통해서 갈릴레이가 유럽에서 천문학자로서 명성을 얻는 데 큰 도움을 주지 않았던가? 또 그는 갈릴레이에게 자신의 중요한 저작들(『새로운 천문학』, 『광선 굴절학(Dioptrice)』(1611))을 보내 주기도 했다. 그래서 갈릴레이는 조석에 관한 그의 이론을 발표하면서 케플러를 "이 주목할 만한 효과에 관해서 사색한 위대한 사람 중의 하나"라고 표현했던 것이다. 한 친구에게 보낸 편지에서 갈릴레이는 케플러를 세심하고 열린 마음을 지닌 남자로 묘사하기도 했다.

케플러 쪽에서 본다면 그가 갈릴레이에 대해서 왜 그토록 호의적이었는지 이해하기는 쉽지 않다. 오히려 갈릴레이의 태도로 인해 일종의 적의가 생기는 것이 더 자연스러웠을 것이다. 갈릴레이는 케플러의 편지에 대해 여러 차례 답장을 하지 않았고, 더구나 당시의 책값이나 그 내용으로 생각해 볼 때 매우 귀중한 선물인 『새로운 천문학』과 『광선 굴절학』을 받고 아무런 감사의 말도 하지 않았으며, 또 금성의 상변화와 토성의 형태에 관한 아나그램을 가지고 케플러를 골려 주지 않았던가? 그러나 케플러는 갈릴레이에 관해 한마디도 부정적인 말을 하지 않았다. 이러한 태도는 아마 그가 갈릴레이를 아주 일찍이 참된 자연탐구자로 인정했고, 또한 케플러가 매우 강직하고 정직한 사람이었다는 데서 온 것일 것이다. 이처럼 당시의 과학연구는 그 과학자의 성품에 의해서도 영향을 받았던 것이다.

참고문헌

1. 조지 슈피로, 심재관 옮김, 『케플러의 추측』, 영림카디널, 2004.
2. 키티 퍼거슨, 이충 옮김, 『티코와 케플러』, 오상, 2002.

케플러, 『우주의 신비』(발췌)

　이 저작을 이제 나는 마침내 귀하신 분들, 각하들께 내어 놓습니다. 이 저작은 두께가 얇고 평범한 노력에 의해서 완성되었지만 아주 멋진 대상을 다루고 있습니다. 왜냐하면 햇수로 살펴보면 이미 2000년 전에 피타고라스가 그런 시도를 했기 때문입니다. 우리가 어떤 새로운 것을 원한다면 이제 처음으로 이 대상이 나에 의해서 인간 사이에 널리 알려지고 있습니다. 의미심장한 것을 원한다고요? 아무것도 우주보다 더 크고 넓지 않습니다. 존귀를 요구하십니까? 아무것도 우리의 밝게 빛나는 하느님의 전(殿)보다 더 훌륭하고 아름답지 않습니다. 비밀에 가득 찬 것을 알고 싶습니까? 아무것도 자연 속에 더 깊이 감추어져 있지 않습니다. 또는 더 깊이 감추어져 있지 않았습니다. 나의 대상은 모든 사람을 만족시키지는 않을 것인데, 그 이유는 그것의 유용함이 내용 없는 것을 설명하지 않는다는 것 하나 때문입니다. 여기서 문제가 되는 것은 성서에 의해서 그토록 높이 찬양되고 있는 자연의 책임입니다. 바울은 이방인들이 그 속에서 물이나 거울 속의 태양처럼 하느님을 보고 싶어 했기 때문에 그들을 나무랐습니다. 하느님을 참된 방식으로 찬양하고 경배하고 숭배하는 것이 우리의 임무인데, 왜 이제 우리 기독교도들은 이 보는 것을 덜 기뻐해야 합니까? 창조와 그 위대함을 더 잘 깨닫게 될수록 우리의 경의는 더 깊어질 것입니다. 진실로 창조주, 진정한 하느님에 대한 얼마나 많은 찬양 노래를 하느님의 진정한 봉사자인 다윗은 노래했는지요! 이에 관한 생각을 그는 하늘을 찬탄하며 보는 가운데 끌어냈습니다. 하늘은 하느님의 영광을 알려 준다고 그는 말했습니다. 나는 당신 손의 당신의 하늘, 당신이 기초 위에 세운 달과 별을 볼 것입니다. 크시도다, 우리 주님은. 크도다, 그의 힘은. 그는 별의 숫자를 세시며, 그것들의 이름을 모두 부르시는도다. 어느 다른 때 그는 성령과 성스러운 기쁨에 가득 차서 우주에다 외치시는도다. "찬양하라 너 하늘이여, 주님을. 그를 찬양하라, 태양과 달이여……." 하늘이, 별들이 음성을 가지고 있습니까? 그들이 사람처럼 하느님을 찬양할 수 있습니까? 그렇습니다. 우리는 바로, 그들 자신도 인간에게 주님을 찬양할 수 있는 생각을 제공함으로써 하느님을 찬양한다고 말하고 있습니다. 그래서 우리는 다음 페이지들에서 하늘과 자연의 혀를 풀어 그들의 음성이 크게 퍼지도록 합니다. 그리고 우리가 그 일을 할 때, 아무도 우리가 헛된, 쓸모없는 수고를 했다고 나무라지 않습니다.

이제 나의 대상에 도달하고 방금 설명한 새로운 세계에 관한 코페르니쿠스의 학설을 새 증거를 가지고 견고히 하기 위해서 나는 이 문제를 매우 간단하게 아주 처음부터 다루겠다.

입체는 하느님이 태초에 창조한 것이다. 우리가 이 개념을 소유하면 어째서 하느님이 태초에 입체를 창조하고 어떤 다른 것을 창조하지 않았는가가 어느 정도 분명해질 것이다. 나는 양이 하느님 앞에 있었다고 말한다. 이것을 현실화하기 위해서 입체라는 존재에 속하는 것이 모두 필요했다. 그러면 입체(이것이 입체인 한)의 양은 말하자면 형태이며, 그것은 개념규정의 출발점이 될 것이다. 하느님은 곡선(여기에서 곡선은 원으로 볼 수 있다)과 직선의 비교가 가능할 수 있도록 하기 위해서 무엇보다도 양이 존재하는 것을 원했다. 쿠자누스(Cusanus)의 후계자들과 다른 사람들은 내게 신처럼 높게 보이는데, 그 이유는 그들이 직선과 곡선의 관계를 아주 높게 평가했고, 곡선을 하느님, 직선을 창조된 것들에 부속시켰기 때문이다. 그러므로 피조물을 통해서 창조자를, 인간을 통해서 하느님을, 인간의 생각을 통해서 하느님의 생각을 파악하려고 하는 사람들은 직선을 통해서 곡선에, 정사각형을 통해서 원에 근접하려 하는 것보다 더 유용한 일을 할 수 없을 것이다.

그런데 왜 하느님은 세계를 장식할 때 곡선과 직선 사이의 그리고 곡선들의 고귀한 의미 간의 차이를 두었는가? 도대체 왜? 그 이유는, 가장 완전한 건축자는 반드시 가장 아름다운 작품을 만들어야 하기 때문이다. 왜냐하면 (키케로가 플라톤의 『티마이오스』를 본떠 그의 책 『우주에 관하여』에서 말하듯이) 가장 뛰어난 것이 가장 아름다운 것 외의 어떤 것은 만드는 것을 불가능하고 항상 불가능했기 때문이다. 그런데 창조자가 세계라는 관념을 정신 속에 갖고 있었고(우리는 인간이 이해할 수 있도록 인간의 방식으로 이야기한다), 이 관념의 내용은 이미 존재하는 어떤 것 그리고 내가 방금 말했듯이 어떤 완전한 것(창조될 작품의 형태가 마찬가지로 완전한 것이 될 수 있도록)이기 때문에, 이 법칙에 따라서 (하느님 자신도 그의 자비로움으로 이에 따르는) 하느님이 세계의 건설에 대한 관념을 자기 자신의 존재 이외의 것에서 가져올 수 없었다는 것이 밝혀진다. 이것이 얼마나 뛰어나고 멋진 것인지는 2가지 관점에서 논의될 수 있다. 하나는 하느님이 존재에서 한 분이고 삼위인 한 그 자신 속에서 그리고 피조물과의 비교에서.

이상, 이 관념을 하느님은 세계에 새겨놓으려 했다. 세계가 가장 좋고 가장 아름다운 세계가 될 수 있도록 그리고 그것이 저 관념을 받아들일 수 있도록 하기 위해 전지(全知)하신 하느님은 위대한 것을 창조했고, 양(이것의 모든 존재가 말하자면 직선과 곡선이라는 2개의 개념의 구분 속에 포함되어 있는)을 고안했다. 그리고 방금 이야기한 이중의 방식으로 곡선은 우리에게 하느님을 현현할 것이다. 우리는 또, 하느님을 상징화하기 위한 그런 적당한 구별은 대충 생겨난 것이기 때문에 하느님이 그에 관해서 전혀 숙고하지 않았고 오히려 입체로의 크기는 다른 이유와 다른 의지에서 만들어졌고, 그 다음에 직선과 곡선의 비교 및 그것들의 하느님과의 유사성이 저절로, 어느 정도 우연히 나타났으리라고 믿어서는 안 된다.

하느님이 창조자의 신성을 세계에 그려넣기 위해서 처음부터 자신의 어떤 의지에 따라 곡선과 직선을 선택했다는 것이 오히려 타당할 것이다. 이 둘의 존재를 가능케 하기 위해서 양이 있었던 것이고, 양이 파악될 수 있도록 하기 위해 그는 무엇보다도 입체를 창조한 것이다.

그러면 완전한 창조자가 이 양을 세계를 건설할 때 어떻게 사용했는지 그리고 그의 행동에 대한 우리의 고려에 따르면 무엇이 타당성이 있는 것으로 밝혀지는지 살펴보기로 하자. 우리는 그것을 옛 가정과 새로운 가정 속에서 찾으려 하며, 그것을 지닌 것에서 승리의 표를 건네줄 것이다.

전 세계가 하나의 구형으로 둘러싸여 있다는 것은 아리스토텔레스가 이미 아주 자세하게 언급했는데(『하늘에 관하여』, 제2책), 여기서 그는 증거로서 다른 것 외에 구의 표면의 뛰어난 의미를 들었다. 같은 이유에서 가장 밖의 항성 천구도 그것이 아무 운동도 하지 않는다면 이 모양을 하고 있다. 그것은 말하자면 가장 안쪽 품에다 태양을 중심으로서 지니고 있다. 다른 궤도들이 둥글다는 것은 별들의 원운동에서 밝혀진다. 따라서 곡선이 세계의 장식을 위해서 사용되었다는 것은 더 이상의 증거를 필요로 하지 않는다. 그러나 우리가 세계에서 3가지 종류의 양, 즉 입체의 모양, 수, 내용을 보는 반면에, 우리는 곡선을 단지 모양으로만 발견한다. 거기서는 내용은 조금도 중요하지 않다. 그 이유는 동일한 중심을 가진 비슷한 것에 의해 둘러싸여 있는 형상은(예를 들면 구가 구에 의해, 원이 원에 의해) 어디에서 접촉하든지 전혀 접촉하지 않든지 하기 때문이다.

6장

18세기
영국의 여성들
펜을 들다!
블루스타킹

이진옥

1.
블루스타킹 서클은
무엇인가

블루스타킹 서클은 1700년대 후반에 전성기를 누린 영국의 여성 지식인 그룹을 일컫는다. 이것은 프랑스 살롱 문화의 유입으로 영국에 만들어진 많은 서클과 그룹 중에서, 여성이 직접 주도하여 여성을 후원하며 문화적 산실의 역할을 해낸 모임이다. 특히 엘리자베스 몬터규(Elizabeth Montague)의 서클이 유명하다. 이 서클의 구성원은 주로 귀족 계층의 부인이나 딸이었으며, 후에 부르주아 여성으로 점차 확대되었다. 이 구성원들을 '블루스타킹'이라고 칭한다. 이후 블루스타킹은 영국 여성들뿐만 아니라 여성 지식인 전체를 아우르는 용어가 되었다.

18세기 영국 문화의 중심지였던 런던에서 지식인 여성이 스스로 서클을 형성하거나 소모임을 결성하고 있었고, 이들 중 유명해진 여성들은 대체로 예외 없이 이 블루스타킹 서클과 관련되어 있었다. 역사적으로 특히 18세기 말과 19세기 초에 여성 문필가들이 대거 등장할 수 있었던 것도 이 서클과 관련이 있어 보인다. 물론 여성이 자신의 이름으로 책을 출판하게 된 것은 비단 블루스타킹 서클의 영향만은 아닐 것이다. 소설이 대중적인 붐을 일으키고 독자층이 두꺼워지면서 여성의 활동 영역이 다소 넓어진 사회적 배경도 하나의 요인이다. 그러나 여성 문인들이 스스로 정체성을 확립하고 지속적으로 저술 활동을 할 수 있었던 배경이나 이유를 이 서클에 대한 고려 없이는 설명하기 힘들다.

영국에서는 18세기 이전까지 문학 살롱을 거의 볼 수 없었다. 17세기부터 신대륙을 통해 들어온 기호식품 중 특히 커피에 대한 수요가 증가하면서 커피하우스를 비롯한 각종 클럽이 보편화되기 시작했다. 중산층 지식인들은 자신의 부와 지식, 그리고 명성을 과시하기 위해 집 밖의 특정 장소를 선호했다. 특별히 문학적 토론을 위한 영국 최초의 토착적 모임은 알렉산더 포프(Alexander Pope)에 의한 것인데, 그것은 런던 근교 별장에서 주로 문필가나 그의 친구들, 왕가나 고위 귀족들이 정기적으로 만나 정치와 예술을 논하는 일종의 남성 전유의 모임이었으며 부수적으로 술과 담배와 카드놀이에 음담패설까지도 곁들여졌다. 이에 비하면 블루스타킹 서클은 남성들의 말투나 에티켓과는 전혀 다른 방식으로 운영된 여성적 서클이었고 주로 문학토론 활동에 자부심을 가지고 있었다. 1770년대와 1780년대에 블루스타킹 서클에 대한 명성이 퍼지면서 많은 여성이 이 서클의 사회적·지적 활동을 모방하고자 하였다.

사회 일각에서 지적인 여성에 대한 압력이나 비난이 완전히 사라진 적은 결코 없지만 블루스타킹 서클로 인해 최소한 펜을 든 여성을 표현하는 데는 분명한 변화가 있게 되었다. 그리고 블루스타킹은 당대에

'영국의 살아 있는 뮤즈들'로 칭송을 받으며 신문, 잡지는 물론 장식용 접시를 비롯하여 보석함이나 거울 뒷면 등에 등장할 정도로 인기를 끌었으며 그만큼 대중적 인지도도 상당히 높았다고 할 수 있다. 이들은 여성의 교육, 우정, 사랑, 결혼 등등에 관해 팸플릿과 책자를 발간하며 여성의 권리와 역할에 대한 문제를 제기해 왔다. 따라서 18세기 영국에서 여성 문제를 정치적으로 이슈화할 수 있었던 것도 메리 울스턴크래프트(Mary Wollstonecraft) 이전에 사실 블루스타킹 서클의 노력이 컸다.

2.
블루스타킹은
누구인가

　　　　　블루스타킹 서클의 구성원을 블루스타킹이라 불렀는데, 여러 단계의 변화를 거쳐 여성 지식인을 지칭하는 용어가 되었다. 18세기 영국의 여성 지식인들은 예상과는 달리 손에 꼽을 정도는 아니었다. 그들 대부분은 아버지에 의해 교육을 받거나 가정교사에게 남자형제들 어깨너머로 지식을 배울 수 있었다. 물론 가정교사를 들일 만큼 경제적으로 부유한 상류층 여성들이 대부분이었고, 무엇보다 계몽사상으로 의식이 깨인 아버지를 두어야만 했다. 그렇지 못한 여성들은 독학으로 지식을 습득했다. 하지만 블루스타킹 누구를 봐도 어머니가 딸들의 교육에 정성을 들인 경우는 없었다.

　블루스타킹이란 용어는 당시 귀족이었던 벤저민 스플링플리트가 남성 위주의 향락적 모임에 저항하고자, 귀족의 전통 복장인 하얀 울 양말 대신 '파란 양말'을 신고 나와 여성들에게 우호적인 입장을 견지한

그림 6-1 「대영제국의 살아 있는 9인의 뮤즈」
리처드 새뮤얼이 1779년 그린 그림으로 영국 런던 내셔널 포트레이트 갤러리(National Portrait Gallery)에 전시되어 있다.

데서 기인한다. 하지만 사실은 파리의 마담 폴리냐크의 살롱에 기원을 두기도 한다. 그 살롱에 나오는 이들은 모두 파란 양말을 신는 것으로 유명해 일반인들에게 알려졌는데, 마침 영국에서 스플링플리트가 이런 차림으로 나타나는 바람에 사람들이 그리 불렀다. 물론 그 이후 모임에서 여성 지식인이나 스플링플리트가 파란 양말을 신고 나왔다는 기록은 없으나, 파란 양말(즉, 블루스타킹)은 기존의 사회 질서에 저항하여 여성의 목소리를 담으려고 노력한 이들을 일컫는 고유명사가 되었다.

블루스타킹 서클의 회원은 명부도 남아 있지 않고 회비를 받은 기록도 없어 정확하게 알 수는 없다. 또한 몬터규의 서클만을 의미하지도 않았다. 즉, 블루스타킹 서클은 몬터규를 비롯한 여러 여성 지식인이 자신의 거실을 공공장소로 제공한 모든 모임을 일컬었으며, 따라서 회원은 그곳에 드나든 모든 사람을 의미한다고 볼 수 있다. 그래서 학자마다 블루스타킹의 정확한 숫자를 제시하는 데 논란이 있다. 최근의 연구 결과에 의하면 최소 6명에서 최대 15명으로 집계하고 있다.

여기서는 각별히 리처드 새뮤얼(Richard Samuel)이 1779년에 그렸던 「대영제국의 살아 있는 9인의 뮤즈(The Nine Living Muses of Great Britain)」로 지정한 인물들에 주목한다. 왜냐하면 그들이야말로 스스로 작가였을 뿐 아니라, 다른 여성 작가를 지원하였고 자신들뿐만 아니라, 왕립 아카데미에 문제의 그림을 전시한 새뮤얼을 비롯한 지식인과 일반인도 그들을 18세기 런던의 지적인 여성을 대표하는 지식인으로, 즉 블루스타킹으로 여기고 있었기 때문이다. 다른 유명한 지식인이자 자신의 서클을 유지하고 있었던 새뮤얼 존슨도 그들을 뮤즈로 불렀고, 유명한 출판업자인 조지프 존슨 또한 상업적 성격으로 여성을 위한 포켓북을 만들면서 이미 '9명의 뮤즈들'이란 제목을 썼다. 그만큼 뮤즈라는 호칭은 블루스타킹에게도 일반인에게도 익숙한 것이라 하겠다.

새뮤얼이 「대영제국의 살아 있는 9명의 뮤즈」라는 제목으로 왕립 아카데미의 한쪽 벽에 걸었던 그림을 보면 이들은 예술과 문학의 판테온의 구성원인 듯 묘사되어 있다. 그가 그린 뮤즈 9명은 샬럿 레녹스(Charlotte Lennox), 안젤리카 카우프만(Angelica Kauffmann), 애나 바볼드(Anna Barbauld), 엘리자베스 그리피스(Elizabeth Griffith), 엘리자베스 몬터규, 엘리자베스 카터(Elizabeth Carter), 캐서린 머콜리(Cathrane Macaulay)를 비롯해 프랜시스 셰리든(Frances Sheridan), 해나 모어(Hanna More)이다. 여기서 카우프만(화가)과 셰리든(가수)을 제외하면 모두 문필가이고 바볼드는 런던에 오지 않은 '지방의 블루스타킹(provincial Bluestocking)'으로 알려졌다.

블루스타킹이 서클의 모델로 삼은 여성은 프랑스의 마담 세비녜(Madame de Sévigné)였다. 그녀는 루이 14세 시대의 뛰어난 연대기 작가 중 한 사람으로, 딸에게 보낸 것을 비롯해 1,500여 통의 편지를 남겼다. 17세기 말 유럽의 문화적 기준을 세웠던 주요 인물 중 한 사람으로 평가받았던 그녀는 젊은 나이에 과부가 되었으나 다시 결혼하지는 않았다. 세비녜 부인은 도덕적으로나 지적으로 여성의 귀감이 될 만한 인물이었다고 할 수 있다. 블루스타킹들이 그녀를 역할 모델로 삼았다는 것만으로도 이 서클이 스스로 지적이고 교양 있는 여성만이 아니라 도덕적으로도 정숙한 여성이면서 동시에 시대를 대표하는 여성이 되고자 하였음을 보여 준다. 즉, 그들은 자신들이 추구한 모델로 추측컨대 스스로 계몽주의적인 엘리트 의식에 젖어 있었음을 알 수 있다. 이 서클은 무엇보다도 정기적인 사교 모임을 바탕으로 한 여성들 사이의 우정을 기초로 형성되었는데 직접 만나지 못할 때는 편지를 교류하여 서로의 관계를 돈독히 하였다.

여성 지식인들 중 가장 주목할 사람은 '블루의 여왕' 또는 '힐가의 여자 메세나스*로 불린 엘리자베스 몬터규이다. 그는 동생 세라 스콧(Sarah Scott)과 함께 서클을 유지하고 확산시키는 데 결정적인 역할을 한 사람이다. 엘리자베스가 이러한 지원을 할 수 있었던 것은 무엇보다도 경제적 여유이 있었기 때문이다. 그녀는 29세 연상의 부유한 귀족인 몬터규 백작과 결혼했다. 결혼 이후 그녀는 남편의 사업에 직접 뛰

---

* Gaius Maecenas(70?~8 BC). 문학과 예술을 보호한 고대 로마의 정치가로서 베르길리우스와 호메로스와도 친교를 유지하였다.

어들어, 봄과 가을에는 뉴캐슬에 머물면서 광산을 경영하며 수익을 냈다. 또한 여름에는 버크셔의 샌들포드의 영지에서 휴식을 취하거나 배스(Bath)나 턴브리지 웰스(Tunbridge Wells)의 온천 등 지방을 순회하며 상류층 친구들을 만났고, 겨울에는 런던에서 여러 모임을 주선하였다. 어린 시절부터 쾌활했던 그녀는 자신을 "비평가이면서 광산 소유자, 스튜어드 지주이며 사교적 인간"이라고 불렀다. 그만큼 그녀는 광산에서 나온 이익금을 자선 활동과 문학 후원에 쏟아 부었다. 이 시기에 실제로 직접 사업을 하며 경영 수완을 발휘한 귀족층의 여성은 거의 없었다.

몬터규는 런던의 힐 스트리트 저택을 개방하였는데, 그곳은 문화와 상업, 지성과 오락의 완벽한 조화가 가능한 곳이었다. 그만큼 문인들에게 사교장으로는 물론이고 사회 참여가 보장되는 공적 장소로도 적합한 곳이었다. 그녀는 1746년에 외아들을 잃고 나자 더욱더 사교계와 런던 모임에 치중하였고, 10여 년 뒤에 남편마저 사망하자 거처를 아예 런던으로 옮겨 대저택을 짓고 거기서 모임을 더 크게 키워 나가면서 열정적으로 문인들을 후원하였다. 남편 사후에 유산으로 지은 포트넘

그림 6-2 「엘리자베스 몬터규」
존 래피얼 스미스(John Raphael Smith)가 1776년 그린 그림으로 영국 런던의 내셔널 포트레이트 갤러리에 전시되어 있다.

(Fortnum) 가의 대저택을 스스로 '덕과 우정의 사원', 또는 '정숙한 기품의 궁전'이라 불렀을 정도로 그녀는 '문필 공화국'에 대한 열정을 드러냈고 동시에 그 열정을 아낌없이 돈을 쏟아 붓는 방식으로 증명하였다.

몬터규의 이러한 후원에는 경제적인 풍요로움 이외에도, 그녀 스스로『셰익스피어 논고』로 유명 비평가가 되었다는 것과 사교계 인맥도 한몫하였다. 그녀의 편지에는 항상 런던에서든 체류하는 지방 어디에서든 함께했던 당대 유력인사들과의 저녁 식사와 파티가 언급되어 있고, 친구들은 정치적 후원이나 추천을 원하고 있었다. 그만큼 그녀는 남편 몬터규 집안 덕분에 영국의 유력 귀족 가문과 연결되어 있었고, 왕실과도 인맥이 닿아 있을 정도였다. 게다가 그녀는 자신이 적극 지원했던 남동생들도 저마다 성공하여 법관이나 군대의 고위 장교가 되는 등 대단한 인맥의 한가운데 있었다고 해도 과언이 아닐 정도이다.

블루스타킹들 중 자신들의 이상형에 가장 가깝게 산 인물은 '미네르바'로 불렸던 엘리자베스 카터이다. 그는 아버지에 의해 라틴어, 그리스어와 히브리어까지 배워 고대 사상가인 에픽테토스(Epiktetos)의 전집을 번역하였다. 이는 여성들이 잘 하려

그림 6-3 「엘리자베스 카터」
지혜의 여신 '미네르바'로 불렸던 엘리자베스 카터를 그린 존 페이럼(John Fayram)의 그림(1735~1741)으로 런던 내셔널 포트레이트 갤러리에 전시되어 있다.

하지 않는 '어려운' 분야를 개척한 것으로 당시 가장 박식한 인물 중 한 명이었다는 의미이다. 게다가 아버지의 친구가 당시 유명 잡지인 『신사의 잡지』 편집장이었던 까닭에 '엘리자'라는 필명을 가지고 일찍부터 문인으로 활동하였다. 한편 그녀는 독신을 고수하며 여성으로서의 정숙과 품위를 지키기도 했는데, 한 예로 너무 유명세를 타자 아버지의 충고에 따라 고향인 켄트에 내려와 은둔하며 지냈다. 그러면서도 카터는 여러 블루스타킹과 편지 교류를 하면서 후배 여성들을 문단에 데뷔시키는 수고를 아끼지 않았다. 박식하면서도 자기를 과시하지 않는, 게다가 늙은 아버지를 끝까지 부양한 카터는 당대 여성이 가져야 했던 덕목을 완벽하게 실천한 인물로 칭송되기까지 하였다.

3.
그들의 유토피아:
밀레니엄 홀

1762년에 출판된 새라 스콧의 『밀레니엄 홀(A Description of Millenium Hall)』은 여성사 연구에서 중요한 위치에 있다. 이 책은 블루스타킹 서클의 이념을 대변하고 있다는 평가를 받은 것으로, 당시 여성이 처한 현실에 대한 고발이면서 동시에 그 현실을 타개할 구체적인 실천 방안을 담고 있다. 동시에 이 책은 14세기에 나온 크리스틴 드 피장(Christine de Pisan)의 『숙녀들의 도시』에서 영국 최초의 페미니스트로 불리기도 하는 17세기 메리 아스텔(Mary Astell)의 『진지한 제안』에서의 '프로테스탄트 수녀원'에 이르기까지 꾸준히 이어진 여성적 유토피아 문학의 계보에 한 자리를 차지하고 있기도 하다. 또한 이 책은 근대 페미니즘의 '고전'으로 불리는 『여성의 권리 옹호』(1792)와도 긴밀한 관계에 놓여 있다고 하겠다. 따라서 『밀레니엄 홀』은 적어도 영국에서 '여성 논쟁'이 어떻게 논의되고 전개되었는지를 살펴볼 수 있는 단초를 제공한다는 점에서 연구사적 의미를 지닌다고 할 수 있다.

많은 여성들의 '소원'인 경제적 자립에 기반을 둔 여성 생활공동체의 모습을 가장 잘 반영하고 있는 글이 바로 『밀레니엄 홀』이다. 게다가 등장인물이나 배경 역시 스콧의 경험과 일치시킬 수 있을 정도로, 순수한 소설이라기보다 거의 생활기록에 가까운 이 책은 소설 형식을 통해 블루스타킹 개개인들에 대한 스콧의 생각을 드러내면서 그들의 실제 생활과 경험을 묘사하고 있다고 해도 무방하다. 스콧의 '밀레니엄 홀'을 한마디로 이야기하자면 목가적인 풍경 속에서 소와 양이 평화롭게 풀을 뜯고 한쪽에서는 맹수들이 그들 곁에서 평화롭게 어슬렁거리는 곳에 있는 어떤 건물을 지칭하는 것으로, 실제로 어디에서나 볼 수 있음직한 시골마을을 떠올리면 된다. 다만 다른 점이 있다면 그곳에는 남성이 없다는 점이다. 또한 '밀레니엄 홀'은 다수의 여성이 책을 읽고 그림을 그리며 노래를 부르는 곳이자 그들이 소녀를 가르치는 일종의 학교이기도 하다.

'밀레니엄 홀'은 블루스타킹 서클의 거실을 런던의 서부 지역 어느 시골에 옮겨 놓은 것과 같다. 소설의 내용을 간략히 살펴보면 다음과 같다. 블루스타킹처럼 독신이거나 과부이며 부유한 상속인인 6명의 여인이 마음을 합쳐 시골 영지를 공동 구매하고, 그곳에 소녀들을 위한 학교를 세운다. 그리고 그들은 사회에서 소외된 자들, 즉 가난하고 버려졌거나 장애를 가진 이들을 모아 자선 단체를 설립한다. 그들은 자신의 친구이거나 친척 또는 인적 네트워크상에 위치한 사람들을 총동원하여 후원을 받고, 동시에 영지 내 거주민들과 함께 토지를 공동 경작하고 가축을 기르고 있다. 또한 그들은 농산물과 축산 가공품을 비롯해 일상생활에 필요한 소소한 물품을 직접 만들어 내다 팔아 경제적 자립을 이룬다. 스콧의 주장을 한마디로 말하자면 상류층 여성들이 런던의 화려하고 요란한 파티에서 벗어나 실제로 자선을 베풀 수 있는 기독교적 공동체를 만들어, 자신들의 능력으로 사회의 악을 개선하고 어린 여성들에게 글을 가르치며, 소외된 자들이 스스로 밥벌이를 할 수 있게 해 주는 기술이나 방법을 모색하자는 것이다.

책에서 6명의 여성이 모이게 된 계기를 각각의 사연을 통해 전달하고 있는데, 대부분 결혼에 실패하거나 사기를 당하거나 마음을 다치는 경험을 한다. 그리고 그 경험 속에는 항상 '나쁜' 남자들만 등장한다. 예를 들면, 그들은 소녀를 유혹해 이중 결혼을 하게 만들려는 위선자, 폭력적이며 권위적인 남편이자 아버지이고, 난봉꾼 애인, 야비한 남자, 아무 생각이 없으면서 경솔한 남자, 신뢰할 수 없고 무책임한 남

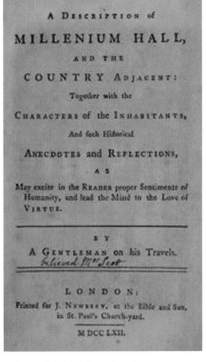

그림 6-4 『밀레니엄 홀』 초판 표지
여성사 연구에서 중요한 위치를 차지하는 새라 스콧의 1762년 소설

자들로 살인자나 도둑을 빼고는 다 있다고 할 수 있다.

따라서 '밀레니엄 홀'은 여성들만의 쉼터이다. 부모에게 버림받거나 혹은 남편의 폭력에 노출되었지만 다행히 운이 좋아 상속받을 수 있는 재산을 지닌 이들이거나, 혹은 그들의 친척에게 보호를 받을 수 있었던 여성들이 다 같이 살 수 있는 공간을 만든 것이다. 거기서 한 발 더 나아가 그들은 이 쉼터를 기독교적 공동체로 변모시켜 사회의 유용한 기구로 만든다. 그들은 자신들의 공동체를 시골의 한적한 곳에 만들긴 했으나 현실로부터의 일탈이나 퇴거가 아니라, 현실에 재적응시키는 사회화의 기능을 담당하는 학교로 만든 것이다. 즉, 『밀레니엄 홀』에서는 순전히 여성만의 공간으로 남성을 아예 배제시키거나 적어도 남성을 피하며 남성의 왕국에서 버려진 사회적 소수자들까지도 구성원으로 포함시켜 '덕스러운' 여성의 지도하에 건설한 새로운 사회를 그리고 있다. 이러한 『밀레니엄 홀』은 남성의 폭력성을 부각시켜 이성적인 여성들이 그들과는 도저히 공존할 수 없음을 공공연하게 표현한 책이라 하겠다.

『밀레니엄 홀』에서는 소박한 시골 마을에 메인 홀을 중심으로 3~4개의 건물 혹은 집이 공존하는데 그 사이에는 개울이 흐르고 정원이 펼쳐진다. 게다가 런던 근교의 장소, 즉 누구나 들를 수 있는 시골에 고대적인 유목적 공간이 펼쳐진 것이다. 르네상스 시기 이후로 줄기차게 읊고 찬미했던 장소인 고대적 풍경을 배경으로, 게다가 목가적이기까지 한 공간이 바로 옆에 펼쳐진 것이다. 사람들이 굳이 배를 타고 멀리 가지 않아도 되는 장소에 위치해서, 유토피아가 사실은 한 발짝만 나가면 거기에 있다는 이야기이다. 이러한 유토피아를 학자들은 '미시적 유토피아들(micro-utopies)' 혹은 '작은 사회들(petites sociétés)'로 명명하고, 18세기 유럽의 여성 작가들이 그려 낸 유토피아의 전형적 특징으로 보았다. 다시 말하면 먼 곳, 예를 들면 토머스 모어(Thomas More)처럼 섬과 같이 지리적으로 많이 떨어진 어떤 곳에서 찾거나 아니면 시간여행을 통해 유토피아를 발견하는 것이 아닌, 주변의 조그만 시골 여기저기에 소규모 공동체 형태로 만들 수 있게 상정한 것 자체가 지극히 여성적이라는 점이다.

4. 블루스타킹의 역사적 의의

블루스타킹이 여성의 글쓰기, 특히 여성의 교육에 남달리 관심이 많았다는 것은 그들이 출간했던 책과 교환한 편지에서도 잘 나타난다. 그들에게 교육개혁의 목표는 당대 지식인들의 보편적인 목표였던 '남편을 기쁘게 하고 편안하게 쉽게 하면서 아이들을 잘 양육하는 여성'이 아니라 남편에게 '어울리는 동료'로서의 여성이었다. 블루스타킹의 이러한 주장은 여성에게 최소한의 교양 교육을 의미하는 것이었다. 즉, 블루스타킹 우아하고 교양 있는 사회의 지도층 여성들로서 자신들을 비롯한 일련의 여성들이 사회의 동등한 구성원으로서의 품위를 유지하기 위한 하나의 조건으로서 교육을 권장하였다고 볼 수 있다.

그렇다고 해서 블루스타킹들의 교육관을 무시해서는 안 된다. 왜냐하면 그들의 사회적인 영향력을 고려할 때, 적어도 부르주아 이상의 계층에서는 딸을 가르쳐야 한다는, 그리고 여성이 배운다고 해서 결코 타락하는 것만은 아니라는 사고를 가질 수 있었던 것도 블루스타킹 서클을 통해 구체적으로 알게 되었기 때문이다. 그리고 이러한 블루스타킹의 노력으로, 여성에 대한 교육은 아내와 어머니가 되기 위한 여성의 '고유한 자질'을 기르는 것에 국한되어야 한다는 논의도 있었지만, 여성에게도 교육은 필수적이며 '이상적인' 여성이 되기 위한 주요 수단이라고 인식되기에 이르렀다. 주로 남성들이 생산하던 규범서에 여성이 필진으로 등장하면서, 당시 확산되고 있던 독서 대중에게 여성 주도의 대체 담론을 만들어 낼 수 있었던 것이다.

시대적 상황을 고려한다면 블루스타킹 서클의 영향력을 여성들만의 사교 모임이라고 과소평가해서는 안 된다. 왜냐하면 영국적 분위기(남성들만의 문학 카페가 수없이 많았다는 점)에서 블루스타킹 서클이 수많은 여성 작가를 후원하고 하나의 집단으로서 당시에 존경받는 여성 지식인이라는 모델을 만들어 낼 수 있었다는 점은 의의가 있기 때문이다. 즉, 여성의 공적 진출이 그리 쉽지 않았던 시대에 전문인을 꿈꾸는 여성 지식인들의 '사적이면서도 공적인 장소'가 바로 블루스타킹 서클이었다고 생각된다. 특히 페미니즘의 역사를 알기 위해서도 18세기의 중요한 여성 서클이며 거의 모든 여성 지식인이 망라되었다 해도 과언이 아닌 블루스타킹에 대해 정확히 이해할 필요가 있다. 다시 말해서 그들에 대한 이해 없이는 영국 페미니즘의 형성 과정과 그 전개방식을 비롯해 주요 인물들을 제대로 파악하기 어려울 것이다.

18세기 전반까지만 해도 여성이 지식을 추구하는 것은 가사를 돌보지 않거나 가정의 미덕을 포기하는 것으로 간주되었고, 심지어 지적인 여성은 남성의 권리를 침해할 소지가 큰 것으로 인식되었다. 남자는 여자에게서 지나치게 핵심을 꿰뚫어보는 능력을 발견하기를 원하지 않았다. 18세기에는 많은 소설의 표지에 실과 바늘이 끼워져 있었는데, 이는 여자에게 자신의 본분이 무엇인지를 상기시키기 위한 것이었다. 당시 상황이 이럴진대 하물며 글을 읽는 것을 넘어, 글을 쓰는 여자를 얼마나 위험하게 생각했을지 상상할 수 있다. 당시에는 적어도 현모양처를 위한 여성 아카데미 정도는 있었지만 여성이 고급의 지적 교육을 받을 수 있는 공식 학교는 없었다.

블루스타킹들은 실제로 당시의 유행서인 지침서 문학 장르에 한쪽 발을 담그면서도 다른 한편으로는 고전을 번역하고 셰익스피어를 해석하면서, 당대 글에 대해 비평하고 문단에 목소리를 내기 시작하였다. 그러면서도 남성 작가를 비롯한 일반인에게 유익한 글을 쓰는 여자로, 그리하여 글을 쓰는 여자가 위험하지 않다는 인식을 심어 주었다. 즉, 그들은 남성 작가들이 저어하는 '위험한 여자'의 경계선 이쪽저쪽을 넘나드는 전략적인 글쓰기를 구사하였다. 다시 말해서 그들은 어머니로서의 덕성과 아내로서의 의무를 강조하지 않으면서도 동시에 남성 작가들에 암묵적으로 동의하는 척하였고(실제로 동의한 여성 작가도 있었다), '여성의 정숙'을 건드리지 않으면서도 윤리와 상식에 어긋난 여성들을 (예를 들면, 42세에 26세 연하의 남성과 다시 결혼한 매콜리, 딸의 젊은 피아노 선생과 재혼한 스레일, 결혼 전에 이미 아이를 낳았던 울스턴크래프트) 공개 비난함으로써 스스로를 그러한 '위험한' 여성들과 확실히 선을 그어서 구별시켰다.

블루스타킹들은 이렇듯 스스로 존경받는 여성으로서의 이미지를 유지하면서도 다른 한편으로는 기존의 담론에 저항하면서 여성에게는 결혼과 출산이 평생의 굴레가 된다는 점을 드러내려 하였다. 그리고 그들은 실제로 결혼을 하지 않는 독신 여성도 사회에서 존경받을 수 있음을 스스로 증명하기까지 하였다. 즉, 그들은 여권을 입에 담지 않고도 여성교육을 당연시하게 만들었고, 늘어난 독서 대중에게 팸플릿과 책을 통해 조용히 그들의 사상을 보급시키고 있었던 것이다. 그들은 모든 것을 글로써 풀어내며 지식인이나 대중의 저항을 불러일으키지 않는 일종의 전략적인 글쓰기를 구사하였던 것으로 생각된다.

블루스타킹 서클은 영국의 페미니즘 문학(여성작가의 문학이든, 남녀평등을 내세우는 작품 모두를 의미하든)의 전통에서 분명히 일정 정도의 역할을 수행하였다. 그들은 여성만의 자리, 즉 그들만의 공간을 가지기 위한 노력을 게을리하지 않았다. 게다가 블루스타킹은 근대 이후에나 등장하는 페미니즘 운동의 핵심 개념이라고 할 수 있는 자매애를 선구적으로 실현하였다. 글만으로 세상을 금방 바꿀 수는 없겠지만 시간이 흐르면 변화는 분명히 나타난다. 그들은 결국 지식인을 비롯한 일반 대중에게 여자들이 펜을 드는 것이 전혀 위험한 일이 아니라는 생각을 하게 만들지 않았던가. 블루스타킹에게 글은 자신의 의견을 표현하는 수단이었고 편지는 그들 간의 토론을 위한 도구였다. 블루스타킹이 남긴 글이 후대에 계속 간행됨으로써 여성들에게, 그리고 여성에 대한 인식에 큰 영향을 미쳤다는 점이 이들의 가장 큰 업적이었다고 역설적으로 평가할 수 있다.

참고문헌

1. 슈테판 볼만, 조이한·김정근 옮김, 『책 읽는 여자는 위험하다』, 웅진지식하우스, 2006.
2. 주디스 브라운, 임병철 옮김, 『수녀원 스캔들─르네상스 이탈리아의 한 레즈비언 수녀의 삶』, 푸른역사, 2011.
3. 하이덴 린쉬, 김종대·이기숙 옮김, 『유럽의 살롱들─지금은 몰락한 여성 문화의 황금기』, 민음사, 1999.

1. 블루스타킹에 대한 당시 기사

많은 부인들이 매우 위트가 있었다. 그중 몇몇은 아주 박식했다. 그러나 우리는 지금까지 우리가 아는 한, 적확한 이해력과 엄정한 판단력을 지니면서 그토록 어려운 철학을 풀어내는 데 충분한 이 책들(에픽테토스 전집: 엘리자베스 카터의 저작)만큼 위대한 것을 본 적이 없다. 프랑스는 이제 더 이상 자국의 다시에(Anne Le Fèvre Dacier)를 더 이상 떠벌릴 수 없다. 게다가 우리의 여성(카터)은 지각이나 천재성에서뿐만 아니라 겸손함과 미모에서조차 그녀를 압도한다. (*Monthly Review, or Literary Journal*, vol. 18, 1758, p. 588)

2. 여성 연대(우정)에 대한 블루스타킹의 생각

우리 앞에 생활에 필요한 재산이 아무리 많다 해도 정신은 우리로 하여금 사회를 만들도록 추동하는 어떤 것을 가지고 있다. 이성은 대화와 진보를 갈망한다. 그리고 자비는 그것을 실현할 대상을 찾는다. 그래서 우정이라는 사회적 위안이 우리의 행복을 위해 필요하다. 그리고 그것을 향유하고자 하는 노력 없이는 행복은 불가능할 것이다. 우리가 아플

때 정신의 나태함은 우리로 하여금 대화의 기쁨을 갈망하게 하고, 건강할 때는 영혼의 활달함(생명력)이 우리로 하여금 대화를 하게 한다. (Sarah Scott, *A Description of Millenium Hall*, 1762, ed., Gary Kelly, Peterborough: Broadview Press, 1995, p. 111)

3. '밀레니엄 홀'의 생활 규칙

첫째, 여주인들의 재산은 공동으로 관리되는데 언제든지 나갈 수 있지만, 그럴 경우 재산은 이곳에 기부해야 한다. 그 이자는 공동체를 위해 쓰지만 만약 돈을 숨겼을 경우에는 강제 퇴거된다. 둘째, 침실은 각각 하나씩 가지고 거실과 식당은 공용이다. 셋째, 합리적 오락을 위한 모든 것, 즉 악기나 그 밖의 도구들은 모임에 제공된다. 넷째, 반드시 규칙적인 생활을 한다. 그 밖에 한 사람이 가사를 경영하고 그에게 충분한 수의 하인을 제공한다. 일주일에 한 번씩 회의를 하고 필요한 경우 각자에게 필요한 가사를 재분배한다. 1년에 25파운드의 용돈을 지급하고 사용처에 대해서는 간섭하지 않는다. 옷은 장식이 없고 깨끗하되 눈에 띄지도 않아야 하지만 그렇다고 똑같이 입을 필요는 없다. 질병에 걸렸을 경우 모든 비용을 후원회비에서 변제한다. 어느 숙녀라도 경솔하게 행동하면 추방될 것이고, 추방할 때 그의 재산은 돌려준다. 또한 누구든 소란을 피우거나 이 공동체의 평화를 방해하면 나머지 사람들이 그를 퇴거시킬 수 있다. 그럴 경우 반드시 비밀투표를 통해 결정하고 과반수 이상이 찬성해야 한다. (Sarah Scott, *A Description of Millenium Hall*, 1762, ed., Gary Kelly, Peterborough: Broadview Press, 1995, pp. 116~117)

4. 여성교육의 필요성에 대한 블루스타킹의 언급

(누이와 동등한 존재라는 걸 알게 되면) 이제 당신의 아들은 바깥에서가 아니라 여성에게서 좀 더 견고한 어떤 것을 얻기를 바라게 될 것이다. 그리고 여성에게 열등하다든가 약하다거나 사치스럽다며 (여성을) 비하하는 거짓말을 하지도 않을 것이다. 그들은 서로 도움을 주기 위해, (또 서로가) 가족의 일부로서 소중한 존재가 되려고 노력할 것이며 각종 집안일에 관심을 가질 것이다. 그리하여 그들 선조의 부당한 구별(남녀 구별 및 차별)은 그 핵심을 잃을 것이다. (Catharine Macaulay, *Letters on Education*, 1790, ed., Gina Luria, New York: Garland, 1974, p. 50)

5. 블루스타킹에 대한 후대의 평가

18세기 후반 여성들 사이에서 드러난 지극히 활발한 마음의 행위(대화와 모임, 셰익스피어에 관한 에세이 쓰기, 고전 번역 등)는 여성이 글을 씀으로써 돈을 벌 수 있다는 엄연한 사실에 기초하고 있습니다. 대가가 지불되지 않을 때에는 경박했던 일이 돈으로 위엄을 갖추게 됩니다. "끄적거리려는 참을 수 없는 욕망을 가진 블루스타킹"을 비웃는 것은 여전하였지만 그들이 지갑 안에 돈을 넣을 수 있다는 사실은 부정할 수가 없었지요. 그리하여 18세기 말경에 어떤 변화가 일어났는데, 내가 만일 역사를 다시 쓴다면 십자군전쟁이나 장미전쟁보다 그것을 더 충실하게 묘사하고 더 중요하게 생각할 것입니다. 즉, 중산층 여성들이 글을 쓰기 시작한 것이지요.(버지니아 울프, 이미애 옮김, 『자기만의 방』, 민음사, 2006, p. 100)

7장

조선인의
친구로 남은
일본인 독립유공자
후세 다츠지

이규수

1.
건국훈장을 수여받은
일본인

정부에서는 대한민국의 건국에 공로가
큰 사람이나 나라의 기초를 공고히 하는 데 크게 기여한 사람에게 국민
훈장을 수여한다. 당연한 이야기이지만, 훈장수여자는 목숨을 바쳐 한
국의 독립운동에 기여한 사람들이 대부분이다. 그런데 건국훈장을 수여
받은 인물 가운데 일본인이 있다. 후세 다츠지(布施辰治)는 지난 2004년
일본인 최초로 한국 정부로부터 건국훈장(애족장)을 수여받은 변호사이
자 사회운동가이다.

사람들은 그를 독일 나치 치하에서 죽어가던 유대인들을 도왔던 쉰
들러(Schindler)에 비유해 '일본인 쉰들러'라고도 부른다. 일제강점기 조
선인 독립운동가들은 각종 인쇄물에서 후세를 '우리의 변호사 후세 다
츠지'라 지칭하며 그에 대한 존경심을 아낌없이 나타냈다. 대체 어떤
삶을 살았기에 후세는 일본인으로서 건국훈장을 수여받을 정도로 한국

에서 높은 평가를 받고 있을까?

후세는 "옳고 약한 자를 위해 나를 강하게 만들어라. 나는 양심을 믿는다"며 일생동안 자유 평등 민권이라는 이념을 실천한 인권 변호사로서 많은 사람들로부터 존경을 받았다. 그의 일생은 묘비명에도 기록되어 있듯이 "살아야 한다면 민중과 함께, 죽어야 한다면 민중을 위하여"라는 좌우명으로 일관하여 일본 민중뿐만 아니라 당시 피압박 조선인들의 마음을 움직였다.

후세는 전 생애에 걸쳐 다양한 형태로 조선인과 관계를 맺었다. 후세는 조선공산당 사건으로 대표되는 치안유지법관련 변호인단의 일원으로 활약했다. 또, 법조활동뿐만 아니라 관동대지진이 발생했을 당시에는 일본관헌의 조선인 학살사건에 대한 조사와 항의활동에 주력했고, 조선인 유학생이 주최한 추도회에서도 이를 맹렬히 비판했다.

이 밖에도 후세는 '이재조선인구원회(罹災朝鮮人救援會)' 고문, 미에현(三重縣) 기노모토쬬(木本町)의 조선인학살 사건에 대한 진상조사활동, 수해 이재자의 구원활동, 조선인이 주최한 각종 강연회 연설, '재일조선인 노동산업희생자 구원회'의 결성, 형평사대회에서의 강연 등 그의 활약상은 '일본무산계급의 맹장'이라는 평가에 걸맞게 다방면에 걸쳐 있다. 조선인 활동가들은 후세를 가장 신뢰할 수 있는 일본인으로 평가했다.

변호사로서의 후세에 대한 평가는 다양하다. 후세의 장남이 집필한 두 권의 전기(傳記)에도 잘 나타나 있듯이, 후세는 일본 내에서 1928년 3·15 공산당 사건과 1929년의 4·16 공산당 사건의 변호를 담당했고, 1931년에는 공산당재판 중앙통일공판투쟁의 실질적인 변호단장으로 활약하여 치안당국으로부터 소위 '적색변호사'로 간주되었다. 또, 스스로도 신문지법 위반과 노농변호사단 사건에 연루되어 징계재판에 회부되거나 치안유지법 위반 등으로 세 번에 걸쳐 검거, 투옥되었고, 변호사 자격을 박탈당하는 수난을 겪기도 했다. 이런 연유로 후세는 일본을 대표하는 '사회주의·좌익변호사' 혹은 '인권·민중변호사'로 인식되었다. 그의 인도주의에 의거한 변호사로서의 실천 활동과 특히 식민지 민중에 대한 높은 관심을 고려하면 당연한 평가일 것이다.

2.
청빈을 실천하는
철학

후세는 1880년 미야기현(宮城縣) 오시카군(牡鹿郡) 헤비타무라(蛇田村)에 있는 한 농가의 차남으로 태어났다. 심상소학교(尋常小學校)를 졸업한 후 고등과에 진학하지 않고 한자서당에서 한학을 공부했다. 제자백가(諸子百家) 중에서도 묵자(墨子)의 겸애주의(兼愛主義)에 관심을 가졌다. 또, 자유민권운동의 지지자였던 부친 에이지로(榮二郎)의 영향을 받아 부친이 소장한 전기, 역사, 소설은 물론 동서양의 철학서적을 탐독하고 그리스도교에도 깊은 관심을 보였다.

후세는 특히 한학의 영향을 많이 받았다. 후세는 후술하듯이 사법관시보를 그만둘 때 발표한 「사직의 글(挂冠の辭)」에서 '사회정책으로서의 겸애주의'라는 표현을 자주 인용했다. 후세는 자신과 타자를 동

그림 7-1 후세 다츠지

일하게 사랑해야 한다는 겸애주의에서 인간의 평등성을 발견하고, 이에 기초하여 당시의 조선인을 일본으로부터 차별과 억압을 받는 이민족으로 바라보았다. 그의 이후 행적을 바라보면 인간의 평등성, 즉 '자신과 타자에 대한 동일한 사랑의 논리'는 민족의 평등성, 즉 '자민족과 이민족에 대한 동일한 사랑'으로 발전되었음을 확인할 수 있다.

후세는 1899년 고향을 떠나 도쿄에 상경하여 메이지법률학교(明治法律學校)에 입학했다. 후세가 대학에 진학한 것은 박애의 이상 아래 약육강식의 현실을 없애고, 이를 실행시킬 철학을 공부하기 위해서였다. 특히, 법률은 도덕과 더불어 사회생활의 원리이기 때문에 법을 배우는 것은 자신의 철학연구의 일부라고 생각했다. 후세는 입신출세가 아니라 청빈을 실천하며 철학을 배워야 한다는 소년기의 이상을 실현하고자 했다.

대학 재학 중 후세는 아시아의 여러 유학생과 많은 교류를 나누었다. 조선인과의 첫 만남도 그때 이루어졌다. 후세가 유학생들에게 관심을 보인 이유는 그들 역시 자신의 입신출세보다 조국의 현실과 미래를 염려하는 사람들이었기 때문이다. 후세는 나중에 타이완과 조선에 건너가 변호활동을 전개하는데, 여기에는 대학시절의 인간적인 유대가 크게 작용했다.

도쿄에 상경한 후세는 우치무라 간조(內村鑑三) 등의 그리스도교 사상과 운동에 관여하면서 기노시타 나오에(木下尙江), 가타야마 센(片山潜), 고우도쿠 슈스이(幸德秋水), 아베 이소오(安部磯雄) 등 전체적으로 그리스도교적 성격이 농후한 사회주의 사상과 운동의 영향을 받았다. 후세는 또 부친을 통해 자유민권운동의 민권의식을 기반으로 한 다양한 사상과 운동을 알게 되었다. 심지어 테러리스트 후루타 다이지로(古田大次郎) 등의 사상을 비롯하여 어떤 사상이든 그것이 사회악을 증오하는 것이라면 폭넓게 수용했다. 후세의 다양한 체험은 이후 그의 활동영역이 일본을 넘어 조선에까지 확장되는 데에 크게 작용했다.

3.
'자기혁명의 고백'

후세는 1902년 메이지법률학교를 졸업하고 판사검사등용시험(判事檢事登用試驗)에 합격하여 1903년 4월에 사법관시보(司法官試補)로서 우츠노미야(宇都宮) 지방법원에 부임했다. 하지만, 그는 같은 해 8월 사법관시보를 사직한다. 사직의 직접적인 이유는 모녀자살을 기도한 모친을 살인미수로 기소한 것에 대한 반발 때문이었다. 후세는 검사의 직책에 대해 '늑대와도 같은 일'이라고 비난하는 「사직의 글」을 발표하고 도쿄에서 변호사명부에 등록했다.

후세는 이 시기부터 톨스토이의 '러일비전론(露日非戰論)'에 깊이 공감하여 휴머니즘 입장에서 사회문제에 적극적인 관심을 표명했다. 후세는 톨스토이 휴머니즘의 가장 충실한 제자로서, 1910년대 초에 부친이 서재에 걸어둔 톨스토이의 사진 앞에서 기도하면서 자신을 강하게 해달라는 말을 했을 정도였다.

후세는 1906년의 '도쿄 시 전차 인상반대 시민대회사건'으로 사회주의자 야마구치 요시미(山口義三)를 변호함으로써 처음으로 사회문제에 관여하기 시작했다. 또, 1910년에는 메이지(明治) 천황의 암살을 계획한 고우도쿠 슈스이(幸德秋水) 등의 대역사건(大逆事件)에서 간노 수가(管野スガ)의 변호를 자청했지만, 주임변호사로부터 법정 발언으로 문제를 일

으킬 가능성이 있다고 판단되어 거절당했다. 이 밖에도 후세는 각종 노동쟁의와 쌀소동 등의 재판에 관여하고, 보통선거 요구운동과 공창(公娼) 폐지운동도 전개했다.

후세가 1918년과 1919년에 담당한 수임 건수는 1918년에 형사 190건·민사 26건, 1919년에 형사 192건·민사 27건에 달했다. 여기에 취하된 사건까지 포함하면 1년에 취급한 사건 수는 250건이 넘었다. 1개월간의 법정출정 횟수는 많을 때는 135건, 적을 때에도 90건을 상회하는 것으로 일평균 4건 정도였다. 변호사로서의 정력적인 활동이었다.

후세는 한국강점을 전후로 조선에 대한 관심을 표명하기 시작했다. 후세 자신의 회고록에 의하면, 그는 일본에 의한 한국강점을 비난하고 조선인과 조선독립에 대해 논의했다고 한다. 1911년에 작성한 「조선의 독립운동에 경의를 표함」이라는 글이 문제되어 검사국으로부터 조사를 받았다.

후세가 조선에 본격적으로 관심을 드러낸 것은 3·1운동을 전후한 시기이다. 1920년 5월에 후세는 사회적으로 분출된 보통선거운동과 사회단체의 결성을 계기로 '전통적인 변호사'로부터 '민중의 변호사'로 변신하겠다는 장문의 「자기혁명의 고백」을 선언했다. 이것은 경제적으로 성공한 변호사로서의 입신출세를 거부하고 사회의 약자와 더불어 살아나가겠다는 의지 표명이었다(읽기 자료 1 참조).

후세는 「자기혁명의 고백」을 통해 처음으로 일본 국내의 사회문제만이 아니라 조선인의 이익을 위해 투쟁하는 사건에도 직접 나서겠다고 선언했다. 일본인만이 아니라 조선인과 대만인을 향한 양심선언이었다. 일본인 운동가와 사상가의 민주주의적 성향을 가늠하는 기준의 하나로 식민지 문제와 피억압 민족에 대한 인식을 들 수 있는데, 이 점에서도 후세는 그 누구보다 앞선 선각자였다.

후세가 조선 문제에 관심을 표명한 배경에는 1919년 2월 8일 도쿄에서 거행된 조선청년독립단의 2·8독립선언과 이어서 조선 각지에 전개된 3·1운동의 여파가 크게 작용했다. 「자기혁명의 고백」의 선언 이후, 후세는 일본 내 노동운동, 농민운동, 무산정당운동, 수평운동 등에 적극적으로 관여하기 시작했다. 그리고 1921년에는 고베(神戸)의 미츠비시(三菱)·가와사키(川崎) 조선소의 쟁의 지원을 계기로 야마사키 게사야(山崎今朝彌)와 함께 자유법조단(自由法曹團)을 결성하여 조직적인 변호활동을 전개하기 시작했다.

후세의 활동영역은 변호에 그치지 않았다. 사회적 약자를 위한 무료 법률상담과 시사강연회를 지속적으로 진행해 나갔다. 사법제도 혁신을 위한 판결과 변론 등을 공개하기 위해 『법정으로부터 사회로(法廷より社會へ)』(1920년 6월~1921년 8월), 『생활운동(生活運動)』(1922년 11월~1927년 5월), 『법률전선(法律戰線)』(1927년 7월~1930년 11월)을 10년에 걸쳐 간행하는 등 개인 저작활동에도 힘을 쏟았다. 「자기혁명의 고백」을 통해 변호사로서의 부귀영화를 미련 없이 버리고 식민지 문제를 포함한 사회운동의 최전선에 뛰어들었다.

4.
계급적 관점에서 본
조선해방문제

후세는 「자기혁명의 고백」을 전후로 2·8 독립선언으로 검거된 최팔용(崔八鏞), 백관수(白寬洙) 등 9명에 대한 '출판법 위반사건' 제2심 변호인으로 활약했다. 재판의 결과는 징역 9개월 이하의 유죄판결이었지만, 조선인들은 무료로 변호를 담당한 후세에게 커다란 신뢰를 가지게 되었다. 이를 계기로 후세는 이후 조선인 관련 사건 변호와 각종 구원운동에 적극적으로 참가했다.

1920년 9월에 후세는 「조선의 모 피고에게(朝鮮の某被告に宛て)」라는 편지에서 조선 방문을 통한 변호 의지를 표명했다. 편지의 수신자는 불명확하지만, 아마도 3·1운동에 관련한 혐의로 재판에 회부된 활동가였을 것이다. 후세는 조선 문제를 아주 크고 복잡하며 세계적이고 인도적인 문제로 인식했고, 조선인 또한 후세의 활동상을 익히 알고 있었음이 분명하다. 조선 문제를 엄정하게 비판하려는 후세의 시도는 조선인들과의 교류를 통해 한층 깊어 갔다.

「자기혁명의 고백」 이후 후세의 한국인식이 가장 잘 나타난 문장은 『아카하타(赤旗)』 1923년 4월호에 게재된 「무산계급으로부터 본 조선해방문제(無産階級から見た朝鮮解放問題)」에 대한 설문회답이다(읽기 자료 2 참조).

여기에서 후세는 '무대가 무대인 점'과 '특별한 문제가 포함되어 있다'고 답변함으로써 무산계급 일반의 문제로는 해소할 수 없는 식민지 조선의 독자적인 문제를 간파하면서도, 조선에서의 극심한 착취는 무산계급 해방의 '도화선'이 될 수도 있다는 인식을 표명하였다. 이러한 인식은 그가 1923년 7월 조선을 처음 방문했을 때, 조선 문제의 해결은 총독정치에 대한 비판만이 아니라 '세계 개조'를 통해 이루어져야 한다는 인식으로 이어진다.

후세는 조선인 활동가들이 주최한 환영석상에서 "조선인은 총독정치를 비판하거나 총독부의 정책을 논하는 등 조선통치에만 구애받고 있다. 현대의 적(敵)은 부분의 문제에 있지 않다. 세계 개조를 외치는 시대에 접어들었고 이러한 세계 개조에 따라 조선 문제도 해결될 것"(「北星會巡廻講演會入京ノ件」(京本高第5163號), 1923년 7월 31일)이라 말했다. 식민지문제, 즉 민족문제는 계급해방을 통해 해결되어야 한다는 사실을 새삼 확인해 준 말이다. 후세가 말하는 '세계 개조'란 물론 러시아혁명 이후의 신사조, 지주와 자본가를 타도하여 농민과 노동자가 주체가 되는 새로운 사회를 추구한 계급해방투쟁을 말한다. 후세 또한 이러한 당시 사조에 충실히 순응했음을 알 수 있다. 조선인 활동가들이 후세를 '일본 무산운동의 맹장'이라고 높이 평가하는 이유는 다름 아닌 식민지라는 폭압체제 속에서 피압박민족의 이익을 몸소 대변하려는 후세의 성실한 자세를 발견했기 때문일 것이다.

5.
조선 방문과
관동대지진

후세는 1923년 7월 말 처음으로 조선을 방문했다. 조선인 유학생 사상단체인 북성회(北星會)가 주관하고 동아일보사가 후원한 하기순회강연회에 참가하기 위해 북성회원인 김종범(金鍾範), 백무(白武), 정태신(鄭泰信)과 함께 조선을 방문했다. 북성회 회원들은 일본 내에서의 후세의 활약상을 높이 평가하고, 그를 조선에 초청하여 조선 문제를 국제적으로 여론화시키려 했을 것이다.

조선 내 11단체 60여 명은 후세의 방문 당시 서울역에 각 단체 깃발을 내걸고 강연단을 환영했다. 『동아일보』는 서울에서의 첫 강연에서 열변을 토하는 후세의 사진을 게재하고, 사설을 통해 "금번 후세가 조선을 보고 발표한 감상담 중에는 극히 작은 부분이지만은 조선인적 감정으로 조선을 바라보고 있다는 것을 발견할 수 있었다"(『新人의 朝鮮印象: 布施辰治氏의 感想談』, 『동아일보』, 1923년 8월 3일자)며 후세의 발언을 대대적으로 보도했다. 조선인 활동가들은 직접 처음으로 대면하는 후세의 언동을 통해 '극히 작은 부분'이지만 조선의 입장에서 문제를 바라보려 한다는 것을 확인했다.

후세를 중심으로 한 강연단은 8월 1일 서울에서의 강연을 시작으로 12일까지 남부 각지에서 10여 회에 걸쳐 강연회를 개최했다. 『동아일보』는 '인간생활의 개조운동과 조선민족의 사명'이라는 제목의 강연 기록을 일요판 특집으로 게재했다. 후세는 강연활동을 통해 커다란 반향을 불러일으켰고, 성실한 모습을 조선인들에게 보여 주었다. 강연단이 갈 수 없었던 마산에서는 후세가 단독으로 강연회를 개최했고, 또 체제 기간 중에 경성지방법원에서 열린 의열단원 김시현(金始顯)의 재판을 변호했다.

후세는 강연 일정 때문에 김해(金海)에서 담당변호사였던 이인(李仁)에게 "사법재판의 권위를 위하여 독립운동을 초월한 인격독립의 사상 대책을 기대한다"는 변론요지와 김시현에게 위문전보를 보냈다. 조선인 활동가들은 듣던 대로 후세가 '일본 무산운동의 맹장'임을 직접 확인함으로써 앞으로 전개될 법정투쟁에 후세의 지원을 요청할 수 있다는 확신을 지녔을 것이다.

후세가 일본에 귀국하자, 그를 기다리고 있었던 사건은 관동대지진이었다. 1923년 9월 관동대지진이 발생하자, 후세는 조선인 학살사건을 조사 고발하기 위해 자유법조단의 선두에 서서 활약했다. 하지만, 자유법조단은 당국의 방해공작으로 학살의 진상을 정확히 규명할 수 없었고 조사결과도 발표할 수 없었다.

한편 후세는 도쿄의 조선인 유학생들이 10월에 결성한 '도쿄지방이재조선인후원회(東京地方罹災朝鮮人後援會)'에 고문으로 참가했고, 12월에 개최된 '피살동포추모회'에서 추모연설을 하였다. 후세는 조선인 학살에 대해 당국의 태도를 비판하면서 "생각하면 생각할수록 너무나도 무서운 인생의 비극입니다. 너무나도 가혹한 비극이었습니다. 특히, 그중에는 조선에서 온 동포의 마지막을 생각할 때, 저는 애도할 말이 없습니다. 또, 어떤 말로 추도하더라도 조선동포 6천의 영령은 만족하지 않을 것입니다. 그들을 슬퍼하는 천만 개의 추도의 말을 늘어놓더라도 무념에 가득 찬 그 사람들의 마지막을 추도할 수 없을 것입니다"(『大東公論』2-2, 1924년 11월호)라고 말했다.

후세의 연설문은 당시 조선인 학살을 규탄하는 문장 중에서 가장 격렬한 것이었다. 학살에 대한 분노와 아쉬움이 추도사 전문에 가득 차있다. 후세는 조선인 학살문제를 인재(人災)로 인식했다. 1926년 3월 두번째로 조선을 방문했을 때, 후세는 도착 직후 관동대지진에 대한 사죄의 글을 『조선일보』와 『동아일보』에 각각 우송할 정도로 조선인 학살문제에 대한 애도를 표명했다.

6.
연이은
인권옹호활동

조선 방문 이후, 후세와 조선과의 관계는 더욱 깊어졌다. 후세는 의열단원 김지섭(金祉燮)의 '폭발물취체벌칙위

반사건'의 변호(1924년), 박열(朴烈)과 가네코 후미코(金子文子)의 '대역사건' 재판의 변호(1926년), 조선수해이재민구원운동(1925년), 조선인 폭동을 상정한 오타루 고등상업학교(小樽高等商業學敎)의 군사교련에 대한 항의운동(1925년), 미에현(三重縣) 기노모토초(木本町)에서의 조선인 살해사건의 진상조사(1926년) 등 다방면에 걸쳐 눈부신 변호활동을 전개했다.

특히, 후세의 일생에서 떼어 놓을 수 없는 것은 박열과의 만남이었다. 박열은 1921년 동지들을 모아 혈권단이라는 단체를 만들어 도쿄 유학생들 가운데 반민족 친일 부패분자들을 습격해 폭력을 가했다. 이 과정에서 박열은 관헌에 체포되었는데, 후세의 변론으로 정식재판을 청구해 무죄 석방되는 인연을 맺었다. 후세와 박열의 관계는 당시 박열을 무죄로 석방해 준 것이 전부가 아니었다. 후세는 박열이 1923년 '대역사건'으로 기소된 후 3년여 간의 재판과정에서 그에 대한 무죄를 시종일관 주장했다. 일본의 국체를 송두리째 부정하는 박열의 변호는 그야말로 목숨을 건 법정투쟁이었다. 더구나 변론과정에서 옥사한 가네코 후미코의 유해를 몸소 거두어 박열의 고향으로 운구하는 등 끈끈한 우정의 관계를 맺어 나갔다.

1926년 3월에는 두 번째로 조선을 방문하여 전남 나주군의 궁삼면 토지사건을 조사했다. 궁삼면 토지회수운동은 조선후기부터 식민지기에 걸쳐 봉건지배층과 동양척식주식회사를 상대로 전개된 토지탈환투쟁이었다. 궁삼면 농민들은 동척의 불법적인 토지매수에 맞서 '토지소유권 확인소송'과 '토지소유권 청구소송'을 제기하는 등 재판을 통해 토지소유권을 찾으려 했다. 하지만, '토지조사사업'기에 이루어진 일련의 재판은 동척의 토지소유권을 법적으로 확정하는 절차에 지나지 않았다. 이에 농민들은 일본에 대표를 파견하여 토지문제의 상담과 소송을 의뢰하기 위해 후세를 방문했다. 농민들은 '프롤레타리아의 친구, 변호사계의 반역자 후세 다츠지'라는 광고를 익히 들었기 때문이었다.

후세는 농민대표의 의뢰를 받아들여 1926년 3월 2일부터 11일까지 조선을 방문했다. 후세는 농민들의 작성한 '서약서'와 '토지회수불납동맹혈서'를 보고 농민들의 열정에 감격했다. 이 두 번째 조선 방문은 '조선인의 이익을 위해 투쟁하는 사건'을 변호하겠다는 자기실천과정이기도 했다. 또, 후세는 토지문제를 조사하면서 식민지 농촌문제의 심각성을 직접 체험할 수 있었다. 후세는 "조선무산계급 농민의 생활고에 눈물을 흘리지 않을 수 없다. 또, 소위 식민지정책의 피지배 계급에 대한 압박에 분개할 수밖에 없다. 사회문제 중의 사회문제이고 인도문제 중의 인도문제"(『朝鮮の産業と農民運動』, 6쪽)라며 애절한 감회를 토로했다.

1927년 후세는 세 번째로 조선을 방문했다. 방문 목적은 박헌영(朴憲永) 등 조선 공산당 사건을 변호하기 위해서였다. 공산당 사건의 변호단

그림 7-2 후세 다츠지 현창비

은 이인(李仁), 김병로(金炳魯), 허헌(許憲) 등을 중심으로 일본으로부터 후세와 후루야 사다오(古屋貞雄)가 가세했다. 후세는 자유법조단, 후루야는 노동농민당(勞動農民黨)으로부터의 파견이라는 형식이었다. 하지만, 지금까지의 행보를 고려할 때 후세는 조직의 결정이 아니더라도 사건 변호를 자신의 의무로 받아들였을 것이다.

공판 개시를 앞두고 후세는 사건 관련자 101명에게 장문의 편지를 발송했다. 후세는 이 편지와 함께 '변호참고사건조서'를 동봉하여 기재를 요청했는데, 변호를 위한 철저한 준비와 성실함을 엿볼 수 있다. 공판은 9월 13일부터 일반인 방청이 금지된 상태에서 파행적으로 진행되었다. 그사이 후세는 도쿄에서 대기하면서 재일조선인이 개최한 '조선총독폭압정치비판연설회'에 연사로서 참가했다.

후세는 공산당 사건을 '조선동포 전체의 사건'으로 간주하여 조선의 독립운동을 정당한 것으로 바라보았다. 조선 공산당 사건의 공판은 피고에 대한 고문이 폭로되는 등 우여곡절을 겪었다. 후세는 일주일 정도 조선에 체재하고 일본에 귀국하여 항의운동의 선두에 섰다. 재일조선인과 함께 총독부 정무총감 유아사 구라헤이(湯淺倉平)를 방문하여 항의의 뜻을 전달했다. 12월에는 네 번째로 조선을 방문하여 공판의 최후변론을 맡았다. 최종판결은 12명을 제외하고 전원 유죄판결이 내려졌다. 이후에도 후세는 1929년 재일조선인과 함께 '재일조선인 노동산업희생자 구원회'를 결성하고, 1931년에는 김한경(金漢卿) 등의 치안유지법 위반사건을 변호했다. 법정에서의 후세의 활약은 많은 조선인들에게 기억되기에 충분했다.

7.
식민지 농촌문제와
제국주의

후세는 1922년 박열(朴烈)이 발행한 잡지 『불령선인(太い鮮人)』 제2호에 '프롤레타리아의 친구, 변호사계의 반역자 후세 다츠지'라는 광고를 게재했다. 후세가 이러한 광고를 게재한 것은 「자기혁명의 고백」의 실천방안으로 내세웠던 '조선인의 이익을 위해 투쟁하는 사건'에 스스로 참여하기 위해서였다. 또, 후세와 조선과의 관계에서 그를 높이 평가하는 근거 중의 하나는 조선인 활동가만이 아니라 현장의 일반 대중에게도 애정 어린 관심을 보였기 때문이다.

관헌은 후세의 조선 방문을 달가워하지 않았다. 특히, 두 번째 방문 시에는 후세의 방문이 농민을 자극하고 동척을 위태롭게 할 것이라며 경찰 권력을 동원해 농민에 대한 압박을 가중시키겠다고 협박했다. 후세는 이에 굴하지 않고 현지에 도착하여 곧바로 개별조사와 실지답사를 실시했다. 조사방법은 후세가 미리 준비한 두 종류의 조사표 용지에 의한 것이었다. 조사표 내용은 먼저 실지면적을 조사하고 민유지라는 근거, 동척으로의 편입과정, 앞으로의 토지문제 해결방안 등을 묻는 것이었다. 후세의 사건에 대한 철저한 준비성을 새삼 엿볼 수 있는 대목이다.

후세는 현지조사와 더불어 바쁜 일정에도 불구하고 각종 강연과 조사활동도 전개했다. 대구, 대전, 광주, 전주, 서울 등지에서 조선인 활동가의 주최로 시국강연회를 열었다. 광주노동연맹 등이 주최한 강연회에서는 "용이하게 듣지 못하는 기회에 오라! 왔다! 왔다! 후세 씨! 또

왔다! 일본무산계급의 맹장!"이라는 선전벽보를 통해 후세의 강연회를 널리 알렸다. 또, 후세는 각지로 이동하면서 각지의 상황을 면밀히 조사하는 성실함을 보였다. 전주지역의 이도전주청년회, 전주신문배달인조합, 전주양화직공조합, 전주철공조합, 전주여자청년회, 금요회, 전주인쇄공조합, 전북청년연맹의 상황 등을 자세히 조사했다. 상상을 초월한 강행군 속에서 이루어진 조선의 민중에 대한 애정의 발로였다.

일본에 귀국한 후세는 1926년 4월 '조선문제강연회'를 통해 토지문제 조사결과를 밝혔다. 그의 식민지와 농촌문제에 대한 인식을 엿볼 수 있는 강연이었다. 먼저 후세는 식민지 조선 문제를 조선 국내만의 문제가 아니라 국제적인 문제로 인식했다. 즉, "조선 문제는 국제적인 분규를 일으키는 사건이다. 조선 문제는 결코 조선에만 한정된 문제가 아니다. 조선 문제는 동양의 발칸문제이다. 조선은 세계평화와 혼란을 좌우하는 열쇠이다. 전 세계의 문제이면서 전 인류의 문제이다"(『朝鮮の産業と農民運動』, 6쪽)라고 지적했다. 후세는 이어서 일본 제국의회에서 이루어진 조선 문제 관련 질의응답을 조사하여 경제적인 측면에서 일본의 식민지 지배를 합리화하려는 논조를 비판했다(읽기 자료 3 참조).

후세가 이처럼 정치적인 문제와 경제적인 문제를 구분하여 식민지 통치를 적절하게 비판할 수 있었던 것은 조선의 농업문제에 대한 관심때문이었다. 후세는 비록 관헌 측 문헌이지만, 각종 간행물을 통해 조선농업의 문제를 상세히 파악했다. 농업지대, 기후, 주요농산물 등에 대한 사전 지식을 겸비했고, 토지소유관계에 대해서도 해박한 지식을 지녔다. 후세의 식민지 정책에 대한 지적은 식민지 일반에 대한 것만이 아니라 구체적인 근거에 의거한 비판이었다.

또, 후세는 조선을 방문하고 귀국하면서 일본으로 건너가는 조선인의 상황과 그들이 소지한 금액까지도 면밀히 조사했다. 그의 조사기록에 의하면 승선인원 760여 명 가운데 조선인은 640여 명이고 나머지는 일본인이었는데, 조선인 중 유학생은 10명, 나머지는 모두 노동자였다. 노동자 중에서 150여 명은 일시귀국자이고, 나머지 500여 명은 처음으로 일본에 건너간 사람들이었다. 조선농민의 해외로의 유출구조를 정확히 파악하려는 자세가 돋보인다.

후세는 이러한 조사의 결과 "도항노동자는 조선농촌에 살 수 없게 된 무산계급 농민이 어쩔 수 없이 도항하게 된 것이다. 그럼에도 불구하고 관헌 측은 도항자에 대해 준비금을 철저히 조사하고 부족한 자에 대해서는 도항 금지를 내리는 등 엄격한 취체(取締)를 실시하고 있다. 조선 노동자는 조선에 있어도 아무 것도 먹을 수 없고, 살아 나갈 수 없는 생활고에 찌들고 있다는 것을 알았다"(『朝鮮の産業と農民運動』, 36쪽)고 밝히고 있다. 후세의 인식은 관련서적만이 아니라 현장조사를 통해 습득된 생동감 있는 인식이었다.

후세는 이러한 인식을 바탕으로 당시의 농업정책인 '산미증식계획'의 본질을 정확히 지적했다. 후세는 결국 식민지 농업정책이 결과적으로 일본의 인구와 식량문제 해결을 위해서만 존재한다고 보았다. 즉, 총독부가 주장하는 '식민지 근대화'는 조선인의 농촌사회로부터의 유출을 가속화시킬 뿐, 조선인의 이익을 대변하는 것이 아니라는 사실을 누누이 지적했다.

후세는 일찍이 일본 국내의 각종 소작쟁의사건의 변호도 담당했다. 또, 농민운동을 체계적으로 지원하기 위해 자비출판 형태로 『소작쟁의의 전술과 조정법의 역용(小作爭議の戰術と調停法の逆用)』(1930년)을 출판했고, 효과적인 법정투쟁의 길잡이로 『소작쟁의 법정전술 교과서(小作爭議法廷

戰術敎科書)』(希望閣, 1930년)를 집필했다. 후세의 농민문제에 대한 관심은 이후에도 지속되었다. 1927년에는 타이완의 이림자당(二林蔗糖) 농민조합 소요사건을 변호하기 위해 타이완에 건너갔다. 그의 말대로 식민지적 수탈에서 출발한 농민운동은 동아시아 차원에서 계급해방운동으로 합류될 것으로 확신했기 때문이었다.

8.
살아야 한다면 민중과 함께,
죽어야 한다면 민중을 위하여

후세는 「자기혁명의 고백」 이후 자유법조단, 해방운동희생자구원변호단, 일본노농변호사단을 거점으로 전투적이고 파란만장한 활동을 전개했다. 투쟁의 상대는 발흥하는 일본 파시즘이었다. 후세는 1928년 합법적으로 가장 좌익이었던 노동농민당(勞動農民黨)에 입당한다. 해방운동희생자구원변호단의 법률부장으로서 일본의 '3·15 공산당 사건'과 1929년의 '4·16 공산당 사건'의 변호인으로 활약했다. 당시는 치안유지법에 의한 공산당 탄압사건이 계속된 시기였다. 후세는 이들 재판의 변호를 위해 분주히 활동했는데, 이것은 후세가 추구하는 인도주의, 인권옹호, 사상의 존중이라는 정치노선의 실천 과정이었다.

후세는 1932년 법정을 모독했다는 이유로 징계재판에 회부되어 변호사 자격을 박탈당한다. 그리고 1933년 후세는 신문지법, 우편법 위반으로 기소당하여 금고 3개월의 실형을 언도받았다. 또, 출옥 직후 일본노농변호사단 일제검거사건에 연루된 것도 치안유지법관련 재판에서의 격렬한 변호활동 때문이었다. 후세에게 이 시기는 고심에 찬 나날들이었다. 후세는 일제히 검거된 동료 변호사 중 홀로 법정투쟁을 지속했다. 하지만, 1939년에는 결국 노농변호사단 사건의 상고심이 기각되어 징역 2년의 실형을 언도받았다. 당연히 변호사 등록도 말소되었다. 더욱이 1944년 후세의 셋째 아들 모리오(杜生)는 치안유지법 위반으로 검거되어 교토형무소에서 옥사했다. 변호사 자격을 박탈당한 후세는 아들의 변호도 할 수 없었고, 동료들과의 관계도 멀어진다. 더욱이 '성전(聖戰)'에의 협력을 강요받은 심리적 압박 속에서 고독한 나날을 보낼수밖에 없었다. 이 시기 후세는 일본 동북지방의 농촌과 산촌을 조사하거나 농민문학에 관한 비평 활동을 전개했다.

일본의 패전과 더불어 후세는 다시 웅대한 모습으로 민중 앞에 나타났다. '출옥 자유전사 환영 인민대회'에 참가하여 연설함으로써 그의 존재를 세상에 다시 알렸다. 그리고 자유법조단을 다시 결성하여 변호사로서 다시 활약하기 시작했다. 이 시기 후세는 새로운 평화헌법의 보급과 계몽에 힘쓰고, 미점령군과 일본정부의 횡포로부터 재일조선인의 권리를 획득하려는 투쟁에 전력했다.

후세는 1946년 「조선건국헌법초안사고(朝鮮建國憲法草案私稿)」를 조선인들과 공동으로 집필했다. 이것은 재일조선인의 의견을 수렴하여 집필한 것이다. '해방' 이후 민족독립의 상징인 신헌법을 구상할 수 있는 일본인은 물론 후세 이외에는 별로 없었을 것이다. '해방' 이전부터 조선문제를 다루어 오던 후세다운 모습이었다. 또, 후세는 『운명의 승리자 박열(運命の勝利者朴烈)』을 출판하고, 1947년에는 『관동대진재 백색테러의 진상(關東大震災白色テロルの眞相)』에 원고를 기고하는 등 재일조선인과 변함없는 연대투쟁을 전개했다.

변호활동으로는 1948년의 한신(阪神) 교육투쟁에 변호인으로 활약했다. 이 밖에도 후세는 1953년 그가 생을 마감할 때까지 후카가와(深川) 사건, 조련(朝連)·민청(民靑) 해산 사건, 도쿄 조선고등학교 사건, 다이토우(台東)회관 사건 등 일련의 군사재판에서 변호인으로 활약했다. 또, 한국전쟁 시기에는 공안조례폐지운동을 전개하면서 조선인도 연루된 메이데이 사건과 수이타(吹田) 사건의 변호를 맡았다. 후세는 조선인이 관련된 거의 모든 사건의 변호를 담당한 셈이다.

후세는 1953년 만 72세로 세상을 떠났다. 장례식에는 많은 조선인이 고별식 장의 위원으로 참가했다. 당시 조선인들의 평가대로 후세는 '일본무산운동의 맹장'이었다. 후세와 조선인의 관계는 한일연대투쟁의 거울과도 같은 모습이다. 후세는 식민지 민중의 '벗'으로서, 때로는 '동지'로서 영원히 각인되었다.

참고문헌

1. 布施柑治, 『ある弁護士の生涯』, 岩波書店, 1963.
2. 布施柑治, 『布施辰治外傳』, 未來社, 1974.
3. 森正, 『私の法曹·知識人論』, 六法出版社, 1997.
4. 이규수, 「후세 다츠지(布施辰治)의 한국인식」, 『한국근현대사연구』 25, 2007.
5. 高史明, 大石進, 李榮娘, 李圭洙 共著, 『布施辰治と朝鮮』, 高麗博物館, 2008.

1. 「자기혁명의 고백」(1920년 5월)

인간은 누구든 자신이 어떠한 삶을 살아 나가는 것이 좋은가에 대해 진정한 자신의 소리를 들어야 한다. 이는 양심의 소리이다. 나는 그 소리에 따라 엄숙히 자기혁명을 선언한다. 나는 사회운동의 급격한 조류(潮流)를 느끼지 않을 수 없다. 예전에 나는 법정의 전사(戰士)라고 말할 수 있는 변호사였다. 하지만, 앞으로는 사회운동에 투졸(鬪卒)한 변호사로서 살아 나갈 것을 민중의 한 사람으로서 민중의 권위를 위해 선언한다. 나는 주요 활동 장소를 법정에서 사회로 옮기겠다. 도쿄(東京)에서는 구체적으로는 민사와 형사사건을 불문하고, 첫째 관헌에게 인권을 유린당한 억울한 사건, 둘째 자본가와 부호의 횡포에 시달리는 약자 사건, 셋째 진리를 주장하다 압박받은 필화설화(筆禍舌禍)의 언론범 사건, 넷째 무산계급의 사회운동을 박해하는 사건, 다섯째 인간차별에 맞서 투쟁하는 사건, 여섯째 조선인과 대만인의 이익을 위해 투쟁하는 사건 등 사회적 의의를 지니는 것에 대해서만 변호활동을 하겠다. 또, 지방에서는 사법제도 혁신을 위해 사건의 종류와 성격에 관계없이 가능한 한 출장변호에 응하고자 한다. 무료법률상담과 사회시사강연 계획 등 앞으로의 방침에 대해서는 가까운 시일에 발표하겠다. (『법정에서 사회로(法廷より社會へ)』, 1920년 5월 창간호)

2. 「무산계급으로부터 본 조선해방문제」(1923년 4월)

한일합방은 어떠한 미사여구로 치장하더라도 실제로는 자본주의적 제국주의의 침략이었다. 오늘날 일본자본주의 아니 세계자본주의는 아직 무너지지 않고 더욱 단말마적인 폭위를 떨치고 있다. 자본주의적 제국주의로 인해 침략당한 조선민중이 더욱 착취당하고 억압받는 것은 당연한 귀결일 것이다. 그런데 소위 민중의 착취와 압박에 죽어 가는 것은 조선민중만이 아니다. 세계의 무산계급이 착취당하고 극도의 압박을 받아 죽어 가고 있다. 유독 조선민중의 착취와 압박이 눈에 띄는 것은 무대가 무대인 점과 그럴듯한 미명 아래 거행된 합병이 실은 너무나도 선명하고 참혹한 잔학상을 폭로하고 있기 때문이다.

하지만, 조선민중에 대한 착취와 압박이 특히 눈에 띄는 이유는 그 나름대로 특별한 문제가 포함되어 있기 때문이다. 진정으로 철저한 무산계급의 문제는 원래 세계적인 것임에 틀림없다. 그런데 이를 구체화하는 도화선이 된 것은 바로 무대와 기회, 그리고 구체적인 사실이 일반인들에게 눈에 띄었기 때문이다. 조선민중의 해방운동은 통절하게 우리 일반 무산계급의 마음을 울리고, 조선민중이 철저한 무산계급 해방운동을 전개하는 이유도 바로 여기에 있다. 나는 이러한 의미에서 조선민중의 해방운동에 특단의 주의와 노력을 바칠 필요가 있다고 믿는다. (『적기 (赤旗)』, 1923년 4월호)

3. 「조선의 산업과 농민운동」(1926년 4월)

일본제국의회 등에서는 정치적인 문제에 대해서는 유감을 표명하고 있으나, 산업관계에 대해서는 통계숫자를 들면서 치적을 선전하고 있다. 식민지산업에 대한 근본적인 의혹은 아무리 산업이 발달하고 농업시설이 개선되어도 그것이 식민지 동포를 위한 것이 아니라는 점에 있다. 총독부의 정치는 경찰력을 동원한 일본 본위의 정치이기 때문에 식민지 산업의 수확은 본국으로 이송되고 있다. 나는 소위 식민지정책이란 것에 대해 반대하는 동시에 식민지 동포와 함께 해방을 바라고 있다.

그들이 자랑하는 조선농업의 발달이 과연 조선 무산계급을 위한 것이라면, 농업의 발달을 위해 땀 흘린 조선 무산계급 농민의 생활이 차츰 좋아져야 한다. 하지만, 실제 생활이 더 어려워지는 연유는 무엇인가? 조선 무산계급 농민의 피와 땀으로 일구어진 조선의 경작지가 그들의 손으로 경작되지 못하고 조선을 버리고 일본이나 만주로 나아가 유랑할 수밖에 없는 이유는 무엇인가? 조선의 산업이 관헌 당국이 자랑하듯이 통계적으로 발달하고 있음에도 불구하고 조선 무산계급 농민의 생활은 더더욱 힘겨워졌다. 조선 무산계급 농민의 노력으로 생산된 쌀과 보리, 기타 잡곡이 그들을 배부르게 하지 못하고 굶주려 자살하거나 자포자기하여 범죄자를 만들어 내는 연유는 무엇인가? (중략) 조선 땅에서 생산된 농산물이 농업의 개선과 발달의 결과로 수량이 많아지고, 또 질이 향상되더라도 그것이 모두 식민지 본국으로 유출된다면, 조선 무산계급 농민의 생활은 조금도 향상되지 않는다. 오히려 자신들의 피와 땀으로 일구어 낸 기름진 쌀과 보리 등의 생산물들이 자신들의 배를 채우지 못하고 전부 유출되는 것을 보고 슬픔과 애달픔만이 늘어 갈 것이다. 더욱이 수출된 쌀이 돈이 되어 조선 무산계급 농민에게 되돌아오는 것도 아니다. 그 이유는 일본인 대지주의 소작지이기 때문이다. 유출된 농작물은 다시 일본인의 손에 들어오게 된다.

7장 조선인의 친구로 남은 일본인 독립유공자 _후세 다츠지 조선 무산계급 농민은 결국 조선 땅에서 살지 않으면 안 된다. 또, 동시에 살아 나가기 위해서는 일하지 않으면 안 된다. 그렇다면 일할 수 있는 토지가 없으면 안 된다. 여기로부터 배제된 사람은 소위 농민운동을 일으킬 수밖에 없다. 조선의 농민운동은 일본처럼 소작료 문제를 중심으로 하지 않고 토지소유권의 회수를 중심으로 전개되고 있다. 이것은 조선의 농업시설 발달을 위해 조선 무산계급 농민의 토지소유권이 수탈되었기 때문이다. 토지소유권 회수를 목적으로 한 조선의 특수한 농민운동은 비단 궁삼면에 한정된 문제만은 아니다. 조선의 농민운동이 앞으로 어떻게 전개될 것인지 주목해야 한다. 이는 조선문제 해결의 열쇠를 쥐고 있다. 단지 토지소유권의 회수라는 것에 머무른다면 해방운동의 의의는 절감된다. 하지만, 현재의 조선총독부와 일본인 지주는 농민운동의 목적인 토지소유권을 빼앗기지 않으려고 극심한 탄압을 가하고 있다. 생활고에서 출발한 농민운동은 계급해방전선으로 합류되리라 확신한다. 소위 식민지 산업정책에 응시하여야 조선문제는 진정으로 조선농민의 손에 의해 해결될 것이다.

8장

앙티유 출신의
반식민주의·
반인종주의 사상가
프란츠 파농

노서경

1.
들어가며:
식민지 해방의 내면

1942년 11월 8일 시작된 영미 연합군의 횃불작전으로 지중해안의 전략 거점 알제와 오랑에 미군 함정들이 나타나고 연합국 군인들이 상륙하자 이곳 북아프리카 사람들은 프랑스보다 힘센 나라가 있다는 것을 처음으로 실감하였다. 횃불작전은 동부 유럽에서 스탈린그라드 전투를 감행한 히틀러를 견제하고 연합군의 유럽 상륙을 도모하는 군사작전이었으나 북아프리카에 미친 영향은 사뭇 정치적이었다. 미군의 대량 전단도 살포되었지만 알제리, 튀니지, 모로코의 민족 운동가들은 이제 세계정세의 판이 바뀐다는 것을 읽었다. 알제리는 해외영토, 양 옆의 튀니지와 모로코는 보호령으로 형태는 달랐어도 모두 굳건한 프랑스 지배 아래 있었는데 민족 운동가들은 그 속박이 끝나리라 기대를 걸었다. 그러나 1950년대에 이루어지는 식민지 해방은 그런 국제정세의 변화로만 추동되지 않았다. 일찍 제1차 세계대전

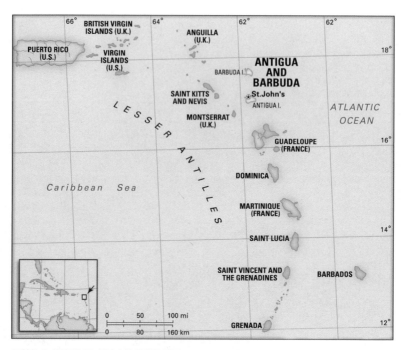

그림 8-1 마르티니크 섬이 속한 앙티유 군도

(1914~1918)에 10만 명이 넘는 병사를 전쟁터에 보낸 북아프리카는 자식들의 피의 대가로 식민지의 자결권을 요구하였고 또한 그 요구를 관철시키기 위한 내적 성장에 힘을 쏟았다. 민족운동은 정당의 결성으로 약소민족의 자존감을 살리고, 언어와 지식의 보급으로 미래의 정치적 토대를 구축하려 했다.

그뿐 아니다. 식민지 지식인들은 더 깊게 문제를 보았다. 카리브해의 에메 세제르(Aimé Césaire), 서아프리카의 레오폴드 세다르 상고르(Léopold Sédar Senghor) 같은 식민지 작가들은 비탄에 젖지 않고 식민지 문제를 문명의 문제로 바라보았다. 에메 세제르가 오랜 시간이 지나 2004년 인

터뷰에서 회고하듯이 식민지인들에게는 서양과 비서양이 분리되지 않았다. 그만큼 정치적 이해관계에는 문학적 성찰이 동반하였다. 프랑스령 마르티니크 출신의 흑인 프란츠 파농은 이들 앞 세대로부터 크게 영향을 받았다. 그에게도 식민지의 지배와 피지배는 단순한 문제로 보이지 않았다. 피부 색깔에 따라 인간의 질을 차별하는 인종주의는 총칼과 종교만으로 초래된 것이 아니었으며 인간의 깊은 심리구조도 그에 작용하였다. 그것이 무엇인지? 파농은 그 답을 시와 문학의 길에서 찾지 않고 정신분석 분야에서 구하였다. 사실 제2차 세계대전 후의 20대는 세상 어디에서나 정신분석학에 홀렸다. 프로이트와 융, 아들러를 키운 오스트리아, 스위스, 독일뿐 아니라 프랑스, 미국, 영국에서도 정신의학은 일찍이 국가적인 관심사로 부상하였다. 각국은 산업화와 도시화에 짓눌린 국민의 불안 심리를 주시하고 제1차 세계대전에서 돌아온 병사들의 충격과 상흔을 치유하려 했다. 정신 쇠약이 증대하자 뉴욕에서만도 수십 종의 프로이드 번역본이 나왔다. 제1차 세계대전 종전 20년 만에 다시 가공할 파괴를 부른 제2차 세계대전 후 사회는 한층 더 정신의학에 의지하였고 정신의학자들은 이에 부응하려 새로운 의료제도를 마련하고 이론을 세우기에 부심하였다.

그러나 식민지인들의 내면을 백인이 아닌 흑인이 맡아 스스로 설명하겠다는 것은 하나의 도전이었다. 20대의 파농은 이 짐을 스스로 걸머지고 유색인들은 백인의 언어를 잘해야 사람으로 대접받고 유색인 여자는 백인 남자를 만나야 살 길이 보인다고 믿는 의식과 무의식을 해명하고자 하였다. 그의 집요한 질문의 발상지는 그가 태어나고 자란 마르티니크 섬이었다.

2.
파농의 출생지
마르티니크 섬

　　　　　　　마르티니크는 멕시코 만과 남북 아메리카 대륙, 북대서양이 만나는 카리브 해 군도의 작은 섬이다. 프랑스에서는 보르도와 루앙 같은 대서양 연안 항구에서 출발하여 긴 항해를 해야 닿는다. 하지만 아무리 거리가 멀어도 지정학적 요지였다. 카리브 해의 섬들은 각각 이미 1500~1600년대에 영국, 프랑스, 네덜란드, 포르투갈, 나중에는 미국 영토가 되었다. 1925년 이런 마르티니크의 수도 포르드프랑스에서 태어난 프란츠 파농은 유색인으로는 중산층을 이룬 가정에서 자랐다. 흑인인 아버지는 관세감독관이었으며, 유럽 알자스 집안의 피가 섞인 혼혈(물라토) 어머니는 상점을 운영하여 8남매가 학교를 다녔다. 그러나 유복한 백인들은 섬의 상류층 언덕에 모여 살고 유색인 주민은 에메 세제르의 시 그대로 양철 깡통 집에 박혀 있는 것이 포르드프랑스였고 10대의 파농은 이 너무나 대조적인 삶의 풍경에 민감하였다. 그의 초기 작품 『검은 피부, 하얀 가면』에는 이 도시의 시가지 모습이 생생하다.

　　마르티니크는 식민지의 주요 산품인 커피, 면화, 사탕수수의 생산지였다. 그러나 섬 주민들은 가난했다. 산물의 수익이 생산자에게 돌아오지 않는 노예제도가 온 섬의 생존방식이었기 때문이다. 노예제는 빅토르 셸세르 같은 19세기 노예제 폐지론자들, 그리고 기계화되는 유럽 산업 체제에 따라 끝나지만 이 섬의 대토지 지주들과 농장 노동자들의 주종관계는 끝나지 않았다. 파농은 이러한 사회계급적 차별을 부른 원인

이자 결과인 피부색에 민감했다. 이곳 사람들의 피부는 대륙과 해양의 수많은 인종에다 유럽의 노예무역상이 아프리카에서 끌고 온 흑인들이 섞여 까만색, 검은색, 밤색, 진한 갈색, 옅은 갈색의 미세한 색도차가 나게 되었고 어떻든 검은 피부빛 사람들의 소망은 오직 하얀 피부, 아니면 조금이라도 덜 검은 색이었다.

18세의 파농은 자유를 찾아 입대한 자유프랑스군에서 그가 지녔던 프랑스적 이상과는 달리 차별이 존재한다는 경험을 갖게 되었다. 자유프랑스군은 나치 독일에 항복한 비시 정부에 반대한 군대였다. 1940년 6월 프랑스의 항복 후 곧장 런던으로 간 드골은 아프리카 아시아 카리브 해에 산재한 프랑스의 식민지 병력을 기반으로 연합군에 속해 자유를 찾고 강대국 프랑스의 지위를 회복하려는 목표를 세웠다. 파농은 마르티니크에 수립된 권위적인 비시 체제에 반발하고 자유프랑스군을 지지하는 젊은이들과 뜻을 같이 했다. 마르티니크에서 한 교사가, 이건 백인들끼리 총질을 하는 것이니, 흑인은 오히려 잘되었다고 할 때 그는 "인간의 존엄성과 자유가 침해되는 상황이면 피부색이 희든 검든 노랗든 우리 모두 관련이 있습니다"고 답했다. 1943년 1월 파농은 인근 영국령 도미니카 섬으로 도항하여 단기 훈련을 받고 대서양 연안의 카사블랑카에 도착했다. 그는 프랑스 남부 상륙 작전과 동부 전투에 참가하여 부상도 입었고 훈장도 받았지만 고향의 부모에게 쓴 편지에 "자유의 수호를 위해 여기에 온 제가 잘못 생각했다"는 구절도 적게 되었다.

종전 후 고향에 돌아가 대학입학자격시험을 치른 파농은 참전 군인을 우대하는 프랑스 정부의 장학금으로 1946년 봄 프랑스 유학길에 올랐다. 그런데 자신의 피부를 되돌아보게 한 것은 바로 '그의 나라' 프랑스였다. 피부색은 그의 섬세한 감각, 서구의 철학과 문학을 넘나

드는 그의 지성, 프랑스에 대한 그의 헌신을 모두 무색하게 만드는 철갑 같았다. 파리 거리에서는 어린아이도 흑인을 사람으로 보지 않고 두려워해야 할 존재로 보았다. 이런 인종차별의 중대한 잣대는 피부색뿐 아니라 언어였다. 지배자의 언어를 익혀야만 사람으로 인정받는다는 식민지인들의 언어 콤플렉스는 뭇 인종적 콤플렉스의 뿌리를 이루었다. 20대의 파농은 자신의 프랑스어를 갈고닦아 그 콤플렉스를 이겨내기로 한다.

3.
리옹 의과대학 시절,
『검은 피부, 하얀 가면』

프랑스에 도착한 파농은 파리에 머물지 않고 남부 리옹으로 직행하여 의과대학에 입학했다. 이미 1930년대에도 그랬지만 전후의 파리는 온갖 유색인들의 집합지 같았다. 식민지 유학생들, 세상 곳곳의 정치 난민이 가득했고 변두리 공장, 또 도시 건설 현장에서는 유색인 노동자들이 전후의 경제 재건에 필수적이었다. 그런 파리를 떠나 리옹으로 간 파농은 무엇보다 책을 많이 읽었다. 의학도라면 흔히 독서광이기도 했지만 그는 문학과 철학, 인류학, 심리학을 가리지 않았으며 그중에도 장 폴 사르트르를 좋아했다. 파농 자신이 멋 부리고 모던한 것에 심취한 젊은이였지만 전후의 사르트르는 누구에게나 시대의 우상이었다. 사르트르의 실존주의는 문학, 노래, 연극으로 밤을 지새우는 파리 생제르맹 젊은이들을 한껏 매료시켰다. 철학자 메를로-퐁티, 프랑시스 장송이 편집하는 사르트르의 잡지 『레탕모데른

(Les Temps Modernes)』(현대)을 보지 않
으면 전위파에 끼지 못했다. 파농
이 빠져든 사르트르의 작품은 『유
대인에 대한 성찰』이었다. "유대인
은 다른 사람들이 유대인이라고 여
기는 사람이다. 이 단순한 진실에
서부터 출발해야 한다. (중략) 유대
인을 만든 것은 반유대주의이다"는
사르트르의 언명은 인종주의의 정
곡을 찌르는 것으로 들렸다. 상고
르의 시집에 붙인 사르트르의 서문
「흑인 오르페」도 인상 깊었다. 사르

그림 8-2 『프레장스 아프리켄』 표지

트르는 이 서문에서 흑인 시인들은 프랑스인들을 향해 말하고 있지 않
고 흑인들에게 말을 걸고 있다는 것을 캐냈다. 또한 파농이 아낀 것은
「깊은 강」의 시인 랭스턴 휴즈, 『미국의 아들』을 쓴 리처드 라이트 같은
미국 흑인 작가들이었다. 파농은 아프리카 흑인 문학과 예술의 요람이
었던 잡지 『프레장스 아프리켄(*Présence Africaine*)』(이 잡지를 간행하는 책방은 지
금도 파리 시내 소르본 근처에 있음)도 매호 구독했다.

리옹은 지중해의 출입구 마르세유와 가까웠다. 이탈리아, 포르투갈
인들과 함께 알제리의 카빌인들이 리옹으로 모이고 근처의 광산과 농
장으로 흩어졌다. 자기네 농촌에서 소박하게 살던 북아프리카인들은
낯선 유럽 도시에서 노동자 신분이 되자 신경증을 앓았다. 파농은 이
환자들을 만났고 이들의 심경을 알아차렸다. 그는 아랍인들이 프랑스
땅에 닿으면 매춘부와 결혼한다는 의학 보고를 납득할 수 없었다. 이

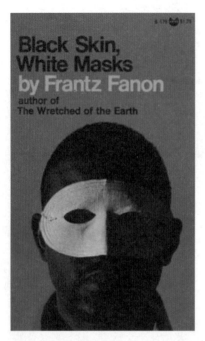

그림 8-3 「검은 피부, 하얀 가면」
흑인과 언어, 유색인 여성과 백인 남성, 유색인 남성과 백인 여성, 식민지인의 종속 콤플렉스, 검둥이의 정신병리학을 다루고 있다.

문제에 대해 그가 쓴 「북아프리카인 징후」에는 이런 구절이 나온다. "가족도 사랑도 아무런 연줄도 없이 첫 번째 갖게 된 만남이 병리적일 뿐이다. 그 사람은 (중략) 육체와 육체 사이에서 허망함, (중략) 삶 속에 파고든 하나의 주검을 자각한다. 오직 피폐한 음성으로 '의사 선생님, 저는 죽을 거예요' 하는 이 건장한 근육의 남자보다 더한 병리가 어디에 있겠는가."

1952년 파리 쇠유 출판사에서 간행한 파농의 『검은 피부, 하얀 가면(Peau Noir, Masques Blancs)』은 리옹 의대를 마치는 무렵에 나왔다. 유난히 밝고 음악 같은 문체도 놀라웠지만 그의 나이 27세에 하나의 고전으로 평가받는 책이 나온 것은 체험과 관찰과 분석, 지적 소양, 정신의학이 모두 그 속에 녹아 있기 때문이었다. 그러나 그는 작가가 아니라 의사를 지망했기에 리옹에서 못한 본격적인 정신의학 수련과정이 필요했다. 하지만 수련의 과정을 밟으려면 리옹을 떠나 파리나 제네바로 가야 했는데 여건상 그건 어려운 형편이었을 때 마침 에스파냐 의사 프랑수아 토스켈(François Tosquelles, 1912~1994) 이야기를 전해 들었다.

4.
생탈방의
에스파냐 의사 토스켈

　　　　　　　　리옹에서 서남쪽으로 200km 정도 떨어진 생탈방 병원에 토스켈이 있다는 것은 이미 소문이 나 있었다. 에스파냐 출신의 저명한 정신과 의사가 왜 남부 프랑스 병원에 있었는가는 에스파냐 내전(1936년 7월~1939년 4월)과 관련이 있었다. 토스켈은 카탈루냐 지역에서 일찍 프랑스 정신분석가 라캉을 흠모한 의사였으며 어려서부터 마르크스를 읽은 좌파였다. 정신분석은 다분히 철학과 의학 사이에 놓여 있었다. 1930년대 초 카탈루냐에는 히틀러를 피해 빈과 독일을 떠나 온 난민들이 도착했고 그는 이 황량한 대열에 낀 프로이트 연구자들과 만났다. 난민의 운명은 이번에는 공화파 토스켈을 덮쳤다. 좌우파가 격심하게 싸운 내전기에 공화국 군대의 정신의학과장이었던 그는 내전 말기 1939년 1월 우익 프랑코 정부에 의해 사형을 선고받았다. 프랑코의 승리 속에 공화파에 대한 보복 살해 탄압이 혹심해지자 수도 없는 난민이 피레네를 넘어 피난길에 올랐다. 이때 토스켈이 들고 나온 책 두 권 가운데 하나가 라캉의 미간행 학위논문이었다.

　토스켈은, 마침내 프랑스 남부까지 오자 심신이 지친 에스파냐인들을 치료하러 다녔지만 난민 자격으로 프랑스에 입국했으므로 의사로 일하려면 수련의 과정을 다시 밟아야 했다. 그가 찾아간 로제르 도의 생탈방 병원은 1940년 프랑스의 패배 후 일어난 레지스탕스 운동의 요처가 되었다. 수녀, 의사, 민간인 또 환자들이 추격을 받고 있는 저항대원들을 숨기고 돌보았다. 이 작은 고원의 병원에 전쟁기 프랑스에 퍼진

8장 앙티유 출신의 반식민주의 · 반인종주의 사상가 _프란츠 파농

시 「자유(Liberté)」를 지은 시인 폴 엘뤼아르가 찾아왔고 과학철학자 조르주 캉길렘이 여기서 부상당한 저항대원들을 치료하였다. 전쟁기에 서로 돌보고 서로 나눈 생탈방의 경험은 값진 것이었다. 전후 물자 부족에다 질병과 영양실조가 겹쳐 환자들이 죽어가는 다른 병원들과 달리 여기서는 결핍에 대처한 훈련에 힘입어 환자를 살려냈다. 생탈방은 환자의 치유, 정신의학 이론, 의사 양성으로 제각각이었던 세 분야를 통합하는 새로운 의료제도의 발상지가 되었으며 토스켈은 이 제도의 개척자 가운데 1인이었다.

파농은 그 토스켈 밑에서 15개월간 수련의로 근무하였다. 두 사람은 다 격한 기질이었으나 프랑스 중남부의 거대한 마시프 상트랄 산 속에서 로제르 도 마을의 환대를 받으며 정신병의 치료 방법, 의료진의 자세를 토의하였다. 어떤 인간들의 정신은 처음부터 미숙하거나 덜 개발된 상태라 규정할 수 없었다. 생탈방 병원의 의료 원칙은 사람은 광인이든 아니든, 화석화되어버린 자신의 가능성을 샘솟게 해야 한다는 것이었다. 토스켈은 "파농이 일에 빠져들었다가 아니다가 했지만 생탈방 병원에서 그의 손과 그의 목소리는 언제나, 고통스러워하는 타자에게 뻗어 있었다"고 회고한다. 파농은 아마 환상이 강했을 수도 있다. 그러나 생탈방 병원의 경험은 단순히 빵을 먹고 숨쉬고 움직이는 것, 즉 살아가는 것은 진지하다고 그에게 가르쳤다. 그렇게 배운 인간에 대한 토스켈의 원칙, 생탈방의 실험, 또 환자와 나눈 임상 경험은 본격적인 정신과 의사로 일하게 되는 파농을 떠나지 않았다.

5.
블리다 병원에서
알제리전쟁 속으로

그는 1953년 의사자격시험을 통과한 후 고향 마르티니크에 들렀다가 다시 나와 취직할 곳을 찾았다. 아프리카든 프랑스든 가려고 한 그가 알제리의 블리다-주앵빌(Blida-Joinville) 병원에 부임한 것은 그해 늦가을이며 프랑스의 모든 정신병원은 국립기관이었으므로 파농의 임명도 알제 총독의 권한이었다. 수도 알제의 공항에 내린 그는 택시를 타고 차로 약 40분 거리인 남쪽 블리다로 직행했다. 웅장한 산맥이 병풍처럼 둘러선 이 유서 깊은 알제리 도시에 그가 온 것은 이처럼 임상의로 일하기 위해서였지 처음부터 알제리 민족운동에 투신하고자 하는 정치적 목적이 그에게 있던 것은 아니다. 그러나 블리다 정신병원과 험악한 알제리 정세와 인간 해방에 대한 그의 열망은 결국 그를 한 사람의 투철한 혁명아로 바꿔놓았다.

우선 블리다 병원은 그저 그런 식민지 병원이 아니었다. 공식적으로는 1938년에 개원하지만 이 정신병원의 건립은 유럽계 알제리 지배층〔콜롱(Colon)〕의 오랜 숙원사업이었다. 정신의학이 20세기의 첨단 학문인 마당에 근대적 의료기관이 결핍된 터라 알제리 총독부 역시 정신의료시설을 독려했다. 드넓은 부지에 수목이 우거지고 낮은 병동이 드문드문 배치된 북아프리카 최대의 이 정신병원은 유럽인만 치료하지도 않았다. 아랍인도 받았다. 파농은 5명의 주임과장 중 한 사람으로 일반적인 생물학적 치료도 존중했으나 새로운 방식도 시도했다. 폭력적인 환자에게도 강제로 지시하지 않고 중증이 아니면 환자에게 발언권을 주

8장 앙티유 출신의 반식민주의 · 반인종주의 사상가 _프란츠 파농

려 했다. 파농의 처방에 따라 환자들은 수공예품을 만들고 시내에 나가 누구를 만나기도 하고 공연도 하고 병원 신문을 제작하는 새로운 일과를 보냈다. 토스켈에게서 배운 파농의 처방법은 병원 의료진의 불만도 샀으며 실제 정신착란의 정도가 심한 중증 환자에게는 효과도 없었다. 그러나 알제리 영화인 압데누르 자자(Abdenour Zahzah)의 영상물, 「프란츠 파농, 요양소의 기억」이 증언하듯 그 치료법은 당시 파농을 만났던 환자들의 마음에 오래 남았다. 파농의 방식은 알제의과대학 정신의학의 태두 앙투안 포로(Antoine Porot)가 주도한 알제학파의 이론, 즉 "인종이 다르면 문명이 다르고, 임상학적으로 북아프리카인은 수동적이며 게으르고 범죄의 기질마저 있다"는 인종주의의 편견에 대한 암시적 반론이었다.

파농이 블리다에서 근무하는 시기의 알제리는 비상시국이었다. 알제리는 1830년 시작된 프랑스의 침공에 맞서 장기 항쟁을 벌였으나 결국 완전히 정복당해 프랑스의 4배나 되는 광활한 땅이 프랑스 영토로 편입된 역사를 가졌다. 특히나 프랑스계를 중심으로 에스파냐인, 또 지중해의 몰타 섬 사람들과 남부 이탈리아인들이 이주하고 정착하여 복잡한 식민지가 되었다. 농촌과 도시를 새로 만들고 확고한 지배 세력을 형성한 유럽계도 소수의 상층을 제외하면 중소층이 대부분이었지만 90만 명이 넘는 유럽인과 약 900만 명이 넘는 무슬림은 결코 한 동포가 아니었다. 교육, 소득, 생존, 사회적 인정, 모든 면에서 간극이 너무 컸다. 1954년 11월 1일 프랑스에 대해 전쟁을 선포한 알제리민족해방전선(FLN: Front de Libération Nationale)은 무력으로밖에는 이 모순을 물리칠 수 없고 민족의 해방을 이룰 수 없다고 천명했다.

파농은 병원에 있으면서 이 착잡한 정치적 갈등을 훤히 알게 되었다.

블리다 병원은 이름 있는 의료 기관이었고 알제 대학교와 연계되었으며 알제에는 무슬림-알제리인들을 낮추어보는 유럽인들만이 아니라 FLN을 도우려는 유럽인들이 있었다. 피에르와 클로딘 숄레 내외, 또는 유대인 젊은이들의 활동 조직이 위험을 개의치 않았으며, 병원은 이들의 중개로 FLN 요원들을 치료하고 전선으로 약품을 공급하는 하나의 아지트가 되었다. 프랑스군의 감시와 수색, 처벌, 주민 소개 작전이 강화되는 1956년부터는 블리다 병원에 대한 수사망도 조여 왔다. FLN의 지도자 람단 아반(Ramdane Abane)과 선이 닿았던 파농은 블리다를 떠나기로 하고 1956년 12월 로베르 라코스트 알제 총독(현지 장관)에게 사직서를 제출했다. 정중하게 써 내려간 장문의 사직서에서 파농은 토착민이 자기 나라에서 영원히 소외된 이 불평등의 나라에서 이들 각자를 복구시키지 않을 수 없다고 썼다. 수개월간 양심과 싸웠고 인간에 절망하지 않겠다는 것이 자신의 결론이며 이때 인간이란 곧 본인 자신이라고 밝혔다. 이미 『검은 피부, 하얀 가면』에서 "린치당한 자, 살해당한 자, 그들 속으로 내가 들어가리라"고 약속한 바였다. 1957년 1월 파농은 추방당해 블리다를 떠난다.

블리다를 나와 프랑스에서 잠시 칩거했던 파농은 그해 봄에 이탈리아를 거쳐 튀니지로 왔고 그곳 마누바 정신병원에서 반일제로 근무하면서 국경지대의 알제리 무장대원들을 치료하기도 하였는데 그의 본격적인 전쟁 참여는 전쟁기 신문 『엘무자히드(El Moudjahid)』로 이루어졌다. 아랍어의 전사, 용사라는 의미인 『엘무자히드』는 알제리전쟁의 대의를 국제 사회에 알려 여론의 호응을 얻으려는 비상한 언론이었다. FLN의 지적 수뇌 람단 아반이 그를 논설위원으로 초빙했다. 파농뿐 아니라 알제리의 쟁쟁한 문사들이 달려든 『엘무자히드』는 동포들이 겪고 있는 폭격과 포격, 살해와 고문의 참상 속에서도 언론 고유의 사실성과 정확성에 집착했다. 그것이 전쟁의 대의를 살리고 국제적 공분을 자아내는 길이었다. 이 논설들이 1964년 그의 사후 마스페로에 의해 『아프리카 혁명을 향해』로 간행되며 파농은 그 사이에 『알제리혁명 5년』을 쓰는데, 이 글은 전쟁과 정치뿐 아니라 식민지의 여성, 남성, 가정을 문제 삼았다. 긴박한 정세 속에서 파농은 왜 그런 여유를 부렸을까.

6.
식민지 해방과 여성

이탈리아 영화감독 질로 폰테코르보의 명화 「알제 전투」에는 긴 머리의 알제리 여성들이 머리를 싹둑 자르고 서양식 스커트와 블라우스로 옷을 갈아입고 피크닉 바구니를 들고 프랑스군의 감시가 삼엄한 알제의 카스바 동네를 유유히 빠져 나오는 장면이 나온다. 이 장면은 허구가 아니라 사실이었다. 전쟁 때 22세의 나이로 군사재판정에서 기염을 토한 자밀라 부히레드 같은 폭탄 나르는 여성들이다. 이 사건의 주인공 자밀라 부히레드, 알제 대학생 조라 드리프 등은 당시 아랍권과 유럽 언론에도 널리 알려졌다. 알제에 주둔한 10사단 공수부대에서 특이한 고문을 겪어 프랑스 여성들을 울린 자밀라 부파차도 그중 하나이다. 여성의 공적 활동을 금기시한 이슬람의 전통을 깨뜨리며 젊은 여성들이 이렇게 나선 것은 FLN이 도시 게릴라 전쟁에 여성을 동원하기로 결정했기 때문이었다. 파농은 이 장면이 무척 흥미로웠다. 그는 FLN이 쉽게 이 결정을 내리지 않은 것을 전했다.

FLN 지도부는 여성이 체포되면 어떤 심문을 받을 것인지 자신들의 경험으로 알고도 남았다. 그런데 누군가를 지목해야 했다. "우선 남편이 투사인 기혼 여성들, 과부, 이혼녀들이었고 젊은 처녀들은 없었다. 하지만 엄마나 아내가 체포되고 죽을지도 모르는 상황이 염려스러운 터에 젊은 처녀들이 지원해 왔다. 책임자들은 제한 없이 알제리 여성들에게 기대게 된다." 파농은 섬세하고 날카로웠다. 지도부 요원들이 접촉하는 집 앞에서 한 시간 이상 망을 보면서, 주변의 이목을 피하려 계속 한자리에 있지 않아야 하고, 안에 있는 '형제'들의 안전을 책임져야 하므로 너무 멀리 떨어져 있어도 안 되는 긴 시간 동안 이 히잡(hijab) 벗은 여성이 겪는 심리상태를 그렸다.

여성에 대한 파농의 관심은 히잡이라는 이슬람 특유의 문화에서만 비롯되지 않았다. 그의 『검은 피부, 하얀 가면』에 이미 마르티니크의 유색인 여성 마요트 카페시아가 백인 남성에 대해 품고 있는 애정 심리가 세세히 그려진다. 하물며 온 사회에 파문을 일으키는 알제리전쟁의 격동 속에서 그가 여성과 가정의 문제에 천착한 것은 당연했다. 온

Affiche de propagande réalisée par le cinquième bureau d'action psychologique de l'armée, incitant les femmes musulmanes à se dévoiler.

그림 8-4 알제리전쟁 속 여성들
"예쁘지 않나요? 히잡을 벗으세요"라고 하는 전쟁기 프랑스군의 선전 포스터

몸을 덮는 차도르와 얼굴 주위를 가리는 히잡은 다르지만 여성이 히잡을 쓰느냐 벗느냐 하는 것은 그에게는 식민지인들의 민족문화가 얼마나 굴절되느냐 아니냐를 가늠하는 잣대 같았다. 여성을 보지 않으려는 알제리 남성에 비해 알제리 여성과 마주한 유럽 남성은 그 여성의 얼굴을 보고 싶어 하며, 정복자가 히잡을 벗기려 했기 때문에 여성들은 히잡을 썼다는 것이 파농의 해석이었다. 하지만 이집트의 경우 이른 근대화 운동으로 여성의 베일을 금지했으나 1970년대 이후 젊은 행동파 여성들이 서구화에 반대하여 스스로 베일을 착용하듯 히잡이 여성의 신체를 가린다는 것도 하나의 편견이며 히잡 착용이 여성 억압으로 통하는 것 역시 편견이라는 반론이 가능하다.

그러나 파농에게는 식민지의 민족문화가 식민지 주권의 심장이었다. 1959년 로마에서 열린 제2차 흑인작가예술가대회에서 파농은 식민주의의 침범에 휩쓸리지 않는 민족문화의 수호를 요구했다. 그러나 그가 민족문화를 복고주의와 동일시한 것은 아니다. 그가 요구한 것은 문화적 상상력으로 재단장한 민족문화였다. 그는 어디서 그런 상상력의 징표를 보았을까. 파농은 큰돈을 주머니에 넣거나 여행 가방으로 운반하는 전쟁 중 알제리 여성들의 행동을 유심히 보았다. 그것은 수형자 가족을 돌보고 무장단체들의 약품과 생필품을 구입할 돈이었다. 파농은 이 여성들이 의연한 기상을 지녔고 자기 제어를 보인다고 썼다. 누구의 지시에만 따르는 것이 아니라 자신들의 뜻과 판단으로 행하는 인간의 의연함. 그 여성들 자신의 상상력이 아니라면 어디서 그 힘이 솟았을까. 하지만 파농은 과장하는 것이 아니었을까. 그렇지는 않았을 것이다. 1954년의 전쟁 선포는 예고되었던 일이 전혀 아니지만 1945년 5월 8일 세티프 시위 후 알제리 사회는 이미 전쟁을 준비하는 듯했다. 세티

프와 겔마를 비롯하여 동부 콘스탄틴 일대는 군경과 유럽인 민병대가 출동한 유혈 진압을 겪었다. 여자들은 피비린내가 가시지 않은 속에 수형자의 가족을 찾았고 모르는 이들에게 무언의 눈길로 위로와 공감을 보냈으며 무엇이든 성의를 전했다. 여성들은 전쟁 중 자기 몸으로 직접 폭력을 당하는 일도 겪었다. 여성에 대한 폭력은 당시에는 어느 편에서나 침묵한 사건이었지만 파농은, 카빌의 교사 물루드 페라운과 함께, 이를 시사한다.

그러나 알제리 혁명이 여성에게 긍정적이기만 했는지는 의문이다. 식민주의를 물리치려면 내적 혁명이 일어나야 한다는 것은 전쟁 초기부터 선전되었지만 후대는 여성의 자유가 나중에야 가능했다고 비판한다. 여성에 대한 파농의 해석은 신화에 그쳤을 수 있다. 사실 전쟁기 알제리 여성들의 상황은 간단치 않았다. FLN과 프랑스군 양측이 제각각 여성에게 호소하는 심리전 속에서 프랑스는 학교 증설, 의료 원조, 미성년 결혼 금지, 혼인법 개정, 법정 이혼을 전쟁 중에 시행하였다. 하지만 식민지 여성은 식민지 사회의 낙후성을 돌파할 견인차로 인식되었다. 아프리카 대륙 전체에 그 기운이 퍼져 있었다. 서아프리카의 부르키나파소는 너무 작고 빈곤하였지만 이 신생국의 지도자 토머스 산카라는 1970년 여성의 동등 교육, 여성 공무원직 할당, 모성보호 정책을 실시한다. 그렇다면 식민지 시대를 견딘 여성들의 지혜와 인내심, 민족문화와 여성 사이의 끈을 간파한 파농의 관점은 허상이 아니었다.

8장 앙티유 출신의 반식민주의·반인종주의 사상가 _프란츠 파농

7.
대지의
저주받은 사람들

1959년 말 알제리공화국임시정부(GPRA)는 파농을 순회대사에 임명한다. 알제에서 벌어진 프랑스군 장성들의 '반란'으로 1958년 5월 프랑스 제4공화정이 붕괴되고 드골이 집권한 후 전쟁과 협상의 숨바꼭질이 가열찬 시기였다. 알제리임시정부는 미국과 소련, 중동과 중국 어느 나라에든 외교적 지원을 촉구했으며 아프리카와 연대도 강화하였다. 파농은 1960년 3월 순회대사로 가나의 수도 아크라의 범아프리카회의에 참석하고 인근의 카메룬, 앙골라, 말리를 순방하며 알제리 지지를 구했다. 자신이 백혈병에 걸렸다는 사실을 안 때는 이 여행에서 돌아온 다음인 1960년 말이다. 유작이 된 『대지의 저주 받은 사람들』은 자신의 시한부 생명을 알고서 1961년 초 집필을 시작해 여름에 끝낸 책이며 그는 이 책의 서문을 사르트르에게 청탁한다. 사르트르는 격한 서문을 쓴 다음 동반자 보부아르와 함께 1961년 10월 로마로 와서, (소련도 다녀왔지만) 마지막 치료를 위해 미국 워싱턴 병원으로 떠나는 파농을 만났다.

치안 위협 서적으로 프랑스 경찰의 압수 수색을 받은 이 책을 열면 첫 번째 장의 제목이 '폭력에 대하여'이고 또 이 때문에 파농이 혁명적 폭력을 정당화하지 않았느냐는 논의가 계속되었다. 하지만 『대지의 저주 받은 사람들』이 지적하는 것은 무분별한 폭력의 옹호가 아니다. 식민지 경영이 토착인의 경제 기반의 파괴로부터 시작하여 끝내 폭력적이었다는 점이다. 식민지인들의 삶이나 사고방식은 마침내 승리하는 백인의 가치들 앞에서 패배했고 백인의 가치가 우월하다는 것은 폭력으로 공고해졌다. 파농은 식민지의 폭력이 새삼스럽지 않았다. 『검은 피부, 하얀 가면』은 혁명이나 폭력을 논한 책이 아니지만 그는 그때 이미 식민지의 폭력 행위에 민감했다. 사건들이 일어난다는 것만이 전부가 아니라 사람들은 아무리 피비린내가 나는 소식에도 안락한 내 집안으로 숨어들어갈 뿐이었다. "1945년 세티프의 4만 5,000명의 사망자. 1947년 마다가스카르의 8만 명이 넘는 사망자가 신문에는 그저 뉴스였다. 1952년 케냐 마우마우 독립투쟁의 진압으로 20만 명의 사망자가 발생한 사건도 하나의 국제 뉴스였다." 이런 구절은 식민 지배가 온통 폭력만 휘두른 것으로 들릴 수 있는 일면적인 점이 있고, 실제 사망자는 파농의 이 구절보다는 적다. 어떻든 이 사건들이 모두 사실이었지만 식민지인들이 받은 것이 오직 폭력만은 아니었다. 식민지에는 건설된 인프라, 심어진 가치관도 있었다. 그러나 파농은 블리다 병원에서 FLN 요원들을 만나 육성으로 실제 상황을 들었다. 물론 FLN도 유럽인뿐 아니라 알제리인들에게 거친 폭력을 휘둘렀지만 알제리에서는 프랑스군의 평정화 작전으로 150~200만 명이 수용소로 소개되었으며, 1957년 알제 작전은 대규모 검거와 고문을 수반하였다. FLN의 탁월한 지도자 라르비 벤 미히디(Larbi Ben M'hidi, 1923~1957)가 체포되고 고문 받고 드디어 '실종'되며 알제리 민족 운동가들을 돕는 젊은 변호사 알리 부멘젤이 파리에서 암살당하였다. 식민지 해방의 경로는 알제리 밖에서도 처절하였다. 아프리카의 케냐, 앙골라의 독립 역시 무장 투쟁으로 쟁취되었으며 독립을 해도 비극은 새로 시작되었다. 1961년 1월 벨기에 콩고의 민족운동가 파트리스 루뭄바(Patrice Lumumba, 1925~1961)의 살해는 세계를 경악시켰다. 자원의 보고인 거대한 콩고에서 내부의 적수, 벨기에

세력, 또 다른 외부 세력의 쿠데타로 루뭄바는 제거되고 비밀리에 살해되었다. 루뭄바의 살해에는 냉전 체제하 아프리카를 쥐려는 미국과 소련의 경쟁이 작용했고, 벨기에 콩고의 식민 지배가 유난히 완고했던 것이 모두 작용했지만(벨기에 정부는 훗날 이 사건에 대해 사과한다) 루뭄바 자신은 폭력적인 것을 원치 않는 온유한 주권론자였다. 루뭄바를 만났던 파농은 아프리카 안의 아프리카인이 문제인 것을 지적하고 아프리카 혁명의 어려움을 비판했다.

그렇다면 『대지의 저주받은 사람들』에서 그가 폭력을 논한 것은 폭력을 옹호해서가 아니다. 그 자신이 '붉은 손' 같은 극우단체의 공격 대상이 되어서도 아니다. 『검은 피부, 하얀 가면』의 첫마디가 "오늘은 폭발하지 않겠다"는 것이었는데 그로부터 9년간 그가 보고 겪은 식민주의 해방의 도정이 너무 험했기 때문이다.

8.
맺음말:
인간들 사이의
이 무수한 우월감, 열등감

그는 분명한 반식민주의자였지만 어느 당파에도 가담하지 않았다. 자본주의 폐지 이론인 마르크스주의에도 식민주의를 반대하는 서구 공산주의에도 기울지 않았다. 그가 열중했던 것은 인종주의였으며 그가 치우려 한 것은 인종 차별로 인간 내면에 퍼져 있는 우월감과 열등감의 종양이었다. 1956년 9월 파리에서 열린 제1차 흑인작가예술가 대회에서 파농이, 인종주의는 어쩔 수 없는 것이라는 흑백 간의 무의식적 사고를 거부했을 때 그건 너무 새로웠다. 그의 연설은, 그때는 학생이었던 출판인 프랑수아 마스페로(François Maspero)가 들려주듯이 아직 서구 중심에 물들어 있는 1950년대 서구 젊은이들의 심금을 울렸다. 인종주의는 문화를 동원하여 손볼 수 있는 역사상 하나의 단계라는 파농의 인식과 차분한 논증은 지식이 아니라 삶에서 우러나온, 살아있는 것이었다.

그림 8-5 파농의 책을 펴낸 출판인 프랑수아 마스페로

처음에는 책방을 차리고 이어서 혼자 손으로 출판사를 세운 마스페로는 1960~1970년대의 제3세계 소개와 좌파 출판물의 간행에 크게 기여했다.

인종주의에 대한 그의 비판은 초기작 『검은 피부, 하얀 가면』에서 이미 농익었다. 유색인 남자와 백인 여자, 유색인 여자와 백인 남자 사이에는 사랑도 관계도 정직하기 힘들었다. 애정이 자기 파멸을 불러왔다. 그 착잡한 심리 구조는 그러나 여자와 남자의 관계에 한정되지 않았다. 사람은 누구하고든 연민의 끈을 가져야 한다. 이것이 없이는 몸도 마음도 온기를 잃어서 마침내 생명의 힘이 스러진다. 그런데 "나는 다른 사람과 연민의 끈을 만들 가능성이 없으리라는 공포감," 혹은 그런 끈이 존재한다 해도 망가질 것이라는 두려움, 그것이 흑인에게 찰싹 들러붙어 있다는 것이 파농을 사로잡았다. 게다가 흑인과 백인은 공포감만 주고받지 않았다. 흑인은 수없이 매순간 경멸의 세례를 받았다. 파농의 표현을 빌리면, "흑인들은 수탈당하고 노예화되었을 뿐 아니라 경멸을 받았다." 그러나 파농은 다시, 그 경멸을 보낸 이가 백인이었던 것은 우연이었다고 덧붙인다.

파농은 어떻든, 보이지 않는 권력, 횡포, 우월감, 열등의식, 오만, 공포, 추종, 경멸, 무례, 그것들을 식민지 지배자들도, 지배를 받은 이들도 내장 속으로부터 박박 긁어내야 흑인이든 백인이든 유색인이든 서로가 인정하는 전망이 열리리라 보았다. 1960년대 미국 흑인 민권운동이 파농으로부터 영감을 받은 것도 이 경멸과 인정의 문제를 그가 강력하게 제기했기 때문이었다. 경멸은 질기고 끈덕졌기 때문이다. 흑인 여대생은 흑인 남자를, 프랑스어는 카리브해의 크레올(Créole)어를, 갈색 피부는 까만 피부를, 같은 식민지 부대라도 유럽 출신의 병사들은 세네갈 병사들을, 그리고 앙티유 군인은 아프리카 군인을 경멸로 대하는 것이 현실이었다. 흑인 남성이 유럽 여성과 결혼하면 그 남자는 자신이 동족 여성들을 경멸하는 것이 아닌지 하는 자책감이 일었다. 경멸이 무서운 이유는 그것이 남에게서 나에게로만 오지 않는 데 있다. 내가 나를, 나의 집합인 우리를 경멸하는 것이 경멸의 속성이었다.

경멸의 극점은 어디쯤이었을까. 혹시 지하실에서 벌어지는 고문, 더구나 식민지인이 식민지인을 학대하는 그 순간이지는 않았을까. 1947년 인도양의 프랑스 식민지 마다가스카르 섬에서 민족봉기가 일어나고 대규모 유혈 진압이 벌어지는 때에 파농은 막 대학생이었다. 그는 『검은 피부, 하얀 가면』에서 마다가스카르의 수도 안타나나리보 재판정에 선 고문당한 이의 증언을 빌려 그 지하실 고문을 동작 하나하나 기록하였다. 파농은 더 이상 이런 종류의 일을 언급하지는 않은 것 같다. 그러나 식민지인이 식민지인을 구타 감금 폭행하는 것은 알제리 전쟁기의 하르키(Harki)를 통해 뼈아프게 드러났다. 프랑스 군대의 무슬림 보조 병력인 하르키는 알제리뿐 아니라 파리에도 등장했다. FLN의 공격으로 프랑스 내 치안이 불안해지자 파리 경찰도 무슬림을 동원했으며, 그 결과 동족끼리 가하고 당하는 폭력의 현장은 식민지의 병리를 그대로 노정했다.

돌아보면 1950년대의 반식민주의는 그 모든 것, 경멸, 폭력, 차별에 지지 않은 민중에 힘입었다. 피지배 사회도 희망과 폭력이 엉겨 붙은 수렁이기도 했건만 식민지 민중은 식민지의 굴레를 벗는 것이 우선 과제라고 여겼다. 그리고 수많은 민중이 목숨을 바친 그 식민지 해방의 도정에는 파농의 글 같은 동반자가 있었다. 어떤 대목에는 과장도 있고 때로는 순박하기도 하지만 그의 텍스트는 하나같이 음악 같고 밝고 환한 비판이었다. 그래서 식민지 지식인이 유산처럼 물려받기 쉬운 자조와 냉소를 남기지 않았다. 그는 냉소와 자조를 멀리하고 인종주의, 식민주의를 털어낼 민중의 역량을 믿으면서 그 역량을 키우는 데 매진한 식민지 출신의 정신적 의사였다.

참고문헌

1. 알리스 세르키, 이세욱 옮김, 『프란츠 파농』, 실천문학, 2002.
2. 프란츠 파농, 남경태 옮김, 『대지의 저주받은 사람들』, 그린비, 2004.
3. 프란츠 파농, 홍지화 옮김, 『알제리혁명 5년』, 인간사랑, 2008.
4. 프란츠 파농, 노서경 옮김, 『검은 피부, 하얀 가면』, 문학동네, 2014.
5. 에드워드 사이드, 김성곤·정정호 옮김, 『문화와 제국주의』, 窓, 2002.
6. 로런트 듀보이스, 박윤덕 옮김, 『아이티혁명사』, 삼천리, 2014.

1. 『검은 피부, 하얀 가면』(발췌)

앙티유 흑인은 프랑스어를 자유자재로 구사할수록 점점 더 백인에, 곧 진정한 인간에 다가가리란 것이다. 우리는 사람이 '존재' 앞에서 취하는 태도의 하나가 바로 그것임을 모르지 않는다. 사람은 언어를 소유하게 되면 결국 그 언어가 표현하고 의미하는 세계를 소유한다. 우리가 무슨 이야기를 하는지 알고도 남으리라: 언어를 소유하면 비상한 힘이 생긴다.

(중략)

본국을 알고 있는 흑인은 거의 신이다. 이 이야기라면 나의 동향인들에게 충격을 주었던 사건이 있어 알려주겠다. 많은 앙티유인들이 본국에서 한참 체재하고 나면 돌아와서 높이 떠받들어진다. 움막 같은 자기 집 밖으로는 나가본 적이 없는 토착민, '비타코(bitaco)'는 이들이 보이는 갈 데까지 간 이중의 태도를 받아들인다. 프랑스에서 얼마 간 살았던 흑인은 체질이 바뀌어서 돌아온다. (중략) 그는 출발하기도 전에 벌써 날아갈 듯 걷고 사람들은 저이가 기운이 뻗쳤구나 하고 느낀다. 그는 친구나 동료를 만나면 두 팔을 벌리고 인사하던 예전의 그 사람이 아니다. 우리의 '미래'인 그는 보일 듯 말 듯 고개를 약간 숙인다. 늘 쉰 소리를 내던 목소리에 지금은 살랑바람이 불어와 사람 속이 보들보들해진 것이 느껴

진다.

(중략)

사실 마르티니크에서는 흔히, 기적이 일어나서 하얗게 되면 구원을 받으리라는 꿈이 있다. 디디에의 빌라, 저 높은 상류사회에 (디디에 언덕은 시가지를 굽어본다) 들어가는 것, 그러면 헤겔의 주관적 확실성이 실현된다. 한편 이러한 태도 묘사 속에는 존재와 소유의 변증법이 자리잡고 있다는 것이 분명히 보인다.

(중략)

백인 쫓아다니기에 미치다시피 한 이 모든 유색인 여성들은 기다림 속에 있다. 조만간 이 여성들은 제자리로 돌아오지 않으려는 자신에 놀란다. 이 여성들은 "황홀한 밤, 황홀한 애인, 백인"을 꿈꾼다. 이 여성들 역시 어느 날인가는 "백인들은 흑인 여성과 결혼하지 않는다"라는 것을 간파할 것이다. 하지만 이들은 그런 위험은 감수하기로 했다. 그래야만 한다. 어떻든 흰색이 될 테니까. 이유가 무엇인가? 간단하다. 그들의 마음에 드는 이런 이야기가 있다.

어느 날 성자 베드로가 세 사람이 천국에 당도한 것을 보았다. 백인, 물라토, 검둥이였다.

"무엇을 원하는가" 하고 백인에게 물었다.

"돈이죠."

"그럼 너는" 물라토에게 말했다.

"영광이오."

그다음 베드로가 흑인 쪽으로 돌아서자 그 흑인은 활짝 미소 지으며 단언했다.

"저는 이 나리들의 짐 가방을 나르러 왔습니다."

결코 도구가 인간을 지배하지 않기를. 인간에 의한 인간의 예종, 다시 말해 나와 타자의 예종이 영원히 그치기를……

검둥이는 있지 않다. 백인도 마찬가지다.

진정한 소통이 태어나도록 양자는 모두 그들 각각의 선조들이 남긴 비인간적 목소리로부터 멀어져야 한다. 긍정적인 목소리 안으로 들어오기 전에 자유를 위한 탈소외의 노력이 필요하다. (프란츠 파농, 『검은 피부, 하얀 가면』, 문학동네, 2014)

2. 「파농의 책을 출판한 프랑수아 마스페로의 회고」

나는 파농을 1956년 9월 파리에서 딱 한 번 보았다. 제1차 흑인작가 예술가대회에 학생 신분으로 참석한 자리였다. 지금도 그의 목소리가 울린다. 그의 연설 '인종주의와 문화'는 이론이 아니라 살아온 것에 바탕을 둔 논증이었다. 그래서 청중을 돌연히 뜨겁게 달구는 힘이 있었다. 파농의 언설은 인종주의가 우연한 심리적 과오가 아니라 일방적으로 선포된 특정 문화의 규범가치를 확인하는 것이라는 증명이었다.

따라서 인종주의에 대한 투쟁은 이 사회가 품고 있는 억압에 대해 투쟁하지 않는 한 실패할 수밖에 없었다. 아직 인종중심주의가 배어 있는 인류학의 가르침으로부터 막 벗어난 나에게 그것은 내 목을 내리치는 것이었다. 1956년 알제리 전쟁 중 가혹해 가는 프랑스의 탄압을 보고 있고, 또 전쟁을 하러 가야 하는 우리 세대에 파농의 목소리는 내내 울려왔다.

그날 파농을 들으면서 내가 3년 후 그의 출판인이 될 줄은 몰랐다. 『알제리혁명 5년』은 출판사를 차리고 처음 출판한 책들 가운데 하나였고 그에게 남은 시간은 5년밖에 안 되었다. 그는 『대지의 저주받은 사람들』 첫 번째 인쇄본을 받고서 세상을 떴다. 세르키의 평전(프란츠 파농, 이세욱 옮김, 실천문학사, 2002)은 파농의 시대뿐 아니라 우리 시대에도 파농을 통째로 들여밀었던 책이다. 파농이 갔을 때 그의 나이는 대부분의 사람은 아직 어떤 기초도 세우지 못하는 나이였다.

(프랑수아 마스페로는 이집트학 전문가인 아버지와 어머니 양친을 모두 나치의 유대인 수용소에서 잃고 자신은 살아남아 외할머니의 지원으로 1956년 파리 시내 라탱구에서 일찍 책방을 열었다. 작은 도서관처럼 차린 그의 책방 '책 읽는 즐거움'은 1950년대 파리 지식인의 안식처였으며 그는 여기서 출발하여 프랑수아 마스페로 출판사를 세우고 알제리 전쟁 동안 파농의 저술을 비롯하여 알제리 독립전쟁에 관한 책을 여러 권 간행하여 책은 몰수되고 책방은 극우 단체의 공격을 받았다. 마스페로는 1970년대 말까지 아프리카와 이슬람, 인도차이나, 쿠바를 가리지 않고 제3세계의 저작을 출판했으며 문학과 사상서를 포함한 광범한 좌파 출판에 기여하였다. 1980년에는 상징적으로 10프랑을 받고 그의 마스페로 출판사를 데쿠베르트 출판사에 넘겼다.)

(『르몽드』, 2000. 9. 21)

9장

흑인
민권운동
마틴 루터 킹

황혜성

1.
흑인들의
지난한 투쟁

미국 정부는 1980년에 마틴 루터 킹 2세 (Martin Luther King, Jr.)가 태어난 곳, 다녔던 교회, 그리고 그의 장지를 포함한 지역을 '마틴 루터 킹 2세 사적지(Martin Luther King, Jr., National Historic Site)'로 지정하였고, 1983년부터는 매년 1월 세 번째 월요일을 킹의 생일을 기념하는 공휴일로 정했다. 그리고 1991년에는 킹이 암살되었던 멤피스에 민권운동 박물관을 건립했다. 이처럼 킹은 미국 민권운동의 대변인으로 미국인들에게 존경받는 인물이다. 그리고 그는 비폭력 무저항 투쟁방법으로 1964년 노벨평화상을 받았다.

역사가 제임스 콘(James H. Cone)이 마틴 루터 킹은 "민권운동의 상징일 뿐만 아니라 미국 자체의 상징이다"라고 말한 것처럼, 킹은 20세기의 선지자였고, 훌륭한 흑인 지도자였다. 그는 '모든 인종, 강령, 그리고 다양한 국가출신의 사람들이 서로 사랑하는 공동체(beloved community)를 이루고 함께 살아가는 자유의 나라 미국'을 꿈꿨다. 그러나 그의 꿈은 그의 생애 말기에 좌절로 변모되었다. 그의 꿈은 당시 현실로 이루어지기에는 너무 크고 원대했다. 따라서, 그의 민권운동은 1965년을 기점으로 두 국면으로 나눌 수 있다. 첫 번째 국면은 1955년 몽고메리에서 시작된 버스승차거부운동부터 1965년 셀마 행진까지의 시기로 백인사회로의 통합을 꿈꾸며 이를 이루기 위해 노력한 시기이며, 두 번째 국면은 1966년 시카고 시위부터 암살당하기까지 그의 생애 마지막 3년의 시기로 킹이 '과격한 킹'으로 변모한 시기이다.

미국 역사에서 마틴 루터 킹이 활동했던 1950~1960년대는 자유를 누구나 누리는 사회가 아니었다. 제2차 세계대전 이후 소위 '미국의 세기(The American Century)'가 시작되었고, 미국은 자타가 공인하는 민주주의 수호국가로 부상하였다. 그러나 대외적으로 주창된 '민주주의'와 자유는 대내적으로 볼 때 단지 백인을 위한 구호였다. 흑인은 전후 미국이 누린 경제적 번영에서 제외되었고, 여전히 '보이지 않는 존재'로 열등한 시민으로 취급되었다. 이러한 사회적 불평등에 대항하여 1955년 12월 몽고메리에서 시작된 버스승차거부운동과 그 후 이어진 10여 년의 흑인저항운동을 민권운동이라고 부른다. 그러나 1950년대 민권운동이 일어나기 이전 70여 년간 미국은 인종분리정책을 고수하여 왔고, 흑인들은 이에 대해 소극적, 또는 적극적 형태로 저항해 왔다. 그리고 이러한 흑인들의 저항에 전국유색인지위향상위원회(NAACP: National Association for the Advancement of Colored People)와 같은 흑백통합기구가 점진적인 방안으로 흑인의 법적 지위향상에 있어서 중요한 역할을 해 왔다. 따라서, 민권운동이 일어나기 전 미국흑인들이 벌여 온 지난한 투쟁과 백인들의 태도 변화라는 두 가지 맥락에서 민권운동의 배경을 이해해야만 한다.

흑인들에 대한 인종차별은 미국 역사 초기로 거슬러 올라간다. 그러나 인종차별을 넘어서서 흑백분리(segregation)가 사회적 관행으로 자리 잡기 시작한 시기는 1880년경부터이고, 그러한 사회적 관행이 연방법으로 보호된 계기는 1896년 플레시 대 퍼거슨(Plessy vs. Ferguson) 재판이었다. 이 재판에서 백인과 흑인에게 평등한 시설을 제공한다면 흑백분리는 헌법에 위배되지 않는다는 대법원 판결이 내려졌다. 이제 미국사회 내의 흑백분리는 새로운 질서가 되었고, 이후 소위 인종차별법의 대명사로 알려진 '짐 크로우(Jim Crow) 법'은 사회 모든 분야에 적용되었다. 흑인은 흑인학교에만 다녀야 했고, 백인이 다니는 음식점, 호텔, 병원은 물론이고, 공공 오락장소, 극장, 엘리베이터, 공원의 출입이 금지되었고, 심지어는 묘지까지도 흑백분리가 적용되었다. 교통수단에 있어서도 흑백분리가 시행되어 버스의 뒷자리, 기차의 흡연실이 흑인전용 시설이었다. 만약 흑인이 백인이 규정해 놓은 사회적 경계를 무시하면 폭행을 당했다. 특히, 남부에서는 KKK(Ku Klan Klan)와 같은 테러단체들이 흑인을 대상으로 잔인한 린치를 가했다. 그리고 흑인폭행과 살해를 한 백인들은 법적인 처벌 없이 방면되고는 했다.

마틴 루터 킹이 태어난 1920년대 미국사회는 여전히 흑인들이 공적 영역에 있어서 오직 '흑인전용(colored only)' 영역에 머물러야 하는 세계였다. 그러나 1920년대는 자의식을 지닌 적극적이고 반항적인 '새로운 흑인(New Negro)'이 등장한 시기이다. 그들은 노예제도를 경험하지 않은 세대로서 기존의 '인종차별과 분리'의 사회질서에 무력으로 항거하기 시작했다. 제1차 세계대전에 참전한 흑인들은 비록 정규군이 아니었지만 연합군을 도와 유럽에서 전투에 참여하였고, 그들을 환영하는 유럽인들의 태도에서 미국에서 느끼지 못했던 자부심과 긍지를 느낄 수 있었다. 더욱이 그들은 먼 거리에서 미국을 새로운 시각으로 바라볼 수 있었고, 고국에 돌아가면 민주주의를 위해 싸운 그들에 대한 대우가 달라지리라 기대했다. 그러나 유럽에서 돌아온 그들이 받은 대접은 또다시 냉대와 차별이었다. 특히, 남부 백인들은 군복이 흑인을 망쳐 버렸다면서 그들을 폭행하고 린치를 자행했다. 이에 흑인 젊은이들은 '눈에는 눈, 이에는 이'를 부르짖으며 총을 들고 맞섰다. 따라서, 제1차 세계대전 이후 흑인과 백인 간의 크고 작은 무력충돌이 크게 증가했다.

제1차 세계대전은 또한 흑인의 남부편중 현상이 깨어지는 계기가 됐다. 전쟁으로 외국인 배척감정이 고조했고, 이민이 줄어들자 북부의 공장들은 부족해진 노동력을 남부의 흑인으로 충당하고자 했다. 선전에 고무되어 북부로 이주해 간 흑인들은 새로운 환경에서 또다시 차가운 인종주의에 직면하였다. 그들은 주로 비숙련 노동자로 게토에서 생활하며, 번영 속에서 소외된 자신들의 사회적 지위를 깊이 인식했다. 그런 그들에게 뉴욕을 중심으로 조직된 마르쿠스 가비(Marcus Garvey)의 흑인분리주의 운동은 상당한 호응을 이끌어 냈다. 가비는 흑인성, 흑인문화, 흑인역사에 대한 자부심을 강조하고, 흑인들이 아프리카로 돌아가야 한다고 주장했다. 이 시기에 등장한 또 하나의 중요한 운동은 뉴욕의 할렘을 중심으로 일어난 할렘르네상스(Harlem Renaissance)였다. 할렘르네상스는 흑인 문인과 음악가 등 예술인을 중심으로 일어난 문화운동으로 자의식이 강해진 흑인들의 정체성을 찾고자 하는 노력의 일환이었다.

제2차 세계대전은 흑인에게 기회의 문을 열어 주었다. 전쟁 중 수백만 명의 흑인이 군에서 복무하거나 군수공장에서 일했다. 그 결과 수십 년에 걸쳐 점진적으로 성장해 오던 도시의 흑인 중간계급이 전후에 더욱 증가하기 시작했다. 그들을 중심으로 목사, 교육자, 전문인 등 도시 흑인 사회 지도자들이 배출되었고, 그들은 민권운동을 추진하는 원동력이 되었다. 여기에 수십 년 동안 증가한 흑인 대학생들은 사회의 불평등과 인종주의를 더욱 깊이 인식하였고, 서로 협력하여 독자적인 조직을 발전시켰다. 제2차 세계대전은 백인들의 태도에도 큰 변화를 가져왔다. 자타가 공인한 세계민주주의 수호국가로서 세계에 모델을 제시하려는 미국은 자국에 존재하는 인종차별과 인종주의에 모순을 느끼게 되었고, 일부 진보적인 백인들은 흑인들의 지위향상을 지지하고 적극적으로 참여하였다. 또, 게토 지역의 흑인 투표권에 민감한 정치인들은 흑인들의 법적 투쟁을 지지하고 자금을 제공하였다. 그러나 어떤 단체보다도 전국유색인지위향상위원회의 지속적인 활동과 성과는 민권운동의 토대가 되었다.

전국유색인지위향상위원회는 1910년에 메리 어빈턴(Mary Ovinton), 오

그림 9-1 1963년 마틴 루터 킹의 워싱턴 연설

스왈드 게리슨(Oswald Garrison) 등 진보적인 백인이 중심이 되고, 두 보이즈(W. E. B. Du Bois)와 같은 당대 최고의 흑인지식인을 포함하여 형성된 단체이다. 이 단체는 흑인 지위향상을 위해 노력했고, 인종적 불평등을 전국적인 단위에서 공격하고, 주로 인종분리 교육에 반대하여 법적 소송에서 승리를 거두었다. 특히, 1930년대, 1940년대에 대규모의 캠페인을 통해 흑인의 공립학교에 다닐 동등한 권한, 투표권, 배심원 권한, 그리고 철도에서의 차별철폐 등을 요구했고, 뒤이어 공립학교에서의 흑백분리를 공격하기 시작했다. 이러한 노력은 1954년 브라운 대 토페카교육위원회(Brown vs. Education of Topeka) 사건 판결에서 결실을 맺었다. 이 판결에서 대법원장 얼 워렌(Earl Warren)은 인종에 기초한 공립학교에서의 인종분리는 명백하게 헌법에 어긋난다고 선언했다. 이 판결은 민권운동의 시작을 알리는 신호탄이라 할 수 있고, 다음 해 '브라운 II'로 알려진 또 다른 판결로 이어졌다. 이 판결의 내용은 지역사회가 '할 수 있는 한 신중한 속도'로 학교에서의 인종통합을 해야 한다는 것이었다. 남부에서 브라운 판결에 대한 대대적인 저항이 있었지만, 이 판결은 인종분리에 대한 항거를 거세게 만드는 계기가 되었다. 특히, 1955년 12월 1일 흑인 여성 로자 팍스(Rosa Parks)는 버스에서의 인종분리를 거부함으로써 수감되었고, 이 사건은 민권운동에 불을 붙였다. 그리고 민권운동의 중심에 마틴 루터 킹이 있었다.

2.
마틴 루터 킹 2세의
생애와 '꿈'

마틴 루터 킹은 1929년 1월 15일 남부 조지아 애틀랜타에서 태어났다. 킹의 할아버지와 아버지는 모두 기독교 목사였으며, 남부 흑인들의 평등과 정의를 위해 헌신하는 흑인사회의 지도자들이었다. 그의 아버지는 강인한 성격을 지녔고, 도덕적인 원칙을 중요시했다. 킹은 매우 화목한 가정과 애틀랜타의 신앙심 깊은 중산층 흑인 사회에서 성장했다. 비록 상대적으로 여유 있는 집안에서 자랐지만 킹은 어린 시절부터 사회제도가 만들어 낸 문제점을 인식했고, 남부 사회의 뿌리 깊은 인종분리를 직접 체험하며 성장했다. 그러나 킹의 부모님은 남부의 인종분리를 자연의 질서로서 받아들이기보다는 '남부의 불공평한 사회적 조건'으로 받아들이라고 가르쳤다.

남부 중류 가정에서 성장한 킹은 학업을 중단하는 일 없이 교육을 받을 수 있었다. 남부의 불평등한 사회 질서를 바꿔야 한다는 생각을 지녔던 그는 1944년 모어하우스 대학(Morehouse College)에 입학하여 변호사 또는 의사가 되고자 했다. 모어하우스에서 그는 도덕, 종교, 그리고 인종차별이 심한 남부가 지닌 사회문제를 새로운 각도로 보기 시작했다. 특히, 헨리 데이비드 소로(Henry David Thoreau)의 '시민 불복종(On Civil Disobedience)'에 영감을 받은 그는 불의와 협력하지 않는 것이 도덕적 의무라고 생각하기 시작했다.

킹은 모어하우스 대학을 졸업한 후, 사회 문제를 철학자들이 어떻게 다루는지 더 연구하고자 크로체 신학대학(Crozer Theological Seminary)

에 진학하였다. 사회적 여건을 개선하여야 영혼을 고양시킬 수 있다고 생각한 킹은 진실한 목사는 회중들의 물질적인 여건뿐만 아니라 영적인 요구도 다루어야 한다고 생각했다. 이 시기에 그는 "나는 한편으로 개인의 영혼을 변화시킴으로써 사회를 변화시키도록 노력해야만 한다. 그리고 다른 한편으로는 사회를 변화시킴으로써 개인의 영혼이 기회를 얻도록 노력해야만 한다. 그러므로 나는 실업, 빈민가, 경제적 불안에 대해 관여하여야만 한다"라고 기술했다. 크로체 신학대학 시절 그는 아리스토텔레스, 루소(Rousseau), 홉스(Hobbes), 밀(Mill), 로크(Locke), 마르크스(Marx), 니버(Niebuhr)를 비롯해서 영향력 있는 사상가들의 글을 읽었다. 이때 간디(Gandhi)의 글을 접한 그는 특히 사랑과 비폭력의 힘에 대한 메시지에 깊은 감명을 받았다. 그 후에도 간디는 그의 시민권 투쟁 방법과 철학에 가장 큰 영향을 끼쳤다.

크로체를 졸업한 후 킹은 보스턴 대학(Boston University)에 진학하여 철학과 종교를 계속 공부했다. 그곳에서 그는 인간 개인이 지닌 고유한 위엄에 대한 확신이 더욱 커졌고, 억압받는 사람들이 자유를 획득하는 가장 효과적인 방법은 비폭력적인 저항임을 더욱 확신하게 되었다. 그는 보스턴에 있는 동안 코레타 스콧(Coretta Scott)을 만났고, 박사학위를 받은 후에 결혼했다.

1954년 킹은 덱스터 에브뉴 침례교회(Dexter Avenue Baptist Church)에서 목회활동을 하기 위해 앨라배마 몽고메리로 갔다. 그곳에서 그는 신도들에게 자유를 추구할 것을 권유했다. "나는 모든 신도들에게 유권자로 등록하고 전국유색인지위향상위원회 회원이 되고, 신도들이 사회적, 정치적, 경제적 상황과 여건에 대해 잘 알 수 있도록 교회 내에 사회적 정치적 행동 위원회를 조직하라고 주장했다"고 그는 기록했다. 그

그림 9-2 애틀랜타의 집에서 가족과 함께한 마틴 루터 킹

리고 그 자신도 전국유색인지위향상위원회와 앨라배마인간관계위원회 (Alabama Council on Human Relations)에 깊이 관여했다.

킹에게 있어서 '미국의 꿈'과 자유는 백인사회로의 통합을 전제로 했고, 그의 통합주의는 기독교에 바탕을 두었다. 어린 시절부터 자연스럽게 기독교를 받아들인 그는 정의, 사랑, 희망의 하느님을 믿었다. 그에게 있어서 정의는 백인들이 흑인을 평등한 존재로 인정하는 것을 의미했으며, 이는 사랑을 통해서 실현된다고 생각했다. 사랑은 비폭력을 의미하고, 비폭력은 기독교의 "오른쪽 뺨을 때리면 왼쪽 뺨을 내놓으라"는 가르침의 실천이었다. 따라서, 그는 흑인들은 자신들의 권리를 위해 비폭력적인 방법으로 항거해야 하고, 그래야만 궁극적인 목적을 달성할 수 있다고 믿었다. 또, 그는 백인에 대한 믿음을 지녔다. 그는 기독교에 바탕을 둔 서구문명이 우월하다고 생각했고, 서구문명을 만들어

낸 백인을 신뢰했다. 그러므로 백인 중 소수만이 인종주의자들이고, 다수의 백인은 자신의 인종통합 운동을 지지한다고 생각했다.

마틴 루터 킹은 남부흑인교회를 규합하여 남부기독교지도자회의의 (SCLC: Southern Christian Leadership Conference)를 조직하고, 더 많은 에너지를 남부기독교지도자회의에 쏟아붓기 위해서 애틀랜타로 돌아와 아버지가 목사인 침례교회의 부목사가 되었다. 그에게 있어서 민권운동은 종교와 분리된 정치운동이 아니라 종교에 바탕을 둔 운동이었다. 그러므로 그는 '미국의 영혼을 구하기 위해' 민권운동을 추진해 나갔다. 그는 이 땅에서의 정의 대신에 천국을 강조하는 흑인교회를 비난하였고, 진정한 천국의 의미를 민권운동과 결부시켰다.

3.
마틴 루터 킹과
민권운동의 진전

마틴 루터 킹은 비폭력 무저항 방법으로 흑인인권을 위해 투쟁하는 데 앞장섬으로써 민권운동의 지도자로 알려지기 시작했다. 그의 모어하우스, 크로체, 보스턴 대학에서의 수학과 민권운동가들과의 교류는 몽고메리 버스승차거부운동으로 이어졌다. 1955년 12월 흑인 여성 로자 팍스는 시내버스에 승차하여 백인 전용 자리에 앉았다. 백인을 위해 일어나라는 지시에 불응한 그녀는 버스 뒷자석에 앉아야 하고, 승객이 꽉 찰 경우 백인에게 자리를 양보해야 한다는 법칙을 어긴 것이다. 그녀는 체포되었다. 이를 계기로 킹과 닉슨 (E. D. Nixon), 랠프 애버내시(Ralph Abernathy), 로이 베넷(L. Roy Bennett) 등 다른 흑인 지도자들은 버스승차거부운동을 이끌었다. 그들은 먼저 온 승객이 자리에 앉아야 하며, 버스 기사는 흑인 승객에게도 공손하게 대해야 하고, 어떤 노선에서는 흑인 기사를 채용할 것을 요구했다.

킹과 몽고메리발선협회(MIA: Montgomery Improvement Association)의 지도자들은 카풀(car pool)과 같은 다른 운송수단을 고안했고, 거의 모든 흑인들이 이에 동참했다. 남부 백인들은 민권운동가들에게 협박전화를 했고, 킹을 비롯한 민권운동 지도자들의 집에 폭탄을 던졌고, 심지어 경찰은 차를 모는 흑인들을 잡아갔다. 이러한 위협 가운데 흑인들은 1년여 기간을 걸어 다니거나 카풀을 이용했다. 흑인들의 버스승차거부운동으로 버스 회사뿐만 아니라 몽고메리의 상인들이 경제적 압력을 받았고, 결국 1956년 후반 대중교통에서의 인종분리는 불법이라는 대법원 판결을 이끌어 냈다. 이 비폭력 무저항 운동은 미국 역사에서 비록 사회·경제적으로 억압받는 흑인들이지만 함께 힘을 합하면 변화를 가져올 수 있다는 것을 깨닫게 한 계기가 되었다. 그러나 무엇보다도 이 운동으로 지역 목사였던 마틴 루터 킹 2세가 민권운동가로 부각되었다. 이제 그는 흑인지도자로 알려졌을 뿐만 아니라, 국제적으로 유명해져 '미국의 간디', '미국의 모세'라고 불렸다.

몽고메리의 승차거부운동은 성공으로 끝났지만, 흑인들의 다른 권한들은 여전히 거부되고 있었다. 킹은 전국을 돌며 흑인민권에 대해 연설했고, 그의 연설은 수많은 흑인들을 고무시켰다. 민권운동의 다음 단계는 그린스버로(Greensboro)에 위치한 노스캐롤라이나 농업기술대학(North Carolina Agricultural and Technical College)에서 시작되었다. 흑인 대학생들은 흑백 분리된 울워스(Woolworth)의 점심 판매대에서 연좌농성(sit-ins)을 시작했다. 그 후 언좌농성 운동은 남부 선역으로 퍼져 나갔고, 많은 학생들이 참여했다. 연좌농성에 참여했던 학생 중 일부가 학생비폭력조종위원회(SNCC: Student Nonviolent Coordinating Committee)를 조직했는데, 이는 마틴 루터 킹이 결성한 남부기독교지도자회의 학생지부였다.

1961년 인종평등회의(CORE: Cogress on Racial Equality)에서 활동하던 일군의 흑백 학생들이 '자유를 위한 승차(Freedom Rides)' 운동과 투표권 등록 운동을 전개했다. 학생들은 버스로 남부를 돌아다니며 버스 대합실의 흑백통합을 강행했다. 그들이 몇몇 장소에서 백인들로부터 야만적인 폭행을 당하자 케네디 대통령은 마침내 연방군을 보내 평화를 유지시켰고, 모든 버스 대합실과 기차역에 흑백통합을 명령했다.

점점 거세지던 민권운동은 1963년 앨라배마에서 일어난 사건들로 절정에 이르렀다. 그해 4월 킹은 앨라배마 버밍햄(Birmingham)에서 일련의 비폭력 시위를 주도했다. 인종차별자인 유진 '불' 코너(Eugene 'Bull' Connor) 경찰국장은 경찰견, 최루탄, 소방호스, 전기봉 등을 사용하며 무자비하게 시위를 진압했다. 그는 수백 명의 시위자들을 체포했고, 이때 킹도 체포되어 수감되었다. 킹은 감옥에서 「버밍햄 감옥으로부터의 편지(Letter from Birmingham Jail)」를 써서 미국인들의 양심에 호소하며, '지금 바로 정의가 실현되기를(justice now)' 요구하고, 비폭력 무저항의 중요성과 모든 미국인들에게 시민권이 필요함을 알렸다.

두 달 후 앨라배마 대학 한 건물에서 흑인 학생이 법원 명령에 따라 투표권 등록을 하는데, 주지사 조지 월리스(Geroge Wallace)는 주방위군을 출동시켜 이를 저지하였고, 연방군이 도착한 다음에야 물러났다. 그리고 그날 밤 미시시피 주에서는 전국유색인종지위향상위원회 임원인 메드가 에버스(Medgar Evers)가 살해되었다. 같은 해 9월에는 버밍햄의 한 흑인교회에서 폭탄이 터져 흑인 어린이 4명의 목숨을 앗아갔다.

앨라배마와 미시시피에서의 연이은 사건들은 케네디 대통령으로 하여금 인종문제를 더 이상 묵과할 수 없게 만들었다. 케네디는 대국민 연설에서 미국이 직면한 도덕문제를 언급하였고, 얼마 후 공공시설에서의 흑백분리 금지와 고용차별을 금지하는 입법안들을 제안했다. 이 법안을 지지하기 위해서 킹은 역사적인 워싱턴 행진을 이끌었고, 25만이 넘는 흑백 시위자들이 1963년 8월 28일 워싱턴 링컨 기념관 앞으로 모였다. 여기에서 킹은 '나에게는 꿈이 있습니다(I Have a Dream)'라는 연설로 시위자들을 고무시켰다. 그는 이 연설에서 미국이 초기에 지녔던 꿈과 노예제도와 인종적 불관용이라는 모순을 지적했다. 그리고 그는 "흑인 사회를 지배하는 새로운 투쟁성에 이끌려 백인들을 불신해서는 안 됩니다. 오늘 이 자리에 참가한 많은 백인들을 보면 알 수 있듯이, 백인 형제들 중에는 백인과 흑인이 운명공동체라는 사실을 인식하는 사람들이 많습니다. 이 백인들은 자신들의 자유는 우리의 자유와 단단히 얽혀 있음을 인식한 사람들입니다. 우리 혼자서는 걸어갈 수 없습니다"라고 말하며 백인과의 연대를 강조했다.

킹이 이끈 워싱턴 행진은 흑백이 함께한 시위로 미국역사에서 규모가 가장 큰 민권시위였다. 그리고 워싱턴 행진은 연방선거에서 인두세를 없애는 헌법 수정조항 20조, 그리고 공공시설에서의 흑백분리와 고용차별을 금지하는 1964년 민권법이라는 성과를 거두었다. 이제 민권운동은 투표권 투쟁으로 초점이 옮겨졌다.

1964년 여름, 민권운동가들은 미시시피를 중점으로 남부 전역으로 가서 흑인의 투표등록과 선거참여를 위한 캠페인을 전개했다. 이는 '자유를 위한 여름(Freedom Summer)'으로 알려졌고, 남부 백인들은 이에 폭력으로 대응했다. 그 결과 2명의 백인 앤드류 굿맨(Andrew Goodman)과

그림 9-3 거리의 폭력

마이클 슈워너(Michael Schwerner)와 흑인 제임스 채니(James Chaney)가 살해되었다. 이 운동으로 페니 루 해머(Fannie Lou Hamer)의 지도하에 흑백 통합인 미시시피자유민주당(MFDP: Mississippi Freedom Democratic Party)이 창설되었지만, 정규 당으로 인정받지 못했다.

1965년 3월 킹은 앨라배마 주 셀마(Selma)에서 흑인 투표 등록권을 요구하는 시위를 조직했다. 이 운동의 목적은 남부 흑인들이 선거권을 가질 수 있도록 국가 입법을 이끌어 내는 데 필요한 압력을 조성하는 것이었다. 보안관인 짐 클라크(Jim Clark)는 지역 경찰을 이끌고 시위대를 잔인하게 진압했고, 이 장면은 TV를 통해 전국으로 방영되었다. 이 진압으로 2,600명이 구금되었고 시위 과정에서 2명의 백인이 살해되자, 전국적으로 분노가 일어났다. 이러한 분위기에서 존슨 대통령이 제안한 민권법이 가결되었고, 그때까지 시행되어 오던 문맹 테스트와 다른 불합리한 투표자격 여건과 방해 장치들을 모두 철회하는 투표권법이 통과되었다.

4.
'온건한 킹'에서
'과격한 킹'으로

1964년 민권법이 통과되고 그 공로로 노벨평화상을 수상했을 때 킹은 흑인들의 자유가 실현되는 데 있어서 투표권 거부가 마지막 장애라고 생각했고, 투표권을 위한 투쟁을 시작했다. 그는 이 투쟁이 자신이 10년 전 몽고메리에서 시작했던 자유를 향한 행진의 마지막 장이라고 여겼다. 특히 많은 백인들이 이 행진에 적극적으로 참여하였고, 경제적으로 후원해 주었기에 그는 매우 고무되었고, 투표권 법안이 통과되었을 때는 그가 꿈꾸어 왔던 '미국의 꿈'이 곧 실현될 것으로 믿었다.

그러나 존슨 대통령이 투표권 법안에 서명한 지 5일 후 로스앤젤레스의 와트(Watt) 빈민가에서 흑인 폭동이 일어났다. 백인 경찰이 교통위반자를 체포하던 중에 저항하던 흑인을 곤봉으로 구타했다. 이 사건이 계기가 되어 흑인들의 폭동이 일어났고, 일주일간 폭력사태가 계속되었으며 34명이 사망했다. 와트를 방문한 킹은 미국 인종주의 문제가 자신의 생각보다 훨씬 심각하다는 사실을 깨달았다. 그는 도시에 사는 흑인 대다수가 맬컴 엑스(Malcolm X)의 흑인민족주의에 호응하고 있으며, 자신이 일구어 낸 민권법이나 투표권법이 북부의 인종주의와 빈곤 문제를 근본적으로 해결하지 못한다는 것을 절감했다.

킹은 경제적인 정의 없는 생명, 자유, 행복의 추구는 정치적 상상에 불과하다는 결론을 내렸다. 그는 민권운동을 북부까지 확산시키고 정부로 하여금 도시의 가난한 흑인들을 위해 경제적 재원을 제공해 줄 것을 요구하고자 했다. 1966년 1월 시카고 빈민가 아파트로 거처를 옮긴 킹은 인종적 평등과 정의 실현을 위해서는 경제적 문제가 해결되어야 하고, 그러기 위해서는 사회 구조의 변화가 있어야 한다고 생각했다. 그는 한 대안으로 사회주의를 검토하기도 했다. 그리고 1967년 남부기독교지도자회의 연설에서 킹은 미국 사회의 기본 제도가 가난한 사람들을 위한 제도로 바뀌어야 한다며, 게토의 빈곤 문제와 싸울 것을 촉구했다.

도시 흑인들의 빈곤 문제에 초점을 맞춘 킹은 이제 미국이 도덕적으로 '병든 사회'라고 말하며, 1963년 워싱턴 행진에서 말한 자신의 '꿈'이 악몽으로 바뀌고 있다고 말했다.

1963년 (중략) 워싱턴 D.C.에서 (중략) 나는 내가 지녀왔던 꿈에 대해 이야기하려 했었습니다. 그리고 이제 나는 고백하지 않을 수 없습니다. 그 꿈을 이야기한 후 얼마 지나지 않아서 그 꿈이 악몽으로 바뀌고 있음을 보기 시작했다는 것을…. 나는 이 나라의 흑인 빈민가를 지나가며 물질적 풍요의 바다 가운데에서 빈곤이라는 섬에서 쓰러져 가는 흑인 형제자매들을 보면서 그 꿈이 악몽으로 변해 감을 지켜보았습니다. 그리고 나의 흑인 형제자매들이 분노와 상처와 절망 가운데 그 문제를 해결하고자 잘못 인도된 폭동을 일으키는 것을 보며, 그 꿈이 악몽으로 바뀌었습니다.

킹이 북부 흑인들의 경제적 문제를 해결하기 위해 투쟁하기 시작하자 남부에서 그와 함께 셀마로 행진했던 백인들 다수가 그를 비난하기 시작했다. 그들은 흑인들이 이미 많은 것을 얻었고, 그것으로 만족해야 한다고 생각했다. 킹은 대다수 백인들이 흑인과 빈민을 위한 자신의 투쟁을 지지하지 않음에 실망했다. 백인과의 협력을 강조해 왔던 그는 이제 분리주의를 조심스럽게 말하기 시작했고, "우리는 혼돈스럽고 (중략) 병들고, 신경질적인 나라에서 살고 있다"고 말했다.

킹은 베트남 전쟁을 인종주의와 빈곤문제와 연결시키고, 베트남 전쟁을 비난하기 시작했다. 그리고 북부 빈민가 흑인을 구제하기보다 베트남 전쟁에 총력을 기울이는 미국정부를 신랄하게 비난했고, 그의 비판의 수위는 점차 높아졌다. 그는 "미국은 오늘날 세계에서 가장 거대한 폭력 조달자가 되어 가고 있다"고 공공연히 비방하였고, 이러한 메시지는 전 세계로 전달되었다. 킹이 암살당하기 정확히 1년 전 '이제는 침묵을 깨야 할 때(A Time to Break Silence)'라는 제목의 강연에서도 그는 미국 정부는 자국 내 인종주의와 빈곤에 맞서서 싸워야 할 자원을 전쟁에 낭비하고 있다며 미국인들의 가치 혁명을 촉구했다. 그는 '미국의 꿈'을 촉구하던 민권운동에서 과감하게 벗어나 경제적 불평등과 인종문제가 해결될 때까지 '신성한 불만'을 지녀야 한다고 말했다.

암살당하기 2달 전부터 한 연설들에서는 백인들이 지닌 자만심과 심리적 우월감이 얼마나 자기 파괴적인가를 역설했고, 미국의 병은 바로 백인인종주의라고 지적하면서 "백인들은 옳지 못하다. 백인들은 흑인, 흑인 빈민가에 대해서 많은 연구를 했다. 그러나 이제 자신들에게 무엇이 잘못되었는가를 연구해야 할 때이다"라고 충고했다. 그리고 미국정부가 그를 무시할수록 백인들이 그를 비난할수록 더욱 강력하게 자신의 메시지를 전했고, 더욱 과격해졌다. "미국에 대한 신의 심판이 곧 있을 것이며, 만약 백인과 흑인을 가로지르고 있는 바다와 미국과 유럽을 아프리카, 아시아, 라틴 아메리카로부터 분리시키는 바다 사이에 다

그림 9-4 클리블랜드에서 꽉 들어찬 관중에게 강연하는 마틴 루터 킹

리를 놓지 않는다면 지옥으로 떨어질 것이다"라고 말했다. 그는 미국을
가난한 나사로(Lazarus)를 돌보지 않고 지나쳐 버려 지옥에 떨어진 다이
비스(Dives)로 비유하기도 했다.

1968년 4월 4일 멤피스에서 암살당하기 전날에도 그는 '나는 약속의
땅을 봅니다(I See the Promised Land)'라는 제목의 강연에서 빈곤과 상처와
무관심으로부터 전 세계 흑인들을 구하기 위해 빠른 시일 내에 무엇인
가를 하지 않는다면 이 세상은 멸망할 것이라는 아주 급박한 메시지를
전했다. 이처럼 킹은 생애 마지막 3년 동안 백인들과의 통합을 꿈꾸던
'온건한 킹'에서 벗어나 '과격한 킹'으로 변모하였다.

그가 생애 말기에 보인 변모는 그 자신이 추구하던 비폭력적인 저항
방법을 포기한 것이지만, 그가 추구해 왔던 억압받은 자들을 위한 사회
정의 실현이라는 꿈을 버린 것은 아니었다. 흑백분리가 자명한 삶의 질

서로 받아들여지고, 흑인은 보이지 않는 존재로 살아가는 남부 현실에서 기독교에 입각하여 비폭력 무저항의 방법으로 정의를 실현해야 한다는 그의 주장은 남부에서 택할 수 있었던 유일한 방법이었다고도 볼 수 있다. 그러나 민권법이 통과되었음에도 불구하고 북부 흑인들이 처한 빈곤과 인종주의의 심각함과 미국사회의 불의를 깨달았을 때, 그는 과감히 자신의 비폭력 노선을 수정하고 '과격한 킹'으로 변모한 것이다.

마틴 루터 킹은 39세의 나이로 미국 흑인의 인권을 위해 싸우다가 죽었다. 그러나 그가 중심이 되어 이끌었던 민권운동은 이후 학생운동, 여성운동, 동성애자운동, 장애인운동, 환경운동 등에 중요한 영감과 실마리를 제공하였고, 특히 억압받은 자들과 소수세력(minorities)의 권리 찾기 운동들의 교두보 역할을 했다.

참고문헌

1. 클리에본 카슨 엮음, 이순희 옮김, 『나에게는 꿈이 있습니다—마틴 루터 킹 자서전』, 바다출판사, 2001.
2. 이신행, 「민권운동」, 김덕호·김연진 엮음, 『현대 미국의 사회 운동』, 비봉출판사, 2001.
3. 제임스 H. 콘, 정철수 옮김, 『맬컴 X vs. 마틴 루터 킹』, 갑인공방, 2005.

마틴 루터 킹 2세, '나에게는 꿈이 있습니다(I have a dream)'

미국 역사상 가장 위대한 자유시위로 기록될 오늘 이 시간, 여러분과 함께 있으니 가슴이 벅차오릅니다.

100년 전, 지금 우리 위에 그림자를 드리우고 있는 저 동상의 주인공 에이브러햄 링컨이 노예해방 선언서에 서명했습니다. 노예해방선언은 사그라지는 불의의 불꽃 속에서 고통받아 온 수백만 흑인노예들에게는 희망의 봉홧불이었으며, 기나긴 속박의 밤을 걷어 내는 찬란한 기쁨의 새벽이었습니다.

그로부터 100년의 세월이 흘렀지만, 흑인들은 자유를 누리지 못하고 있습니다. 100년의 세월이 흘렀지만, 흑인들은 차별의 족쇄를 찬 채 절름거리고 있습니다. 100년의 세월이 흘렀지만, 흑인들은 물질적 풍요의 바다에서 가난의 섬 안에 고립되어 살고 있습니다. 100년의 세월이 흘렀지만, 흑인들은 미국사회의 구석진 곳에서 고통당하며 망명객처럼 부자유스러운 생활을 하고 있습니다.

(중략)

흑인들의 시민권을 보장하지 않는 한 미국은 평화로울 수 없습니다. 정의의 새벽이 밝아 오는 그날까지 폭동의 소용돌이가 계속되어 미국의 토대를 뒤흔들 것입니다. 정의의 궁전에 이르는 문턱에 서 있는 여러분께 이 점을 말씀드리고 싶습니다. 정당한 자리를 되찾으려는 우리의 행동은 결코 나쁜 것이 아님을 명심하도록 하십시오. 자유에 대한 갈증을 증오와 원한으로 채우려고 하지 맙시다. 위엄 있고 규율 잡힌 태도로 투쟁해야 합니다. 우리는 창조적인 항의운동을 물리적 폭력으로 타락시켜서는 안 됩니다. 거듭해서 당부하지만, 우리는 물리적 힘에 대하여 영혼의 힘으로 대처하는 당당한 태도를 가져야 합니다.

(중략)

절망의 구렁텅이에 빠져서는 안 됩니다. 친애하는 여러분께 이 말씀을 드리고 싶습니다. 우리는 지금 비록 역경에 시달리고 있지만, 나에게는 꿈이 있습니다. 나의 꿈은 아메리칸 드림에 깊이 뿌리내리고 있는 꿈입니다.

나에게는 꿈이 있습니다. 조지아 주의 붉은 언덕에서 노예의 후손들과 노예 주인의 후손들이 형제처럼 손을 맞잡고 나란히 앉게 되는 꿈입니다.

나에게는 꿈이 있습니다. 이글거리는 불의와 억압이 존재하는 미시시피 주가 자유와 정의의 오아시스가 되는 꿈입니다.

나에게는 꿈이 있습니다. 내 아이들이 피부색을 기준으로 사람을 평가하지 않고 인격을 기준으로 사람을 평가하는 나라에서 살게 되는 꿈입니다.

지금 나에게는 꿈이 있습니다!

나에게는 꿈이 있습니다. 지금은 지독한 인종 차별주의자들과 주지사가 간섭이니 무효니 하는 말을 떠벌리고 있는 앨라배마 주에서, 흑인 어린이들이 백인어린이들과 형제자매처럼 손을 마주 잡을 수 있는 날이 올 것이라는 꿈입니다.

9장 흑인 민권운동 _마틴 루터 킹

지금 나에게는 꿈이 있습니다!

골짜기마다 돋우어지고 산마다, 작은 산마다 낮아지며 고르지 않은 곳이 평탄케 되며 험한 곳이 평지가 될 것이요, 주님의 영광이 나타나고 모든 육체가 그것을 함께 보게 될 날이 있을 것이라는 꿈입니다.

이것은 우리 모두의 희망입니다. 저는 이런 희망을 가지고 남부로 돌아갈 것입니다. 이런 희망이 있다면 우리는 절망의 산을 토막 내어 희망의 이정표를 만들 수 있습니다.

이런 희망이 있다면 우리는 나라 안에서 들리는 시끄러운 불협화음을 아름다운 형제애의 교향곡으로 바꿀 수 있습니다. 이런 희망이 있다면, 언젠가는 자유를 얻을 수 있다는 확신이 있다면, 우리는 함께 행동하고 함께 기도하고 함께 투쟁하고 함께 감옥에 가고 함께 자유를 위해서 싸울 수 있습니다.

내 꿈이 실현되는 날이 반드시 올 것입니다. "나의 조국은 아름다운 자유의 땅, 나는 조국을 노래 부르네. 나의 선조들이 묻힌 땅, 메이플라워호를 타고 온 선조들의 자부심이 깃들어 있는 땅, 모든 산허리에서 자유의 노래가 울리게 하라!" 주님의 모든 자녀들이 이 구절을 새로운 의미로 암송할 수 있게 될 날이 올 것입니다. 미국이 위대한 국가가 되려면 우리의 꿈은 반드시 실현되어야 합니다.

뉴햄프셔의 높은 산꼭대기에서 자유의 노래가 울리게 합시다.

펜실베이니아의 웅장한 앨러게이니 산맥에서 자유의 노래가 울리게 합시다.

콜로라도의 눈 덮인 록키산맥에서 자유의 노래가 울리게 합시다.

캘리포니아의 구불구불한 산비탈에서 자유의 노래가 울리게 합시다.

조지아의 스톤 산에서 자유의 노래가 울리게 합시다.

미시시피의 수많은 언덕들과 둔덕들에서 자유의 노래가 울리게 합시다.

전국의 모든 산허리에서 자유의 노래가 울리게 합시다.

이렇게 된다면, 모든 주, 모든 시, 모든 마을에서 자유의 노래가 울린다면, 흑인과 백인, 유대교도와 기독교도, 신교도와 구교도를 가리지 않고 모든 주님의 자녀들이 손에 손을 잡고 오래된 흑인영가를 함께 부르게 될 그날을 앞당길 수 있을 것입니다. "마침내 자유를 얻었네, 마침내 자유를 얻었네. 전능하신 주님의 은혜로, 마침내 우리는 자유를 얻었네."

10장

근대학문의
섭렵 과정과
다산(茶山)의 발견
최익한

송찬섭

1.
글머리에

　　근대사회로 접어들면서 다른 부문과 마찬가지로 학문의 영역에서도 근대학문과 접하게 된다. 지식인으로서는 큰 충격일 것이다. 전통사회에서는 학문적 섭렵을 주로 중국을 통해서 해 나갔다. 그러다가 서학이 들어오면서 지식인들은 큰 충격을 받았다. 우리가 최익한을 통해 알아볼 정약용 역시 서학으로부터 영향을 크게 받았다. 근대가 되면서 근대학문은 제국주의의 직접적인 위협과 함께 현실적인 과제가 되었다. 물론 자신이 배운 이전의 학문을 더 끌어안는 이들도 있었지만 새로운 학문을 수용하고 자기 사회에 적용시키려 노력하기도 하였다. 최익한은 한학으로 시작했지만 곧 근대학문을 배우기 시작했으며, 나아가 사회주의 사상을 받아들여 당시 우리 사회의 과제를 해결하기 위해 노력하였다. 그러다가 체포, 투옥으로 좌절을 겪은 뒤 국학에 몰두하였는데 이것이 그의 학문과정에서 어떤 의미를 가지는 것인지, 그리고 그 성과는 어떠했는지 살펴보고자 한다.

10장 근대학문의 섭렵 과정과 다산(茶山)의 발견 _최익한

2.
최익한,
간단치 않은 삶

　　　　　　　　최익한(崔益翰, 1897~?)이란 이름을 들어
본 사람은 많지 않을 듯하다. 일제강점기 때의 항일활동, 해방 초 사회
운동, 그리고 집필 등 다양한 활동에도 불구하고 자신에 대한 글을 남
긴 일이 거의 없고, 또 지금까지 그를 비중 있게 소개한 책도 별로 없기
때문이다. 그런데 의외의 책에서 젊은 시절 그의 삶의 한 조각을 찾을
수 있다. 시조작가이자 국어학자로 널리 알려진 가람 이병기(1891~1968)
의 일기 속에 최익한에 대한 내용이 여러 군데 나온다. 특히 1921년 6월
24일 최익한이 재판받는 모습을 묘사한 부분은 『고등학교 국어(상)』(2002)
에 '짜임새 있는 말과 글'이라는 제목으로 실리기도 하였다.

　　비 오다 그치다. 익채(益采) 군이 찾아와 그 중형(仲兄)의 공판이 오늘이
라기에 용해 군을 데리고 재판소로 갔다. 비는 쫙쫙 쏟아진다. 제8호 법
정에서 공판을 열다. 벌써 만원이라고 순사가 소리를 지르며 못 들어가
게 하는 것을 어거지 쓰고 들어갔다. 최익한(崔益翰) 군이 나를 쳐다보고
빙긋이 웃는다. 군자금 1,600원 모집해 주었다는 것을 강도범(强盜犯), 경
찰범(警察犯)으로 몰아서 '징역 8년'이라고 검사가 말한다. 익한 군의 말대
답이며 변호사 김병로(金炳魯)의 변론이 다 바르고 분명하다. 그러나 어
떻게 판결할는지 오는 7월 1일에 다시 공판을 연다니, 그때 보자. 쓸쓸
한 판사의 얼굴은 아무리 보아도 따뜻한 정이 조금도 없는 듯, 맨 뒤에
익한 군의 하고자 하는 말을 마구 바사뜨린다. 간수는 곧 대들어 손목에

수갑을 채우고 머리에 용수를 씌우고 노로 허리를 묶어 가지고 나간다.

이때 최익한은 임시정부를 위한 군자금 모금 건으로 체포되어 재판을 받고 있고 이병기는 잠시도 눈을 떼지 않고 의연한 그의 자세를 지켜보고 있다. 그런데 당시 25세의 청년 최익한은 왜 일제의 재판정에서 고초를 당하고 있는 것일까?

잠깐 최익한의 생애를 살펴보자. 최익한은 갑오농민전쟁이 좌절되고 제국주의 열강의 침략이 본격화되어 가는 시기인 1897년 강원도(현재는 경상북도) 울진군에서 태어났다. 어렸을 때부터 한학을 하였는데 학문적 재능이 매우 뛰어났으며 15세 때는 당시 영남학파를 대표하는 면우 곽종석(1846~1919)의 문하로 들어가서 5년간 한학에 심취하였다. 그러나 일제강점기라는 시대적 상황은 그를 시골에서 과거의 학문에만 몰두하게끔 내버려 두지 않았다. 그는 1917년 21세의 늦은 나이에 신학문의 과정을 처음부터 밟기 시작하였다. 중동학교를 1년 만에 마친 그는 1918~1919년 2년간 기독교청년회관에서 영문학을 배웠다. 이 무렵 일어난 3·1운동은 그가 민족운동에 투신하게 된 계기가 되었다. 그는 3·1운동 직후 임시정부 군자금 모금원으로 활동하였고 그 때문에 체포되어 위의 재판을 받게 된 것이다. 이병기는 1919년 이후 50년간 자신의 삶, 특히 학문적인 관심과 교유 등을 간결하고 담백하게 일기로 남겼는데, 유독 최익한의 재판과 투옥 그리고 출옥에 대해서는 꽤 상세하고 감동적으로 쓰고 있다.

식민사회에서 최익한의 적극적인 삶은 그 뒤로도 이어졌다. 2년간의 옥살이를 마치고 1923년 출옥한 뒤 1925년 2월 그는 일본으로 건너가 새로운 공부와 활동을 시작하였다. 와세다 대학에 다니면서 사회주

그림 10-1 최익한 생가터
울진군 북면 나곡 2리(속칭 골마) 471번지(『울진의 독립운동사』, 271쪽)

의 사상을 받아들였으며 조선 청년들이 만든 일월회 등 단체에 가입하여 맹렬하게 활동하였다. 특히 1927년에는 조선공산당에 가입하여 중요 간부로 활동하였고 신간회에서도 역할을 하면서 운동가와 논객으로서 여러 가지 업적을 많이 남겼다. 조선사회단체 중앙위원회에서 협동단일정당론을 주장하였고, 국제청년데이를 기념하여 조선, 일본, 중국, 대만의 재동경 청년으로 구성된 동방무산청년연합대회를 개최하였다. 제1차, 제2차 조선공산당 탄압으로 검속된 사람들의 재판이 시작되자 일본의 저명한 변호사 후루야 사다오(古屋貞雄), 후세 다츠지(布施辰治) 등과 함께 조선으로 파견되어 그들을 돕기도 하였다. 1928년에는 제3차로 조선공산당에 대한 일제경찰의 대대적인 검속이 벌어지면서 그도 여러 중심 간부들과 함께 체포되어 가장 높은 6년형을 받았으며, 서대문형무소에서 복역 중이던 1932년 대전형무소로 이감되는 기회를 틈타 대전역에서 만세시위를 주도하였는데 이때 징역 1년을 덤으로 받아 모두 7년형을 살았다.

최익한이 옥문을 나선 1935년에는 일제가 대륙침략을 벌이던 시점이어서 반일운동가에 대한 감시와 투옥이 계속되어 항일활동을 하기 어려웠다. 그러자 대신에 그는 당시 고조되던 국학연구에 편승하여 우리 역사와 문화를 알리는 글을 써서『조선일보』,『동아일보』양 신문과『신조선』,『춘추』등의 잡지에 발표하였다. 특히 1938년 말부터 65회에 걸쳐 연재한 「여유당전서를 독함」이라는 글은 정약용을 대중적으로 알리는 매우 중요한 글이었다.

해방이 되자 최익한은 다시 정치활동에 나섰다. 이른바 장안파 공산당의 중진이 되었고, 조선건국준비위원회와 조선인민공화국의 중앙간부를 역임하기도 하였다. 박헌영의 재건파에 밀려 결국 재건파가 주도하는 조선공산당에 입당하였지만 사회변혁의 성격, 반제민족통일전선의 형성문제, 그리고 대중정당으로서의 남조선노동당의 건설문제 등에서 주류파와 입장을 달리하였다. 그렇기 때문에 그는 박헌영 일파의 노선에 반대하는 사회노동당의 창당과 그리고 그 뒤 근로인민당의 창당에 참여하였다.

미군정의 탄압이 계속되자 최익한은 1948년 남북협상을 계기로 북한으로 갔다. 이곳에서 그는 최고인민회의 제1기 대의원을 지내기도 했으나 정치적 활동은 별로 드러나지 않는다. 그에 대한 소식은 글로만 확인된다.『력사제문제』,『력사과학』등 북한의 대표적인 학술지에 역사논문을 싣는 한편, 실학에 관한 최고의 저작으로 평가되는『실학파와 정다산』을 비롯하여『조선명장전』등을 저술하고, 다산과 연암의 좋은 글을 뽑아서 번역하였다. 그러다가 1950년대 말부터 그의 글이 디 이상 보이지 않게 되는데, 세상을 떴거나 아니면 이 무렵 연안파, 소련파 등이 숙청될 때 그도 숙청되지 않았을까 짐작만 할 따름이다.

3.
최익한의 다양한 학문과
교유관계

누구나 사회관계 속에서 살아간다. 최익한의 교유관계를 통해 사상, 인맥 등을 살펴볼 수 있다. 앞서 최익한의 재판 때 방청인이 많았다는 것은 그만큼 많은 관심을 받았다는 것이고, 한편으로는 그를 아는 사람이 많았다는 뜻일 수도 있다. 그만큼 그의 교유가 폭넓었던 것 같다. 여기서는 최익한의 학문 섭렵 과정과 시기별 교유관계에 대해서 살펴보고자 한다.

최익한은 청소년기에는 유학 공부를 열심히 했기 때문에 이 방면으로 교유가 많았다. 그는 곽종석 문하에서 공부하는 5년 동안 한학에 매우 심취하였으며, 이는 평생 그의 학문의 기초가 되었다. 최익한에게 곽종석은 유학을 넘어서 앞으로의 진로에도 큰 영향을 받은 인물이었다. 유학자 곽종석은 개화적인 인물로서 1905년 을사늑약을 전후하여 새로운 구국(救國)의 방안을 고민하고 있었다. 곽종석은 이학(理學)을 고수하되 시무를 힘쓰고 신학(新學)도 배워야 한다고 생각하였다. 그는 이제 이학만으로는 구국을 할 수 없다고 생각하였다. 그는 아직까지 지금 시대처럼 오로지 이기(理氣)의 담화로써 선비를 만들고 인재를 성취시키는 방법을 삼았다는 말은 듣지 못했다고 하였다. 이처럼 곽종석은 문인들에게 시무를 강조하고 외서(外書)를 섭렵하게 했으며, 개화문자(開化文字)를 짓게

하고 외국 언어를 익히게 하였다. 특
히 1919년 3·1운동에 유교계가 참여
하지 못하자 곽종석은 4월 파리장서
사건을 주동하였을 정도로 저항적이
었다. 결국 곽종석은 대구감옥소에서
옥사하였고 최익한은 이를 지켜보았
다. 최익한은 스승의 이런 영향을 받
았기에 학문의 폭이 넓고 기개가 있
었다. 1917년 20세 나이에 당대 굴지

그림 10-2 친구 김황에게 보낸 시조

의 유학자 간재 전우를 찾아가 성리학에 대한 문답을 하고 장문의 비판
적인 질의서(최익한상전간재)를 보낼 정도였다.

곽종석 문하에서 함께 공부한 가장 가까운 인물로는 동년배인 김황
(金榥, 1897~1977)이 있다. 김황은 스승이 파리장서사건에 앞장설 때 함께
참여하기도 했지만, 스승의 옥사 이후 평생을 학문과 저술에만 힘썼으
므로 최익한과는 상당히 다른 길을 걸었다고 할 수 있다. 그렇지만 둘
사이의 우정은 변함이 없어서 최익한은 서울에서 신식공부를 하면서도
그에게 여러 차례 편지를 보냈다. 한편 곽종석 문하에는 호남 출신도
제법 있어서 최익한은 이들을 통해 호남 유교계와도 교유했다. 특히 곡
성의 안훈(安壎), 구례의 김규열(金圭烈) 등이 대표적이었다. 안훈은 곽종
석의 3대 제자에 속한다고 할 정도인데, 최익한은 1919년 여름 대구감
옥소에 수감 중인 곽종석을 면회하고 남원을 거쳐서 곡성으로 그를 찾
아갔다. 최익한은 구례에도 여러 차례 방문하였는데 여기에는 곽종석
의 제자 김규열이 있었다. 그는 최익한처럼 곽종석의 제자 가운데 사회
주의자가 된 인물이었다.

그 밖의 유학자들도 저항적인 인물들과 교유한 모습을 볼 수 있다. 구례를 왕래하면서 매천 황현의 아우 황원(黃瑗)과도 가까워졌으며, 그를 통해 김택영과도 알게 되었다. 김택영(1850~1927)은 한말의 뛰어난 문인으로 1905년 단군조선에서 고려까지의 역사서인『역사집략(歷史輯略)』을 집필하였고, 중국으로 망명한 뒤 1918년『한사경(韓史綮)』을 써서 조선왕조 500년의 역사 가운데 잘못되었다고 생각되는 사실을 일종의 사론(史論)의 형식으로 비판하였다. 특히 조선 태조가 고려의 신하로서 왕위를 찬탈한 것으로 표현하여 국내 유림의 심한 반발을 받아 사적(史賊)으로 몰리기도 하였다. 최익한이 김택영의 글을 받는다는 구실로 황원에게 그를 소개해 달라고 하니 황원이 일부러 "김택영은『한사경』을 지은 까닭에 시방 사람들이 죽이려고 하는데 그에게 글을 받으려 하다니 곤란하지 않은가?"라고 떠보았다고 한다. 이에 최익한은 "제가 취하는 바는 바로 사람들이 죽이려 하는 거기에 있습니다"라고 답하였다. 김택영은 그보다 한참 어리지만 이런 최익한이었기에 '열사 최익한에게 보내는 글'을 쓰기도 했다. 비록 한학을 하였지만 이 시기 최익한의 사회인식이 어떠했는지 알 수 있다.

최익한이 서울에서 근거를 마련하고 정착한 때는 1920년부터였다. 가을에 추수한 뒤 매각 대금을 가지고 계모와 동생들과 함께 서울 안국동에 자리 잡고 하숙집을 경영하면서 중동학교 야학부를 다녔다. 이 무렵에 최익한은 여러 지식인과 교유하면서 동서양의 철학, 사상, 문학 등을 공부했으며, 천도교, 대종교, 불교, 때로는 기독교의 공간을 활용하거나 관련 단체에서 모임을 가졌다. 이병기, 권덕규 등과는 매우 친하였다.

이 시기 특히 가람 이병기와는 매우 각별한 듯하고 또 그의 일기 속에서만 최익한에 관한 편린을 찾을 수 있으므로 이병기에 대해서도 좀 더 자세히 설명하고자 한다. 이병기는 익산 출신으로 완고한 조부의 명으로 9세부터 상투를 틀고 10여 년 동안 한문을 공부했으며 최익한과 같은 한학 출신이었다. 그러다가 중국 양계초의 『음빙실문집』을 읽고 깨달은 바 있어 19세 나이로 전주보통학교에 통학하여 6개월 만인 1910년에 졸업하고, 이어 관립 한성사범학교를 1913년에 마쳤다. 비교적 늦게 신학문에 뜻을 세운 그는 이 기간 중 나라와 겨레를 생각하여 밤이면 조선어강습원에 나가 주시경 선생의 조선어문법 강의를 수강하며, 우리말과 우리글 연구에 대한 뜻을 굳혔다. 이후 이병기는 남양초등학교, 전주 제2초등학교, 여산초등학교 등에서 교편을 잡다가 1922년부터 서울의 여러 중등학교에서 우리말의 작문과 습자를 가르치며 학생들에게 민족정신을 고취하였다. 이병기도 서울 생활을 하면서 늦어도 1920년경부터는 최익한을 만났던 모양이다. 불과 6년 연상이었지만 역시 한학 출신으로 근대교육도 일찍 맛보고 국학에 대한 관심도 높았던 그는 최익한에게 스승 격 동학이 아니었을까? 참으로 친밀했던 둘 사이의 모습은 이병기의 『가람일기』에 잘 담겨 있다. 최익한이 2년간 감옥살이를 한 뒤 1923년 출옥했을 때 다음날 곧바로 이병기를 찾아갈 정도였다.

뜻밖에 서대문 감옥에 있던 최익한 군이 왔다. 꿈인지 생시인지 모르겠다. 서로 손을 잡으려 어찌 반가운지 모르겠다. 소리가 저절로 나온다. 아직 형기는 2년 7개월이 남았다는데, 어제 가출옥을 시켰다. 지난 1년 5개월 동안 감지옥(監地獄)에서 겪은 고생이야 말할 수 없는 고생이다. 묻지 않고 듣지 않아도 짐작하겠는데, 실제 그 말을 들으니 말 끝에 몸서리가 난다. 그래도 군은 태연자약한 태도가 그전과 다름없을뿐더러 더욱이 단단해 보인다. 기쁘다, 기쁘다(1923년 3월 22일).

'꿈인지 생시인지'라고 할 정도이니 얼마나 좋아하는 사이였을까? 그러고는 같이 불교회에 가서 놀았다고 한다. 오랜만에 감옥 때를 벗으며 즐긴 모양이다. 최익한이 그 뒤 일시적으로 다시 투옥되었을 때도 "밤에 서대문 감옥에 있는 익한 군을 생각하다 시 한 구를 얻었더니 오늘 그 윗구가 생각이 나 채웠다"(1923년 5월 28일)고 하면서 시를 소개하였다. 친구를 그리며 시구를 생각하다니 그 친밀함이 그지없다. 두 사람이 만나서 이백이나 두보, 장자, 칸트의 세상도 찾아보았다고 하였으니 동서양의 문학, 철학을 논하면서 보낸 모양이다. 함께 천도교당에 가서 하와이 학생에게서 그곳 사정에 관한 강연을 듣는 일도 있었으니 외국 문화에도 관심이 있었던 것이다. 때로는 다른 지식인들, 방두환, 변영로, 오철호, 홍명희 등과도 만났다고 하는데 이병기가 이런 교유의 다리를 놓았는지도 모른다. 이병기는 워낙 책을 좋아하고 동서양 고전을 많이 공부하였으므로 최익한의 학문에도 큰 도움을 주었을 것이다. 이병기의 영향 때문인지 최익한도 가끔 시조를 짓기도 하였다. 이병기는 최익한의 동생 익채, 익래, 그리고 5촌 숙부인 최진순과도 계속 교유를 하였다. 최진순은 이 시기 최익한의 교유관계 형성에 가장 큰 도움을 준 인물이라고 볼 수 있다. 이런 특별한 관계였기에 최익한이 이후 도쿄 유학을 갔을 때도 서로 편지를 주고받았고 사회주의 운동을 하다가 체포되어 감옥 생활을 마치고 나왔을 때도 다시 교유를 이어 갔다. 다만 1920년대만큼 자주 만나지는 않았던 듯하다.

권덕규 또한 이병기 못지않게 최익한과 가까운 인물이므로 조금 더 설명을 해 보자. 권덕규(1891~1949)는 최익한보다 몇 년 위의 인물인데 이병기, 최익한 등과 함께 밤새도록 놀기도 했을 정도로 가까웠다. 권덕규는 당시 수많은 석학들과 교유하였으며, 그 자신도 국어, 국사와 관련하여 수많은 글을 남겼다. 특히 1921년 조선어연구회 창립에 주시경과 함께 참여하였고, 「한글맞춤법통일안」 제정과 『조선어큰사전』 편찬에 참가하였으니 국어학자로서 큰 역할을 하였다. 『동아일보』가 창간한 지 얼마 되지 않았을 때 '가명인두상(假明人頭上)에 가일봉(加一棒)'(1920년 5월 8, 9일)이라는 글이 실린 적이 있었다. 이 글은 '가명인', 곧 한학자들에 대한 비판을 담았기에 유림의 반발로 당시 동아일보 사장 박영효가 사임까지 한 큰 사건이었다. 필자는 '환민(桓民) 한별'로 나와 있다. '환민'은 대종교에서 일컫는 표현인 듯하고 한별은 권덕규의 호이다. 그런데 이 글의 작성에 최익한이 관련되었다는 주장이 있다. 둘 사이의 관계라든가 글의 내용을 볼 때 가능한 주장이다.

당시 지식인들의 교유공간으로는 종교조직이 많이 이용되었다. 특정 종교 쪽이 아니더라도 불교, 대종교, 천도교, 기독교 등의 종교 관련 공간에서 모임을 가졌다. 가령 불교회(각황사 산하로 추정된다)에 가기도 하였는데 이곳에도 이병기를 비롯하여 최익한과 가까운 이병칠, 취농(翠農), 권덕규, 김병룡 등이 참여한 듯하다. 최익한은 젊은 시절 대종교에 참여하여 꽤 열심히 다닌 것 같다. 이병기에 따르면 "최익한으로 말미암아 한배님 가르치는 길로 들어섰다"고 하니 어쩌면 대종교 참여 인사들과의 교유는 최익한이 먼저였던 모양이다. 한배님은 하늘에 계실 때는 환인, 하늘과 땅 사이에 계실 때는 환웅, 이승에 내렸을 때는 단군이었다고 한다. 그러면서 이병기 자신도 한배님에 상당히 심취하였다. 음력 10월 3일 한배님 내리신 날이라고 하여 각황사에 가서 대종교가 주최한 강연을 듣기도 하였다. 여기에도 한별(권덕규), 취농 등이 열심히 참여하였으니 그 영향을 받았을 것 같기도 하다. 어쩌면 이 시기 최익한은 20대라는 왕성한 연배에 여러 지식인과 만나면서 다양한 근대적 학문을 논의하고, 이를 통해 식민지 시대를 겪는 우리 사회의 문제를 해결해 보려 하지 않았을까? 최익한은 1921~1923년의 만 2년간 감옥 생활을 하면서 이들과 차단되기는 하였지만 이후 교유는 계속되었다.

그러다가 최익한이 1925년 초 일본으로 건너가면서 새로운 사상과 인맥과의 교유가 이루어졌다. 당시 총독부는 조선에 대학 설립을 허가하지 않았다. 식민지 조선인이 고등교육을 받고 민족운동에 나설 것을 염려했을 것이다. 따라서 많은 조선인이 새로운 학문을 적극 수용하기 위해 일본으로 유학을 갔다. 그들 가운데 법학, 정치학, 경제학, 사회학 방면의 전공자들이 많았다. 아마도 관료, 변호사 등 특정 직업에 대한 선망으로 선택하기도 했겠지만, 한편으로는 식민지사회의 실상을 이해하는 데 중요한 학문체계이기 때문일 것이다. 최익한도 와세다 대학 정경학부를 다니면서 대학 내에서나 밖에서 사회주의 사상을 받아들이려고 무척 노력하였다. 이 시기 최익한의 학문적 스승은 와세다 대학의 오야마 이쿠오(大山郁夫, 1880~1955), 그리고 사회주의자 후쿠모토 가즈오(福本和夫, 1894~1983)였다. 오야마 이쿠오는 와세다 대학 교수로서 민주주의의 지도자였다가 후에 사회주의자가 되어 노동농민당 위원장 등을 지냈다. 후쿠모토 가즈오는 도쿄대학 출신으로 사회운동가였다. 최익한은 이들로부터 열심히 사회주의 사상을 섭렵하고 사회운동에 나섰다.

이런 노력에 따른 결과가 일본에서의 활동이었다. 당시 일본에서 공부하던 식민지 청년 조선인들에 의해 여러 단체가 만들어졌는데 그 가

운데 대표적인 것이 일월회였다. 일월회는 원래 북성회(北星會)에서 유래
하였다. 1923년 1월 15일 도쿄에서 김약수, 안광천, 김종범, 송봉우, 변
희용, 이여성, 백무 등 60여 명의 사회주의자들은 무정부주의 조직인 흑
도회에서 분리하여 북성회를 조직하였다. 그런데 이들 중 대다수는 국
내에 사회주의 사상을 보급할 필요를 느끼면서 국내로 들어와 순회 강
연회 등을 개최하다가 1924년 11월 25일 김약수, 김종범, 정운해, 서
정희, 신철, 송봉우 등이 주축이 되어 북풍회를 결성한다. 북풍회의 결
성은 사실상 도쿄에서 활동하던 북성회가 국내로 활동 무대를 이동한
것이나 마찬가지였다. 이후 북성회 회원 가운데 일본에서 활동을 계속
하던 안광천과 박낙종, 하필원, 송언필 등 와세다 대학 출신 조선인 사
회주의자들이 중심이 되어 레닌 서거 1주년을 기념하면서 1925년 1월
도쿄에서 일월회를 창립하게 된다. 최익한은 이 직후인 2월에 일본으로
건너갔는데 그 뒤 가입한 듯하다. 일월회가 1926년 11월 해체된 뒤에도
재일본조선노동총동맹(1925년 2월 창립), 신간회도쿄지회, 조선공산당 등
에서 활동하였다. 이 시기 최익한은 「조선사회운동의 빛」(『조선일보』, 1927년
1월 26일), 「사상단체해체론」(『이론투쟁』 1권 2호, 1927년 4월) 등을 통해 당시 사
회운동의 방향을 제시하는 글을 썼다.

　이때 함께 활동하였던 박낙종, 이우적, 안광천, 하필원, 온낙중 등은
평생 동지가 되었다. 이 가운데 가장 가까운 인물은 박낙종이 아닐까
한다. 박낙종은 중동학교와 와세다 대학 동창이었다. 1927년 4월 박낙
종이 제3차 조선공산당(일명 엠엘파 공산당) 일본부(日本部)를 조직할 때 그의
권유로 조선공산당에 입당하였다. 조선공산당의 일본부는 화요계 중심
으로 1925년 11월에 설치되었다. 그러나 1926년 제2차 조선공산당사
건으로 와해되고 말았는데 그러면서 최익한을 비롯한 일월회 회원들이

그림 10-3 옥중의 최익한
'수형 기록표', 1930년, 서대문형무소

조선공산당에 가담하였다. 이때 박낙종은 조선공산당 일본부의 책임비서였으며, 최익한은 조직부장을 맡았다. 그 뒤 그는 두 차례 일본과 조선을 오가며 활동하였다. 제3차 조선공산당이 검거될 때 최익한은 동경에서 박낙종과 함께 체포되어 국내로 끌려왔다. 사상적 동지인 셈이니 그 뒤 최익한의 아들 학소의 결혼식에도 박낙종, 온낙중은 참석하였다고 한다. 7, 8년간의 감옥 생활을 마쳤지만 여전히 감시받는 상황에서 이들과의 교유는 드러나지 않는데 해방 초에 다시 함께 활동하였다.

최익한은 감옥에서 풀려난 뒤 1930년대 후반과 1940년대 초에는 주로 『조선일보』, 『동아일보』에 몸을 담았다. 이 시기는 일로써 사람을 만났을 테니 교유라고 하기는 어렵지만 대체로 글 쓰는 일이어서 평소 교유하던 인물들이 중심이 되었다고 할 수 있다. 특히 1938년 5월에는 조선일보의 향토문화조사위원으로 활동하였다. 당시 『조선일보』는 지령

6,000호 돌파와 혁신 5주년 기념으로 3대 사업을 실시했는데, 그 가운데 하나가 조선향토문화조사사업이었다. 여기에는 홍기문, 황의돈, 송석하, 방종현, 이은상, 최익한 등이 참여하였는데 모두 국학에 뛰어난 인물들이었다. 특히 홍기문은 이 시기 최고의 학자로 손꼽히는 홍명희의 아들로서 한학에도 뛰어났으므로 최익한과는 잘 맞았다. 최익한은 나이 차가 적은 홍명희(1888~1968), 홍기문(1903~1992) 부자의 중간 연배로서 양쪽 모두 친구 사이였지만 아무래도 홍기문이 더 편했을 것이다. 두 사람은 월북한 뒤에도 함께 여러 가지 작업을 하였다.

조선일보사를 떠나 동아일보사에 있을 동안 최익한이 빈번히 교유했던 인물은 이관구, 송석하, 이여성, 이원조, 이병도, 황의돈 등이었다. 어느 신문사에 있더라도 학자들과의 교유가 중심이었다고 할 수 있다. 『동아일보』가 폐간된 뒤에는 『동아일보』 기자 출신인 양재하가 창간한 『춘추』지에 글을 실었다. 『조선일보』와 『동아일보』가 폐간되어 글을 실을 지면이 많이 줄어들었기에 여러 지식인들이 이곳에 글을 실었다. 『춘추』는 일제의 식민정책과 침략전쟁을 지지하고 지원병과 징병을 독려하고 일제를 찬양하는 논설과 기사를 여러 편 싣기도 하였다. 최익한은 양재하와 『동아일보』에서 함께 일한 데다가 어려운 생활 때문에 여기에 몇 차례 글을 쓴 것으로 보인다.

이상 최익한의 학문적 성향과 다양한 관계망을 살펴보았다. 자유롭게 학문적으로 교유하기도 하였고, 사상운동과 조직, 신문·잡지 글의 기획과 집필 등 여러 관

그림 10-4 조선일보 활동 시절의 최익한(1938)

10장 근대학문의 섭렵 과정과 다산(茶山)의 발견 _최익한

계에 따른 인적인 망이 있었다. 인물 간 교유의 깊이, 친소관계 등은 각각 다르겠지만 일단 관계망을 한번 살펴보는 차원에서 정리하였다. 또한 이들 간에는 학문적 성향 차이도 다양한데 이 점이 서로에게 더 도움이 되었을 수 있다. 이들 간의 교유는 때로는 서적의 교유도 동반되었을 듯하다. 최익한처럼 국학에 관한 원고를 쓰려면 다양한 자료가 필요했을 텐데, 당시 고서가 많이 공간(公刊)되지 않았기 때문에 서로 간의 대여를 통해 확보했을 것으로 보인다. 최익한의 관계망에 든 인물들에서 또다시 만들어진 2차, 3차 관계망은 당시 상당수의 지식인을 포괄할 수 있었을 것이다. 이 같은 당시 인물들의 교유 속에서 근대적 학문이 다양하게 싹튼 것으로 보인다.

4.
조선학운동과
다산연구 참여

최익한은 수많은 지식인과 교유하였는데 대체로 우리 역사와 문화에 관심 있는 인물들이었다. 따라서 최익한은 이런 교유를 통해 국학에 대한 관심 폭을 넓힐 수 있었으며, 특히 감옥에서 나온 뒤 국학에 관한 글을 쓰는 데 직간접적으로 도움이 되었을 것이다.

최익한이 출옥한 당시에는 조선학운동이 전개되고 있었다. 이 과정을 우선 살펴보자. 1931년 신간회 해소(解消) 이후 비타협적 민족주의자들의 민족주의 운동은 문화운동으로 전환되었다. 이러한 문화운동의 핵심은『동아일보』등 일간지와『신조선』등 월간지를 통해 전개한 조선학운동이었다. 그 가운데 가장 큰 성과를 본 것이 '다산 서거 100주년'을 기념하여 마련된 실학연구 분위기의 조성이었다. 1929년 성호 이익에 대한 정인보의 글을 시작으로 안재홍·최익한·현상윤·박종화·조헌영·이훈구·백남운·김태준·이건방·백낙준·박종화·안호상 등이 『조선일보』, 『동아일보』, 『신조선』 등에 실학 관련 글을 실었다. 그러나 대부분 다산 서거 100주년 전후 다산을 기리는 간단한 글에 불과하고 그것도 필자들이 한두 차례 실은 정도였다. 게다가 100주년을 지나면서 글이 거의 사라졌기 때문에 연구의 목적이 아니었다. 그런데 이 과정에서 두드러지게 드러나는 인물이 바로 최익한이었다. 최익한은 오랜 감옥생활을 마치고 1936년 1월 8일 출옥하자 곧바로 『신조선』의 요청으로 '다산의 일사와 일화', '다산의 저서총목'을 작성하였다. 『신조선』에 수록하기 위해 요청받은 것이겠지만 『신조선』은 1936년 1월 이후 폐간되었으므로 싣지 못했다. 다만 그가 다산에 관해 직접 글을 쓴 첫 번째 사례로서 의미가 있다.

그 뒤 최익한은 1937년 말부터 『정음』에는 우리말에 대해, 『조선일보』에는 우리 역사와 문화에 대해 글을 쓰기 시작하였다. 『조선일보』에는 1920년대에도 '허생의 실적'(1925년 1월 4일), '조선사회운동의 빛'(1928년 1월 26일~2월 13일)을 연재한 바 있는데, 당시 여말선초 시기에 대해 관심이 높았는지, 여말사화, 고려, 조선 교체의 역사적 의의 같은 주제와 정몽주, 원천석 등의 인물을 다루었다.

최익한은 앞서 거론했듯이 1938년 5월부터는 『조선일보』의 향토문화조사위원으로 활동하였다. 곧 1938년 5월부터 12월까지 7개월간 울진, 삼척, 박천, 구례 등 4개 지역을 답사하고 그 지역의 향토문화를 각각 10회씩 연재하였다. 이를 마지막으로 12월 말부터는 『동아일보』로 옮겨 와서 곧바로 「여유당전서를 독함」을 이듬해 6월까지 6개월에 걸쳐 총 65회를 연재하였다. 아마도 단순한 필자가 아니라 『동아일보』 직원으로서의 신분을 보장받고 작업을 했던 것으로 보인다. 최익한은 출옥 후 서울에서의 생활을 위해 안정적인 일자리가 필요하였다. 그는 본래 지주 집안 출신이었으나 오랜 사회운동 탓에 경제적으로 매우 어려웠다고 하며, 따라서 그의 글쓰기는 생계문제와도 직결된 것으로 보인다. 그 뒤로도 그의 신문 글쓰기는 매우 다양한 주제에 걸쳐 진행되었다. 다산에 대해서는 「종두술과 정다산 선생」과 「사상 명인의 20세」 시리즈 가운데 한 꼭지로서 다산을 다룬 정도였다. 기타 실학 관련 글은 「홍대용의 언문연행록」, 「서유구의 누판고」 정도였으므로 그가 '실학연구'에 적극 참여한 것은 아니었다. 따라서 이 시기 최익한은 우리 역사와 문화에 대한 보편적인 관심을 가졌으며, 다산에 대해서는 사회적 분위기에 따라 특별하게 작업을 하였다고 보는 게 더 타당하다.

그렇다면 이 시기 역사, 문화에서 그의 관심의 초점은 어디에 있었을까? 당시 최익한은 체계적으로 공부할 수 있는 처지는 아니었으며, 그때그때 상황에 맞춰 신문에 글을 기고하는 형편이었으므로 딱히 그의 글의 뚜렷한 경향을 찾기는 쉽지 않다. 다만 초기 글들에서 '여말선초'와 같이 전환기를 다룬 글이 비교적 많다는 사실을 알 수 있다. 그중 조선의 건국과 건국 주도 인물인 정도전 등에 대해서는 부정적인 입장이었다. 당대 지식인에게 외세지배를 막아 내지 못한 '망국 조선'은 무능과 부정의 대상이었을 것으로 보인다. 정몽주, 원천석에 대한 글을 작성한 것도 이 같은 심정이 담겨 있기 때문으로 보인다. 그 외 다양한 글들은 특별히 경향성을 찾기가 쉽지 않다.

이런 상황 속에서 「여유당전서를 독함」은 학문적으로 상당한 의미를 지니고 있었다. 이 시기 실학에 대한 연구 성과는 사실상 신문, 잡지에 단편적으로 수록한 글에 국한될 정도로 미미했다. 이 분야의 선구자였던 안재홍, 정인보도 실제 실학사상, 실학파를 심층적으로 다룬 글은 많지 않았다. 따라서 최익한의 「여유당전서를 독함」은 65회에 걸쳐 연재하였으므로 가장 내용이 풍부하고 짜임새 있는 연구라고 할 수 있다. '조선학운동'에 적극적인 인물은 아니었지만 이 작업을 함으로써 실질적으로 가장 중요한 일을 한 셈이었다.

최익한이 연재를 맡은 계기는 『여유당전서』 간행에 가장 앞장섰던 안재홍, 정인보 등의 권유 또는 추천이 있었을 것으로 추정된다. 이 두 사람은 민족주의 계열이었지만 당시 최익한은 계열을 불문하고 다양한 인물과 친교가 있었으며, 그보다 약간 연배가 위였던 두 사람에게 영향과 도움을 받았던 것으로 보인다.

먼저 안재홍은 최익한과 비슷한 점이 많았다. 농촌 중산계급 출신이라는 점부터 황성기독교청년회에서 신학문에 눈을 뜨고 일본 유학(와세다 대학 정경학부)을 다녀왔다는 점에서도 그랬다. 나아가 이들은 유학생 조직에서 활동하였고 신간회운동을 함께하였다는 점에서도 공통점이 많았다. 다만, 최익한은 안재홍과 달리 어렸을 때 한학에 열중한 시기가 있었고 20대에 일본 유학을 한 뒤 사회주의 운동에 참여했다는 점이 다를 뿐이다.

당시 『조선일보』는 신간회의 기관지 역할을 하였는데, 안재홍은 『조선일보』 주필이라는 중요한 지위에 있었다. 따라서 최익한이 『조선일보』에 참여하여 기고한 배경에는 안재홍이 있었다고 할 수 있다. 안재홍 또한 자기가 깊이 관여하였던 신조선사를 통해 『여유당전서』를 정인보와 함께 간행하면서 조선학운동과 실학연구에 중추적 역할을 하였다. 신조선사를 걸머지고 『여유당전서』를 간행하였던 권태휘 또한 신간회의 해소위원이었다. 이들의 관계를 통해 자연스럽게 실학에 대해 학문적으로 교류했던 것으로 보인다. 이들은 해방 후 건국준비위원회에서도 함께 활동하였는데, 안재홍은 부위원장, 최익한은 조사부장, 권태휘는 교통부장을 맡았다.

그러나 학문적인 면에서는 안재홍보다 정인보의 영향이 더 컸을 것으로 추정된다. 정인보는 최익한보다 2년 위였고, 소론의 중심 가문인 회동 정씨(會洞 鄭氏)의 후손이라는 가문 배경에 더해 양명학에 조예가 깊은 인물이었다. 정인보는 일제식민사관에 대한 철저한 대응 차원에서 역사를 연구하였을 뿐 아니라 실학의 내용과 틀을 잡은 학자였다. 일례로 『성호사설』을 교열하면서(1929년) 실학에서 유형원, 이익, 정약용 등 별도의 흐름이 있음을 지적하였다. 그는 『여유당전서』를 교열 간행하여 실학의 체계를 세웠으며 '조선학'연구의 불길을 당겼다. 당시 정인보는 『동아일보』와 관계가 컸다. 최익한은 정인보에게 『여유당전서』에 관해 질의를 하면서 자주 교류했다고 한다. 또한 정인보는 이병기와도 매우 가까웠기에 이 점도 도움이 되었을 것이다.

안재홍과 정인보는 다산연구에 체계를 세웠지만 두 사람은 다산이 활동했던 시대보다 고대사에 더 많은 비중과 관심을 둔 듯하다. 정인보는 「오천년간 조선의 얼」을 『동아일보』에 연재한 이후 『조선사연구』 상하 2권으로 간행했다. 안재홍은 1930년 「조선상고사관견」을 『조선일보』에 연재하고 1937년경부터 고대사 집필을 시작했다. 두 사람에게 최익한은 한학과 사회과학의 통섭을 시도하는 인물로 인식되었다. 실제로 최익한이 『조선일보』에 우리 역사와 문화에 대한 글을 계속 연재하였기 때문에 그들로부터 능력을 인정받았던 것으로 보인다. 따라서 개인적인 친분도 작용했지만 이런 점 때문에 그들 내에서 동학(同學)으로 대접받지 않았을까 한다.

당시 조선학과 실학 연구에 대해 학계에서의 비판은 적지 않았다. 특히 경성제국대학이 설립되면서 배출된 전문연구자들은 안재홍과 정인보가 중심이 되어 진행했던 조선학운동에 대해 비판적이었다. 특히 조선학운동 관계자들이 정약용을 전면에 내세운 점을 혹독하게 비판하였다. 이러한 비판에 앞장섰던 마르크스주의자는 김태준, 신남철 등이었다. 이들은 조선학운동이 다산에 대해 종교적·신화적인 방법(茶山宗, 茶山夢)으로 접근한다고 비판하면서 엄밀한 역사적 접근의 필요성을 강조하였다. 진단학회 등 실증주의자들도 비판 대열에 참여했다. 그러나 아이러니하게도 이들은 실학 또는 실학자에 대해 연구를 거의 하지 않은 사람들이었다. 어쨌든 이들이 직접 최익한을 비판한 것은 아니었지만 최익한이 이런 비판을 의식했을 수는 있다.

'다산 서거 100주년' 기념행사까지 치렀지만, 학문적 논쟁과는 별개로 당시 다산에 대한 사회적 관심은 그리 높지 않았던 것으로 보인다. 실상 다산은 그가 활동했던 시대뿐 아니라 사후에도 그의 저작을 폭넓게 읽은 지식인은 많지 않았던 듯하다. 최익한은 이러한 점에 대해서 "선생의 저서에 대하여는 어찌나 그렇게도 세인의 동정(同情)과 발천(發闡)이 없었던가요?"라고 쓰고 있다. 다만 『흠흠신서』, 『목민심서』 등은 관직에 뜻이 있는 자는 다투어 베껴 보았다고 한다. 한말시기 경세학자로서 다산을 거론했던 학자들이 몇 명 있었지만 이는 당시 사상계나 학계 전반의 지배적 흐름이 아닌 일부 선각에 의해 제시된 소수 의견의 성격이었다. 일제강점기에도 크게 다르지 않았다. 다산 서거 100주년 기념행사 무렵 윤치호의 일기에서 보이는 "요즘에도 노론계에 속하는 인사들은 그가 남인이었다는 이유만으로 그의 책을 읽지도 사지도 않는다"는 언급은 다산에 관한 관심수준을 가늠하게 해 준다. 다만 앞서 소수에 지나지 않았지만 개항기 이후 학교 역사교과서 등에서 그에 대한 언급이 늘어났다.

이러한 상황 속에서 신문을 통해 다산에 대한 글이 계속 실렸으며 최익한의 글은 이를 종합했다고 볼 수 있다. 하지만 이 시기에 작성된 최익한의 글도 체계적인 연구 성과로 평가하기는 어렵다. 이는 그가 투고한 매체의 특성에서 비롯된 면도 있다. 그의 글은 대부분 신문에 투고되었는데, 자유연구 형태가 아니었음은 물론 신문사의 요구에 따라 수시로 작성한 것이어서 논제와 글자 수가 제한될 수밖에 없었다. 그럼에도 최익한의 작업에 의미를 부여하는 배경에는 이것이 반일해방의 과제의 일환으로 보이기 때문이다. 일제강점기 말기 조선총독부가 조선의 민족문화를 근본부터 무너뜨리려고 하던 상황에서 과거의 제도를 빌려 민족고유문화의 일단을 과시하려는 시도였다고 할 수 있다.

5.
그가 풀어낸
다산 정약용

'조선학운동'의 흐름과도 연결되겠지만 '다산 서거 100주년'이라는 시대적 소명과 더불어 이 시기 지식인들에게는 서거 100주년을 맞은 정약용이 성큼 다가왔다. 그리고 이런 정약용을 우리 사회에 폭넓게 소개하는 일을 최익한이 맡았다. 한학에 능통했고 국학에 대한 관심, 사회과학의 소양을 겸비하였던 최익한이었으므로 이 일에 매우 적격이었다. 정약용은 당시 서학과 더불어 외국에 대한 관심을 통해 우리 사회를 열어 보려고 애쓴 인물이었고, 최익한은 일제에 강점을 당한 시점에서 식민지 지식인으로서 열악한 사회를 정약용의 학문과 고뇌를 본받아 돌파해 보려고 했던 것이다. 게다가 최익한은 새로 간행된『여유당전서』 전질을 숙독했을 뿐 아니라 그의 생가 등 생활하던 곳을 열심히 찾아다니면서 정약용을 밝혀내려고 애썼다. 이렇게 하여 일제강점기 다산연구의 최대 성과인「여유당전서를 독함」이라는 글을 65회에 걸쳐 연재하였다.

이 글은 당시 우리 사회에 어떤 문제를 제기했을까? 먼저 최익한은 다산사상이 탄생하게 된 시대적 배경을 언급하려고 애를 썼다. 그는 조선시대, 특히 다산이 살던 시기를 암울하고 뒤처진 것으로 바라보았다. 봉건적 경제제도와 쇄국정책이 서로 맞물려서 도시발달, 국제적 교통을 유도할 만한 물질적 조건이 형성되지 못하였고 농민들의 부담은 심하고 상공기술은 천시되었다고 보았다. 다만, 화폐경제는 맹아단계에 들어섰지만 이는 오히려 관리와 호족의 토색을 끌어냈을 따름이라고 비판하였다. 또 정치적으로는 당쟁이 국가와 정치와 인민 등 모든 것을 희생시킬 정도였고 세도와 권신이 정치를 장악했다고 하였다. 학문적으로는 공자, 맹자, 정자, 주자(孔孟程朱)의 노예인 유생학자들이 공리공론을 일삼았으며, 봉건 와해의 서막인 민란의 징후가 도처에 나타났다고 보았다. 최익한은 이 시대의 내적 모순으로 귀족 대 농공상민의 계급적 모순, 양반 자체의 붕당적 모순, 기호 대 서북의 지방적 모순, 현실생활과 공담위학의 학문적 모순 등을 꼽았으며, 한편 조선사회를 위협하는 외적 모순으로는 동양 대 서양의 모순을 지적하였다. 반면 서구는 18세기에 시민사회가 도래하였으며 전(前)자본계급의 전개, 천문학 등 과학의 발달, 입헌제도, 민권사상 등으로 나아갔으며 식민정책의 전도적 임무를 위하여 서교(西敎)가 아시아로 진출했다고 보았다. 이는 대체로 당시 조선 사회에 대한 연구가 이루어지지 않은 상황이기 때문에 부정적이고 추상적인 서술을 할 수밖에 없었던 듯하다. 그럼에도 최익한은 다산의 사상 속에서 신중하게 근대적 사상을 찾으려고 하였다.

한편으로 최익한은 세계사적 시각으로 다산을 평가하려고 노력했으며, 다산의 사상을 서구사상, 그리고 다산을 서구의 인물들과 끊임없이 비교하였다. 이런 시도가 가능했던 것은 다산과 그 저작이 세계적으로도 뛰어나다는 자부심(「여유당전서를 독함」의 첫머리에 『여유당전서』 발간에 대하여, 그 내용이 방대하고 탁월하여 조선의 문화계뿐 아니라 세계의 문화계의 축하할 일로서, 특히 『목민심서』는 '세계무류(世界無類)의 성전(聖典)'이라고 자부하고 있다)과 함께 그 자신이 서구의 사회과학, 특히 사회주의 사상을 받아들여 세계사적 시각을 가졌기 때문으로 보인다.

최익한은 서학을 서구의 보편적 사상과 학문으로서 크게 의미를 부여한 것으로 보인다. 그렇지만 최익한은 다산의 서학접촉 범위에 대해서는 교리 이외에는 천문·지리·역법·수리·의학(특히 우두방법), 기계류에 그쳤고, 변화가 자유롭고 풍부한 서양사회의 정치·경제·역사·철학·문물·제도에 대한 지식은 별반 획득하지 못했을 것으로 보았다. 르네상스와 종교개혁과 입헌제도와 민주주의로서 종횡교착된 서양문화의 실상은 천주교회의 금기물이기 때문에 선교사들이 이것을 충실히 소개·보도했을 리가 없다는 것이다. 정약용의 연령대를 기준으로 당시 세계사적인 인물 및 사건과도 비교하고 있는데 이 역시 위의 의미를 강조하기 위해서였다. 가령 '정약용이 20대 때 서구는 상당히 역동적이었는데, 그 당시 다산은 무엇을 하고 있었을까?'라는 물음을 던지며 다산이 22세 때인 1783년은 미국에서 8년의 전쟁 뒤 독립이 승인된 해지만 다산은 궁궐에서 과거 합격 행사를 치르고 있었다고 비교하는 식이었다. 또한 6년 뒤인 1789년에는 프랑스 혁명과 같은 중요한 사건이 있었지만, 이때 다산은 전시급제로서 희정당 대학강록을 만들고 있었다고 서술한다. 세계사적으로 중요한 변화와는 차단되어 있었음을 말하려는 것이다.

한편 최익한의 글에서는 당시 조선학운동이 강조했던 민족에 대한 언급은 찾아볼 수 없다. 이 점에서 최익한은 정인보, 안재홍과 함께 다산연구를 하였지만 입장은 달랐다. 오히려 같은 사회주의자인 백남운의 주장과 비슷하지만 그렇다고 조선학운동을 적극 비판하지도 않았다. 사실 최익한이 처음부터 조선학운동의 일환으로 참여한 것은 아니었다. 그리고 그가 연재를 시작하던 1938년은 이미 조선학운동이 잦아들던 시기이기도 했다. 그는 한국 역사와 문화에 대해 많은 글을 썼고 상당히 수준도 높았기 때문에 그의 글을 '문화사학'으로 분류하는 것도 가능하다고 보인다. 다만 역사의 차원에서 글쓰기를 한 것은 아니기 때문에 역사 속에 한정하는 것은 문제가 있을 수 있다. 최익한의 실학과 다산에 대한 해석에 민족적·애국적 색채가 나타난 때는 역설적이게도 월북한 후였다.

최익한은 이 글에서 실학 또는 실학파를 범주화하지 않았다. 가장 적극적으로 표현한 것은 성호학파에 대해서 '실학선구자', '실학의 경향', 그리고 남인학파에 대해서 '실학의 정예부대' 등으로 표현하는 정도였다. 다만 계보를 통해서 남인 내 서학의 흐름으로 이수광, 허균을 들고 실학의 흐름으로 유형원, 이잠을 들면서 그 흐름이 성호 이익으로 내려온 것으로 그렸다. 실학을 학파라고는 할 수 없지만 그러한 학문적 흐름이 있었다는 것이다. 실학을 보통명사 정도로 사용하고 있었으므로 실학이라는 용어에 대한 자세한 설명도 없었다. 당연히 다산에 대해서도 실학자라고 부르지는 않았으며, 오히려 서학자라고 불렀다. 서학은 학문의 범주와 성격이 분명하기 때문에 조선 후기의 막혀 있던 시대적 상황에서 정약용은 세계사적인 시각을 갖춘 서학자라고 해석한 것으로 볼 수 있다. 일제강점기 외래사상을 받아들여 사회주의자가 되었던 최익한이 다산을 서학자라고 부르는 것은 크게 무리가 없다고 보인다. 따라서 이 시기 최익한에 대해서도 넓은 의미에서는 초기 실학연구자라고 부를 수 있겠지만 정확하게는 다산연구자 정도가 적당하다고 하겠다. 어쨌든 암울한 시기에 그는 글과 공간을 통해 다산이라는 큰 학자를 만나고 나아가 그 시대 학자들과 교유하면서 그들을 통해 당시 현실을 조망한 것으로 볼 수 있다.

6.
닫는 글

최익한은 부유한 유학가문에서 태어나 일제의 식민지 지배 아래에서 민족적 현실을 통감하여 항일운동을 하고, 일본에 유학하면서 사회주의를 수용하고 민족해방투쟁에 헌신했으며, 그 뒤로는 국학을 공부하고 실학자들을 통해 자신의 생각을 다듬어 보려고 한 것으로 보인다. 한마디로 말한다면 신구학문을 겸비하였고 그를 기반으로 항일운동, 민족운동, 국학운동을 했던 인물이다.

최익한의 활동은 집안에 커다란 영향을 미친 듯하다. 가까운 친인척 가운데서도 상당수가 항일운동에 가담하였다. 특히 그의 장남 재소와 차남 학소는 1934년 2월 울진의 조선독립공작단 사건에 연루되어 각각 징역 2년과 3년을 받고 복역하였다. 최익한은 7년 형기를 마치고도 수시로 동대문경찰서에 끌려 들어갔는데, 마침 그가 감옥에 있던 시점이어서 삼부자가 한꺼번에 옥살이를 하였다. 게다가 재소는 1937년 3월 옥중에서 사망하였다. 최익한은 가슴이 무너지는 슬픔을 장문의 한시를 지어 표현하였다.

감옥에서 죽은 너를 영구차로 실어 내어
동문 거쳐 화장터로 싣고 가는 아비 마음
구원에 사무친 한 호소할 길 없는데
한줌 재 수습하여 선산에 묻었더라

「옥중시」 25수 가운데 제20수)

학소는 감옥에서 나온 뒤 1943년 3월 울진에서 다시 검거되기도 하였으며, 해방 후에도 농민운동을 계속하였다. 1946년에는 『농민조합조직론』이라는 소중한 책을 썼다.

최익한의 삶과 활동은 파란 많은 한국근현대사의 격랑을 헤쳐 살아온 역사로서 한학과 근대학문을 섭렵하면서 우리나라 근대학문의 근원을 형성해 나가는 데 일조하였으며, 특히 다산학 연구의 기틀을 닦는 데는 누구보다도 공헌이 컸다고 할 수 있다. 한 사람의 활동이나 학문적 성과는 어쩌면 시대적 소명일 수도 있다. 그 시대를 고민하는 여러 사람들과 교유를 통해 서로 다듬어 나갔다. 그런 점에서 최익한의 학문에 영향을 준 인물은 수없이 많았다는 사실을 확인할 수 있다. 사실 최익한이 어렸을 때 공부한 내용에는 정약용과 같은 실학석 인물이 없었으므로 그가 정약용을 알게 되고, 특히 깊이 연구하게 된 것은 시대와 인적교유가 만들어 준 사명이었던 것 같다. 그의 다양한 독립운동, 사회운동의 참여가 그랬듯이…….

참고문헌

1. 김두종 외, 『나의 교우록』, 중앙일보출판부, 1977.
2. 이병기, 정병욱·최승범 엮음, 『가람일기』, 신구문화사, 1976.
3. 이지원, 『한국근대문화사상사 연구』, 혜안, 2007.
4. 최익한, 송찬섭 엮음, 『실학파와 정다산』, 서해문집, 2011.
5. 최익한, 송찬섭 엮음, 『여유당전서를 독함』, 서해문집, 2016.

1. 최익한에 대한 인상기

군(君)은 강원도 울진산(蔚珍産)인데 참말 강원도로서는 ×산(×産)이라 할 만한 수×(才×)이었다. 그는 한학에 대한 일대의 명×(名×)로서 일찍 권모[권덕규]와 함께 동아일보 지상에 「가명인두상가일봉(假明人頭上加一棒)」이란 통쾌한 논문을 게재하야 도포 입은 유림객의 소동을 일으켰던 문제의 인물 중의 한 사람이었다. 내가 역시 동경에서 군을 초대면(初對面)하였을 때에는 일원(一員)의 얌전한 「샌님」으로밖에 보지 않았었다. 마는 군은 그 후에 쉽사리도 방향을 전환하야 와세다 대학을 집어치우고 맑쓰학설에 전공한 결과 설전필전에 당할 자가 별로히 없었다. 군이야말로 여러 번 환생한 사람이라 할 수 있나니 처음은 저 공자의 제자로서 거기서 파문하고 나와 와세다대의 오야마(大山郁夫)의 문인이 되였다가 또다시 일약(?) 후꾸모도(福本和夫)의 제자로! 변절은 변절이다. 참으로 백퍼센트의 변절이다. 그만치 예민히 시대상을 파악하는 총준재자(聰俊才子)이겠다. 그는 달감안한 한학자의 근성을 빼어 버릴려고 무한히 애썼다. 그러나 그에게서 오직 한 가지만의 한학자의 근성은 빼어버릴 수가 없었나니 걸음을 걸을 때에는 샌님의 본색 그대로이었었다. 그래서 우리 동무들은 일부러 최군을 앞세우고 걸음을 같이 걸으면서 애를 먹이면 군은 즉시로 보행법(步行法)을 고칠 수 있었으나 후에는 또 그벗이었었다.

군은 또한 친화력 있는 성격인만치 무사기(無邪氣)하게 농담을 좋와하것다. 아무런 농담을 하더라도 농담은 농담으로 대변하기 때문에 언제인가 한번은 내가 최군이 쓴 논문에 대한 반박으로 (경험주의적 서재파는 학생운동을 어떻게 거부하는가) (조선지광) 한 논문을 쓴 가운데 (타마바) 지나어(支那語)란 말을 썼다고 정색의 노여움을 산 일이 있었다. (安炳珠, 「ML系 人物 印象記」, 「삼천리」 제14호, 1931. 4. 1)

2. 『가람일기』 속의 최익한, 그리고 지식인들의 교유관계

- 1920년 11월 21일: 맑다. 각황사로 가 한 시간쯤 강연을 듣다. 이에서 최익한 군을 따라서 한배님 가르치시는 길로 들어섰다. (중략) 최익한, 한별, 취농과 함께 놀다. 밤이 새도록.

- 1920년 11월 28일: 맑다. 최익한, 취농과 이의백의 『오계집』을 나누어 베끼기로 했다.

- 1921년 2월 18일: 맑다. 춥다. 한별 군과 익한 군을 만났다. 『능엄경』을 보다가 저녁밥 얻어먹으려고 여관으로 돌아왔다.

- 1921년 6월 24일: 비 오다 그치다. 익채(益采) 군이 찾아와 그 중형(仲兄)의 공판이 오늘이라기에 용해 군을 데리고 재판소로 갔다. 비는 쫙쫙 쏟아진다. 제8호 법정에서 공판을 열다. 벌써 만원이라고 순사가 소리를 지르며 못 들어가게 하는 것을 어거지 쓰고 들어갔다. 최익한(崔益翰) 군이 나를 쳐다보고 빙긋이 웃는다. 군자금 1,600원 모집해 주었다는 것을 강도범(强盜犯), 경찰범(警察犯)으로 몰아서 '징역 8년'이라고 검사가 말한다. 익한 군의 말대답이며 변호사 김병로(金炳魯)의 변론이 다 바르고 분명하다. 그러나 어떻게 판결할는지 오는

7월 1일에 다시 공판을 연다니, 그때 보자. 쓸쓸한 판사의 얼굴은 아무리 보아도 따뜻한 정이 조금도 없는 듯, 맨 뒤에 익한 군의 하고자 하는 말을 마구 바사뜨린다. 간수는 곧 대들어 손목에 수갑을 채우고 머리에 용수를 씌우고 노로 허리를 묶어가지고 나간다.

- 1923년 6월 28일: 맑다. 무덥다. 최익한군이 찾아왔기에 더불어 한 나절은 딴세상을 찾으며 놀았다. 이백이나 두보의 세상도 찾아보고 장자나 칸트의 세상도 찾아보았다.

- 1923년 11월 4일: 비가 올 듯하여 우산을 가지고 나서 최익한 군을 찾아 데리고 조용해 군을 찾아 못 보고 방두환, 변영로가 와 있다. 주인이 변영만 문고서며 최남선 일람각서를 지었다고 보인다. 그리고 한문의 문장법을 말하고 있다. 그러자 또 오철호 군, 홍벽초[홍명희]가 왔다. 방에 빛이 들므로 다른 방으로 옮겨 앉아, 요마적 이르는 조선 문사라는 것을 평하고 또한 문장을 평하다.

- 1925년 1월 23일: 맑다. 갑자년 제석. 최익한 군과 애류[권덕규]가 찾아와서 밤이 깊도록 놀았다.

- 1925년 2월 21일: 최익한 군의 편지가 왔다. 동경은 무사히 간 줄 알았다. 꿈에도 나를 만나 보았다고 시조를 지어 보냈다. 나는 이렇게 답장을 해 보냈다. "온밤이 다새록 눈보라치나이다 / 강호에 부닿치는 무장야(武藏野, 도쿄 외곽) 바람소리 / 님께서 날 찾는 꿈을 깨우는가 하나이다."

3. 젊은 날 정약용의 생거지를 지나면서

그뿐이랴 지금부터 19년 전 내가 23세(1920년경) 때의 일이었다. 나는 무슨 소관이 있어 원주를 갔다가 마침 큰비 끝에 경성통로의 교량이 많이 파손되어 자동차가 불통하므로 문막강(남한강의 지류)에서 상선 하나를 개평들어 타고 충주 서창에 와서 남한강의 본류에 들어서니 (중략) 반나절이 채 되자마자 배는 벌써 마현의 소내장터에 다다랐다. '소내장터' 하니 이것은 8년 전의 기억이 분명하지만 맞은편 기슭 아주 가까운 거리에 있는 '마재'는 이번 두 번째 지나되 역시 선생 고향인 마재인 줄은 전연 몰랐다. 조부가 일러 주신 '마재 정씨촌(丁氏村)' 다섯 글자에 '마재' 두자는 8년이란 시간이 벌써 가져갔고 '정씨촌' 석 자는 머리 속에 떠돌다가 때마침 강원도 협중에서 북한강 입구로 내려 밀리는 굉장한 뗏목 구경에 눈이 쏘였던 것이다. 사공은 무슨 눈치를 차리고 젓던 노를 급작이 놓고 앉았노라니 맞은편 기슭 주점의 미녀들은 일인일선으로 각기 쪽배에다가 술상을 싣고 군도만 한 짧은 노를 번개같이 저으면서 우리 배우리에 바짝 다가붙어서 걸줄로 두 배를 걸어매고 소내장 특색인 권주가를 부르는 판에 정신이 빼앗겼던 것이다. 그리고 나니 일편단정에 어구를 가득이 싣고 우리 배를 스쳐 가는 어옹 하나는 보기에 하도 유한하므로 부러운 마음에 글 한 수 지어 읊었던 것이다. 이러는 동안에 '정씨촌'은 그만 문제 밖으로 보냈던 것이다. (중략)

이런 등 시뿐이고 강상지척지인 선생 고거에는 터럭 끝만치도 언급된 것이 없었다. 청강에 둥실둥실 떠 있는 어옹의 신세는 부러워하면서도 대학자요 대사상가 다산선생의 고거유풍(故居遺風)은 이것을 눈앞에 두고도 찾아볼 줄을 몰랐으니 '꿈속에 봄산을 지나'는 것도 분수가 있지 않는가! 나는 이로부터 한강을 말하지 못하겠다. 남을 대해서 한강 일대의 명승과 고적을, 아니 조선의 명승과 고적을 자랑할 자격도 권리도 잃어버렸다. (「여유당전서를 독함」9, '선생거지소고' 중에서)

4. 정약용의 젊은 시절과 서양의 형세 비교

선생의 22세는 서기 1783년이었다. 인류 초유의 이상국가인 미국은 8년의 의전(義戰)을 겪고 베르사유 조약으로 독립이 완전히 승인되었던 해였다. 6년 후에는 서양의 천지는 또다시 1789년의 프랑스대혁명으로서 유사 이래 인류의 최대 활극을 유럽의 중앙에서 전개시키던 해였다. 전자에 있어서는 제퍼슨의 독립선언과 프랭클린의 프랑스 유세와 워싱턴의 혁혁한 무공과 프랑스 라파예트, 프러시아 사관 슈토이벤, 폴란드 지사 코슈시코 등의 열광적 원조는 각기 황금의 결실을 세계사상에 빛내는 반면에 동양 은자국(隱者國)의 양반청년인 선생은 무엇을 했던가. 평화의 꿈으로서 장식한 봉건시대의 금보장(錦步障) 속에서 천천히 걸어 나오는 선생은 경의진사(經義進士)라는 아름다운 화관을 쓰고 선정전(宣政殿) 사은(謝恩)의 자리에서 거안(擧顔)의 영전을 입었던 것이다. 또 후자에 있어서는 인류문화조직의 근본적 변혁의 서막으로서 삼부회의는 소집되고 바스티유 뇌옥은 파괴되고 인권선언은 공표되었다. 미라보, 라파예트 등의 입헌주의적 활동은 개시되었고 롤랑, 뒤무리에 등 온화파와 당통, 마라, 로베스피에르 등 강경파는 각기 장래할 역사적 임무를 준비하고 있었다.

서천벽력에 귀먹었던 우리 선생은 이때 28세의 전시급제로서 희정당(熙政堂) 대학강록(大學講錄)을 만들기에 눈과 손이 바빴던 것이다. 선생이 백번 천번으로 신기하게 여기던 한 개 둥근 구(球) 위에 동남의 현격이 이처럼 심했던가! (『여유당전서를 독함』 24, '학문의 연원경로' 중에서)

선생의 경세론은 양민(養民)과 교민(敎民)의 두 항목으로 대별할 수 있으나 선생에 있어서는 양민은 교민의 준비이고 교민은 양민의 목적이다. 그리고 교민의 내용은 그 주요사항이 역시 효제충신(孝悌忠信)의 윤리적 실천이니 선생의 정치적 이상이 의연히 유교의 왕도인 것은 다시 말할 것도 없는 것이다. 그러므로 덕정론에 무위의 개념을 방축(放逐)하고 사공의 개념을 적극적으로 도입하였지마는 그 사공의 개념은 또한 근세 정치사상사상에서 볼 수 있는 공리주의(功利主義)와는 그 범주를 달리한 것이다. 동시대 사람이요 15세 연장자인 영국인 벤담은 그의 공리론에 "최대 다수의 최대 행복"을 최고원리로 하여 이것이 도덕의 목적인 동시에 법률의 목적이라고 하였다. 그러나 선생의 사공개념은 공리를 의미한 것이 아니고 공리를 초월한 실천실행을 의미한 것이므로 최대 다수의 최대 행복은 선생에 있어서 덕정의 파생물은 될지언정 덕정의 목적은 될 수 없는 것이다. 양자의 차이는 유교철학으로 보아서는 왕도(王道)와 패도(覇道)와의 구분으로 볼 수 있는 것이다.

그러나 유교의 이른바 덕정은 그 발생, 성립의 과정을 엄밀히 분석하여 보면 그것이 그 사회영도계급의 공리와 행복에 대한 신성한 별명(綽名)에 불과한 것을 발견할 수 있으므로 유교의 도덕도 본질에 있어서는 벤담의 이른바 공리, 행복과 하등의 왕패(王覇)를 나눌 수 없는 것이다. 그러나 벤담의 공리설은 당시 봉건사회의 법률, 도덕의 목적이 최대 소수의 최대 행복에 있는 것을 반대하여 대척적 원리를 제출한 것이거니와 선생의 사공개념은 당시 봉건계급의 위정자가 무위도식하여 정치의 부패가 극심한 것을 분개하고 유위주의를 이론적으로 고조한 것이니 역사적으로 본다면 전자는 신흥계급의 대변인 반면에 후자는 종래계급의 반성적 요구이다. (『여유당전서를 독함』 60, '다산사상에 대한 개평' 중에서)